Introdução ao estudo da poluição dos ecossistemas

O selo DIALÓGICA da Editora InterSaberes faz referência às publicações que privilegiam uma linguagem na qual o autor dialoga com o leitor por meio de recursos textuais e visuais, o que torna o conteúdo muito mais dinâmico. São livros que criam um ambiente de interação com o leitor – seu universo cultural, social e de elaboração de conhecimentos –, possibilitando um real processo de interlocução para que a comunicação se efetive.

Alana Marielle R. G. Kluczkovski

Introdução ao estudo da poluição dos ecossistemas

Rua Clara Vendramin, 58 . Mossunguê
Cep 81200-170 . Curitiba . PR . Brasil
Fone: (41) 2106-4170
www.intersaberes.com
editora@editoraintersaberes.com.br

Conselho editorial
Dr. Ivo José Both (presidente)
Dra. Elena Godoy
Dr. Nelson Luís Dias
Dr. Neri dos Santos
Dr. Ulf Gregor Baranow

Editora-chefe
Lindsay Azambuja

Supervisora editorial
Ariadne Nunes Wenger

Analista editorial
Ariel Martins

Preparação
Tássia Fernanda Alvarenga de Carvalho

Capa/Projeto gráfico
Roberto Querido

1ª edição, 2015.
Foi feito o depósito legal.
Informamos que é de inteira responsabilidade da autora a emissão de conceitos.
Nenhuma parte desta publicação poderá ser reproduzida por qualquer meio ou forma sem a prévia autorização da Editora InterSaberes.
A violação dos direitos autorais é crime estabelecido na Lei n. 9.610/1998 e punido pelo art. 184 do Código Penal.

Dados Internacionais de Catalogação na Publicação (CIP)
(Câmara Brasileira do Livro, SP, Brasil)

Galdino, Alana Marielle Rodrigues
　Introdução ao estudo da poluição dos ecossistemas.
Curitiba: InterSaberes, 2015.
　Bibliografia.
　ISBN 978-85-443-0124-1
1. Conservação da natureza 2. Ecologia 3. Ecossistemas
4. Poluição - Aspectos ambientais I. Título.

14-11251   CDD-577.27

Índice para catálogo sistemático:
1. Poluição dos ecossistemas: Ciências da vida 577.27

SUMÁRIO

Dedicatória, 7
Agradecimentos, 9
Apresentação, 13
Como aproveitar ao máximo este livro, 15
Introdução, 19

capítulo 1 **Poluentes e poluição: visão geral e histórica, 21**
    1.1 Conceitos de *poluição*, 22
    1.2 Danos causados pela poluição, 33

capítulo 2 **Tipos de poluentes, fontes e formas de poluição, 47**
    2.1 Tipos de poluentes, 48
    2.2 Fontes e formas de poluição, 54

capítulo 3 **Poluição nos mais diversos ambientes, 69**
    3.1 Tipos de poluição, 70

capítulo 4 **Remediação e biorremediação de ambientes poluídos, 199**
    4.1 Técnicas e classificação de remediação, 201
    4.2 Etapas do gerenciamento, 206
    4.3 Organismos utilizados na biorremediação, 207

capítulo 5 **Desenvolvimento sustentável, 221**
    5.1 Prevenção e redução da poluição, 222
    5.2 Novas tecnologias, 228

Para concluir..., 235
Referências, 237
Respostas, 259
Estudo de caso, 265
Sobre a autora, 275

DEDICATÓRIA

Enfrentar as batalhas da vida sozinha é uma tarefa árdua; a dois, tudo se torna mais sereno e mais completo.

Dedico esta obra a você, Everton, que diariamente enfrenta as adversidades ao meu lado, fazendo a vida ter sentido.

AGRADECIMENTOS

Gostaria de agradecer imensamente a Brisa Schimin, graduanda do curso de Direito, cujo auxílio na pesquisa, na composição e na revisão do texto, principalmente no que tange a legislações, decretos e resoluções, foi fundamental para que esta obra pudesse ser concluída.

Ao profissional de tecnologia da informação Everton Kluczkovski, que produziu, gentilmente, os esquemas para que o entendimento de diversos conceitos apresentados nesta obra fosse efetivo do ponto de vista didático.

À coordenação da Editora InterSaberes, pelo reconhecimento do trabalho de um pesquisador e pela confiança na produção desta obra, decerto bastante relevante para o acervo editorial, bem como pelo auxílio e pela disposição para a elaboração de um produto de qualidade para os leitores.

A mente que se abre a uma nova ideia jamais voltará ao seu tamanho original.

Albert Einstein

APRESENTAÇÃO

O crescimento populacional humano, aliado aos desenvolvimentos industrial e tecnológico, é o causador dos problemas ambientais na Terra. Tais problemas, além de afetarem amplamente a saúde da população e causarem grandes desequilíbrios ao meio ambiente, atualmente são assunto central nas mesas de reuniões das grandes potências governamentais e também entre os representantes dos grupos de defesa do meio ambiente.

Neste livro, convidamos você, leitor, a saber mais sobre a poluição ambiental e suas mais diversas características e, desse modo, compreender as novas descobertas e a crescente influência das ciências ambientais, bem como de toda tecnologia envolvida no nosso cotidiano, na produção industrial, no meio agrícola e nos mais diversos aspectos da vida contemporânea.

Por meio do contato com os conteúdos deste livro, esperamos que você entenda seu papel no meio ambiente, aplicando os conhecimentos aqui estudados ao dia a dia e refletindo sobre a utilização mais consciente dos recursos naturais do planeta. Além disso, também esperamos que compreenda a complexidade das consequências do aquecimento global e dos desequilíbrios causados pela poluição e, dessa forma, busque contribuir para o bem-estar comum e a melhoria da qualidade de vida das futuras gerações.

Notoriamente, a busca pelo conhecimento exige de qualquer leitor uma dose extra de dedicação. Pensando nisso, este livro objetiva apresentar o assunto que o norteia de forma clara e objetiva, dialogando com você e convidando-o a refletir sobre os temas apresentados.

O livro está organizado em cinco capítulos, cada qual dispondo de um texto introdutório elucidativo que explica a importância e a relação dos assuntos tratados com o cotidiano, de modo a motivá-lo em sua leitura. No **Capítulo 1** vemos uma explanação acerca dos poluentes e de sua repercussão no meio ambiente e apresentamos conceitos que são norteadores dos outros capítulos. No **Capítulo 2**, tratamos dos tipos de poluentes, classificando-os e apresentando as variadas formas de poluição. Na sequência, no **Capítulo 3** versa sobre a poluição nos mais diversos ambientes, enquanto no **Capítulo 4** exploramos os conceitos e as técnicas de classificação de remediação e biorremediação de ambientes poluídos. Por fim, no **Capítulo 5** encerramos esta obra discutindo a temática do desenvolvimento sustentável, acompanhada de mecanismos que visam à prevenção e redução da poluição, concluindo com a apresentação das novas tecnologias a serviço do combate à poluição.

Além disso, a obra é ricamente ilustrada por figuras, esquemas e quadros que visam ajudá-lo a consolidar os principais conteúdos abordados ao longo da obra. Ainda com relação à estrutura do livro, lembramos que o texto o convida a entrar nas discussões propostas para que você formule suas próprias conclusões e opiniões a respeito de cada assunto abordado, o que, esperamos, não só tornará o aprendizado mais fácil e prazeroso, como também enriquecerá sua formação crítica.

Dessa maneira, convidamos você a se engajar na busca de soluções para os problemas ambientais e, assim, ajudar a construir um planeta mais equilibrado para as próximas gerações. É nosso desejo que a leitura desta obra o ajude a enfrentar esse desafio.

COMO APROVEITAR AO MÁXIMO ESTE LIVRO

Este livro traz alguns recursos que visam enriquecer o seu aprendizado, facilitar a compreensão dos conteúdos e tornar a leitura mais dinâmica. São ferramentas projetadas de acordo com a natureza dos temas que vamos examinar. Veja a seguir como esses recursos se encontram distribuídos no decorrer desta obra.

Conteúdos do capítulo

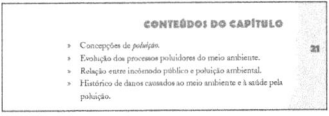

Logo na abertura do capítulo, você fica conhecendo os conteúdos que nele serão abordados.

Após o estudo deste capítulo, você será capaz de:

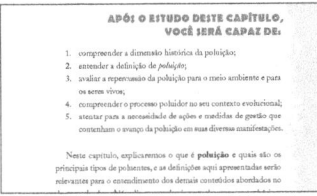

Você também é informado a respeito das competências que irá desenvolver e dos conhecimentos que irá adquirir com o estudo do capítulo.

Consultando a legislação

Você pode consultar também os textos legais relacionados aos assuntos abordados no capítulo.

Perguntas & respostas

Nesta seção, a autora responde a dúvidas frequentes relacionadas aos conteúdos do capítulo.

Síntese

Você dispõe, ao final do capítulo, de uma síntese que traz os principais conceitos nele abordados.

Questões para revisão

Com estas atividades, você tem a possibilidade de rever os principais conceitos analisados. Ao final do livro, a autora disponibiliza as respostas às questões, a fim de que você possa verificar como está sua aprendizagem.

Questões para reflexão

Nesta seção, a proposta é levá-lo a refletir criticamente sobre alguns assuntos e trocar ideias e experiências com seus pares.

Para saber mais

Você pode consultar as obras indicadas nesta seção para aprofundar sua aprendizagem.

Estudo de caso

Esta seção traz ao seu conhecimento situações que vão aproximar os conteúdos estudados de sua prática profissional.

INTRODUÇÃO

As chuvas já não são mais as mesmas; em certas regiões, elas surgem com tanta voracidade que devastam áreas inteiras, enquanto em outras simplesmente não aparecem. No Hemisfério Norte, invernos cada vez mais rigorosos contrastam com calor insuportável e seca nos países ao sul do Equador. Vale ainda lembrar o calor incomum que ultimamente tem caracterizado o verão de alguns países europeus. Nos polos, a neve está derretendo com mais rapidez quando em comparação a épocas anteriores e, com isso, o nível dos oceanos vem constantemente se elevando ao longo dos anos. Diante de tal cenário, todos estão preocupados com os efeitos do aquecimento global, consequência da acentuação do efeito estufa.

Os problemas citados, como bem sabemos, são causados principalmente pela emissão de grandes quantidades de poluentes na atmosfera, tais como o gás carbônico, o metano e o dióxido de nitrogênio. Destacamos ainda outros poluentes perigosos, verificados principalmente em grandes centros urbanos, como o monóxido de carbono (CO), resultante da queima incompleta de combustíveis fósseis nos motores de automóveis, e o dióxido de enxofre (SO_2), proveniente de determinados processos industriais e da queima de combustíveis fósseis, somando-se a eles a ação dos clorofluorcarbonos (CFCs), responsáveis pela destruição da camada de ozônio.

Obviamente, citamos basicamente um dos grandes problemas ambientais dos quais somos testemunhas na atualidade. São muitos os prejuízos ambientais causados pela interferência do ser humano nos ecossistemas, e todas essas ameaças ao nosso planeta ocorrem em virtude do crescimento exagerado da população humana aliado ao desenvolvimento da indústria e da tecnologia, que, apesar de gerar progresso, exaure os recursos naturais. Assim, as soluções para tais desequilíbrios advêm da elaboração e da aplicação do conhecimento científico sobre as questões ambientais. Por meio da consciência ecológica voltada para a preservação do meio ambiente, uma série de medidas torna-se possível, como a eleição de representantes políticos preocupados em propor políticas públicas que visem à defesa ambiental e à melhoria da qualidade de vida dos cidadãos.

Por tanto, mais do que nunca, é de suma importância que você, leitor, participe ativamente do movimento pelo equilíbrio dos ecossistemas do mundo, analisando de forma crítica o envolvimento do ser humano tanto na destruição quanto na preservação do meio ambiente e questionando as práticas do cotidiano relacionadas à manutenção dos recursos naturais, implementando condutas que minimizem as possíveis alterações climáticas e os problemas decorrentes da poluição.

Assim sendo, o objetivo maior da obra é demonstrar aspectos problemáticos do relacionamento entre o homem e o meio ambiente que o circunda e, aprendendo mais sobre a poluição nos mais diversos tipos de ambientes, apresentar possíveis soluções para os problemas que aqui serão abordados. Finalmente, esperamos que, por meio das discussões que faremos, você se torne um cidadão mais consciente para participar de debates sobre as questões ambientais e possa propor referentes à preservação na natureza, pois é nossa tarefa e responsabilidade, como parte do meio ambiente, manter o planeta habitável para as futuras gerações.

CAPÍTULO 1 POLUENTES E POLUIÇÃO: VISÃO GERAL E HISTÓRICA

CONTEÚDOS DO CAPÍTULO

» Concepções de *poluição*.
» Evolução dos processos poluidores do meio ambiente.
» Relação entre incômodo público e poluição ambiental.
» Histórico de danos causados ao meio ambiente e à saúde pela poluição.

APÓS O ESTUDO DESTE CAPÍTULO, VOCÊ SERÁ CAPAZ DE:

1. compreender a dimensão histórica da poluição;
2. entender a definição de *poluição*;
3. avaliar a repercussão da poluição para o meio ambiente e para os seres vivos;
4. compreender o processo poluidor no seu contexto evolucional;
5. atentar para a necessidade de ações e medidas de gestão que contenham o avanço da poluição em suas diversas manifestações.

Neste capítulo, explicaremos o que é **poluição** e quais são os principais tipos de poluentes, e as definições aqui apresentadas serão relevantes para o entendimento dos demais conteúdos abordados no decorrer da obra. Além disso, o conhecimento desses aspectos básicos ajuda no entendimento da dinâmica entre a poluição e as consequências ecológicas decorrentes da emissão de poluentes no meio ambiente.

Com base nas considerações realizadas anteriormente, faremos as primeiras reflexões sobre as alterações que afetam a relação entre o homem e o meio e que geram uma série de consequências para a natureza de uma forma geral (empobrecimento da terra, alterações climáticas, poluição de lençóis freáticos etc.) e para o próprio homem (doenças respiratórias e vários tipos de câncer, por exemplo).

Para a compreensão dessa dinâmica entre o ser humano e a natureza, uma breve revisão histórica sobre os problemas ambientais será fundamental. Em seguida, veremos os principais conceitos referentes à poluição ambiental e suas principais características.

1.1 Conceitos de poluição

Para que que você possa compreender o contexto de poluição e suas características, iniciaremos uma breve descrição de conceitos ligados a esse tema. Esse conhecimento o ajudará a entender as singularidades de cada definição de poluição e compreender o papel do homem como construtor da sua realidade.

1.1.1 Histórico da poluição ambiental

Quando o homem passou a se dedicar à agricultura para a provisão de alimentos, o método da derrubada e queimada de áreas para o cultivo de alimentos se tornou cada vez mais utilizado. No entanto, essa técnica trouxe consigo um grave problema para o meio ambiente: a diminuição dos níveis de fósforo e potássio do solo e seu consequente empobrecimento. Assim, quando determinada área se tornava improdutiva, o agricultor mudava-se para uma nova terra, desmatando florestas que a cobriam e exaurindo regiões da Europa, da Ásia e da África.

Avançando no tempo, observamos que a influência do ser humano sobre o meio ambiente atingiu níveis ainda mais alarmantes a partir da Revolução Industrial (meados do século XVIII, na Inglaterra). O uso cada vez maior de mão de obra e de matéria-prima, a demanda crescente do mercado consumidor e o desejo de acúmulo de capital foram o estopim para a revolução caracterizar-se por uma exploração preocupante dos recursos naturais – com a invenção da máquina a vapor, que demandava uma quantidade maciça de carvão, e a implementação das primeiras indústrias de fundição de ferro, que precisavam de grandes quantidades do mesmo elemento como agente redutor, a mineração tornou-se cada vez mais agressiva para o meio ambiente.

Portanto, podemos observar dois polos do progresso tecnológico e científico: de um lado, temos o desenvolvimento da indústria e das cidades e o aumento do conforto de uma parcela da população; de outro, temos o consumo indiscriminado dos recursos naturais e uma completa ausência de preocupação com sua manutenção.

Com o passar do tempo, os contingentes populacionais se deslocaram do campo para as áreas industriais, incentivados pela promessa de empregos mais rentáveis. Em virtude desse fenômeno, as zonas urbanas, desprovidas de uma infraestrutura adequadamente planejada, se viram cada vez mais às voltas com problemas relacionados à poluição (problemas relacionados à destinação incorreta do lixo orgânico e de dejetos – despejados nas ruas e em esgotos a céu aberto ou em terrenos sem qualquer tipo de preparação para o recebimento de rejeitos –, a ocupações residenciais em áreas irregulares etc.). Além disso, a agricultura, com o uso cada vez mais extensivo de queimadas e pesticidas, a pecuária, com a derrubada maciça de grandes áreas florestais, e a mineração, responsável pela emissão de metais pesados no solo e nos rios, continuaram a ser fontes de poluição, agredindo significativamente os recursos naturais disponíveis.

PARA SABER MAIS

Podemos relacionar o assunto que estamos abordando com a obra *Primavera silenciosa* (*Silent Spring*, no original). Você sabe do que se trata? Trata-se de um livro muito famoso, escrito pela bióloga norte-americana Rachel Carson (1907-1964), que "fez o primeiro alerta mundial sobre os efeitos nocivos do uso de agrotóxicos e questionou os rumos da relação entre o homem e a natureza", como afirma Elenita Malta Pereira (2012) em seu artigo "Rachel Carson, ciência e coragem", para a revista *Ciência Hoje*.

Carson abandonou seu trabalho em um órgão público para dedicar-se exclusivamente à pesquisa de dados para o seu livro, que viria a causar muita polêmica com os fabricantes de pesticidas. Foram quatro anos de estudo, que contou com a ajuda de muitos pesquisadores em todo o mundo e culminou com a obra publicada em setembro de 1962.

Ainda de acordo com Pereira (2012):

> Carson denunciou vários efeitos negativos do uso do DDT em plantações e em campanhas de prevenção de doenças. As aplicações não matavam apenas as pragas (insetos, ervas daninhas, fungos etc.) às quais se destinava, mas também muitas outras espécies, inclusive predadores naturais dessas pragas. Esse pesticida atingia todo o ecossistema – solo, águas, fauna e flora – e entrava na cadeia alimentar, chegando aos humanos. Carson ainda constatou que, além de animais terrestres, como minhocas no solo, e aquáticos, como peixes, muitos pássaros eram ameaçados ou por sua morte ou pela incapacidade de se reproduzir.

Por esse motivo, a autora do *best-seller* dizia que se deveria evitar uma "primavera silenciosa", ou seja, sem a presença de pássaros.

Podemos refletir sobre as palavras de Pereira (2012), que relata:

> Mesmo passados 50 anos, o livro de Rachel Carson permanece extremamente relevante. No contexto recente, em que o Brasil carrega o assustador título de maior consumidor de agrotóxicos do

mundo, *Primavera silenciosa* é atual e necessário. As palavras dessa pesquisadora e escritora podem nos ajudar a repensar nossos valores. Afinal, vale muito mais a pena ter primaveras bem barulhentas, nas quais possam ser ouvidos tanto os sons das pessoas quanto os sons da natureza.

Leia a obra de Rachel Carson, que, em 2012, completou 50 anos:

CARSON, R. **Primavera silenciosa**. São Paulo: Gaia, 2011.

Leia também o artigo de Elenita Malta Pereira:

PEREIRA, E. M. Rachel Carson, ciência e coragem. **Ciência Hoje**, Rio de Janeiro, v. 50, n. 296, p. 72-73, set. 2012. Disponível em: <http://cienciahoje.uol.com.br/revista-ch/2012/296/rachel-carson-ciencia-e-coragem>. Acesso em: 4 jun. 2014.

Outra fonte de poluição existente é a doméstica, por meio da qual são lançados os esgotos, que podem afetar as águas subterrâneas e o solo, pois contêm altas quantidades de matéria orgânica biodegradável, o que facilita a permanência de bactérias.

Também podemos classificar como causas da poluição os **acidentes ambientais**, que se subdividem em naturais e tecnológicos. Os **naturais** compreendem os acidentes da natureza, que ocorrem independentemente da atividade humana, como furacões e terremotos. Os **tecnológicos**, por sua vez, decorrem da atividade humana, como a poluição atmosférica, ocasionada pelos processos industriais. O nível de interação entre os poluentes e a atmosfera determina a qualidade do ar.

A poluição hídrica, ocasionada por poluentes nos cursos de água, também merece destaque. Nesse aspecto, a variedade de poluentes que pode afetar os cursos de água é alta, possivelmente comprometendo sua qualidade. Logo, é necessário que se estabeleçam critérios para avaliar o grau de poluição dos mananciais, embora alguns parâmetros independam dos critérios adotados, sendo considerados indicadores universais de poluição, como temperatura, acidez e potencial hidrogeniônico (pH).

Outra forma de poluição em constante presença em nosso ecossistema é a marinha, causada por lixos sólidos e poluentes líquidos nos mares e oceanos. É válido lembrarmos os acidentes nas plataformas de petróleo, quando ocorrem sérios vazamentos de petróleo, combustíveis etc., o que impede a oxigenação da água, a passagem de luz.

A poluição química, uma das mais prejudiciais, é causada pela presença de produtos químicos que contaminam o solo e a água, por meio do uso de fertilizantes, pesticidas e agrotóxicos.

Outro tipo de poluição que precisa ser citado é o decorrente da energia nuclear, que, embora seja uma alternativa limpa e eficaz de geração de energia, apresenta um grave problema: o destino do seu resíduo radioativo. Destacamos, no entanto, que esse tipo de energia é de certa forma vantajoso, pois o risco de escassez do urânio é baixo, somado ao também baixo custo do combustível, além de se dispensar o uso de combustíveis fósseis, evitando, dessa forma, o lançamento de gases na atmosfera. Além disso, esse tipo de energia independe de fatores climáticos para seu processamento e diminui os riscos do aquecimento global.

É importante ressaltarmos que o lixo nuclear polui menos que o comum, doméstico e industrial, se corretamente descartado. Contudo, é necessário cautela na destinação dos resíduos, na medida em que as fontes de energia nuclear oferecem alta periculosidade, pois são capazes de provocar alterações nas estruturas celulares, constituindo um material que permanece ativo por milhares de anos. Logo, reiteramos a necessidade de gerenciamento e cautela na sua eliminação para que não ocorram acidentes, processo que, quando acontece, implica custos elevados.

Tais acidentes são de grandes proporções, podendo afetar uma determinada região durante gerações, em função de os resíduos nucleares possuírem estrôncio-90, um poderoso poluente radioativo que é absorvido no organismo como cálcio, agindo na medula e podendo causar câncer.

CONSULTANDO A LEGISLAÇÃO

Vale a pena ressaltar a Lei n. 9.605, de 12 de fevereiro de 1998 (Brasil, 1998), que dispõe sobre as sanções penais e administrativas derivadas de condutas e atividades lesivas ao meio ambiente. A lei institui o crime por causar poluição de qualquer natureza em níveis tais que resultem ou possam resultar em danos à saúde humana, ou que provoquem a mortandade de animais ou a destruição significativa da flora.

Para maiores detalhes, acesse:

BRASIL. Lei n. 9.605, de 12 de fevereiro de 1998. **Diário Oficial da União**, Poder Legislativo, Brasília, DF, 13 fev. 1998. Disponível em: <http://www.planalto.gov.br/ccivil_03/leis/l9605.htm>. Acesso em: 4 jun. 2014.

Após a Segunda Guerra Mundial, as grandes potências entraram numa corrida por avanços tecnológicos, criando inovações que contribuíram enormemente para a economia mundial e a melhoria na qualidade de vida das pessoas, como o avanço na fabricação de produtos petroquímicos – plásticos, borracha sintética e fibras, detergente sintético, pesticidas e herbicidas. Esses avanços, porém, vieram acompanhados de vários transtornos, como doenças de pele e problemas respiratórios. Assim sendo, a **indústria química** passou a atuar no cenário da poluição ambiental. O exemplo mais característico nesse sentido foi o da fabricação de celulose, na qual são utilizados agentes químicos como o hidróxido ou carbonato de sódio e sulfito para separar a lignina da madeira.

Outro exemplo significativo é o do Japão, que, apresentando uma população atual de mais de 120 milhões de pessoas em um território com pouco mais de 370 mil km² (Worldometers, 2014) e escassos recursos naturais, optou, após a Segunda Guerra Mundial, pela aceleração de sua industrialização, principalmente por meio de uma indústria química pesada. O rápido crescimento industrial trouxe consigo um aumento gradativo da poluição do ambiente, o que passou a ser um problema social. Como medida de remediação, o governo japonês e as indústrias do país investiram em ações para prevenir a poluição ambiental causada, por exemplo, pelo dióxido de enxofre na atmosfera.

Desde a Revolução Industrial, vivemos um crescente e inusitado aumento da população, em comparação com outros períodos históricos. O número de habitantes atingiu a marca de 7 bilhões de pessoas em 2013. Somente os da China, um dos países com maior crescimento industrial dos últimos anos, representam aproximadamente 18% do total de habitantes do planeta (mais de 1,3 bilhões de pessoas), segundo dados apresentados pelo *site* Worldometers (2014).

PARA SABER MAIS

O *site* Worldometers é um provedor de informações estatísticas mundiais em tempo real. De acordo com Paula Brito (2009), do *Diário de Notícias* de Portugal,

> No caso da população mundial, por exemplo, o número 6 751 959 985 (às 14.35) baseia-se na informação das Nações Unidas e no Census Bureau norte-americano. O documento The World Population Prospect (2006) é a mais recente e fiável informação que estima a evolução da população mundial e por país até 2050 (perto de 9,2 mil milhões de pessoas). Já o número de nascimentos este ano (25 366 725), de nascimentos hoje (192 853), de mortes este ano (11 083 509) ou de mortes hoje (84 263) é obtido pela Worldometers

através dos dados do International Program Center, baseados em análises disponíveis sobre população, fertilidade, mortalidade e migração por país ou área do mundo.

Para saber mais sobre esse *site* e as informações que disponibiliza, acesse WORLDOMETERS. Disponível em: <http://www.worldometers.info/pt>. Acesso em 20 jan. 2015.

O progresso tecnológico e industrial que hoje vivenciamos induz à explosão demográfica, fenômeno do qual advêm sérios problemas sociais, como a falta de residências e alimentos em países em desenvolvimento, além da poluição ambiental pela ação de indústrias.

1.1.2 Definições de *poluição* e *poluente*

Visando ao aprofundamento do estudo da poluição e dos vários poluentes existentes, vamos definir tecnicamente o termo *poluição* e suas principais características. Levando em consideração que há uma relação entre o homem e o meio ambiente, podemos considerar, assim como Braga et al. (2005), que *poluição* é

> Uma alteração indesejável nas características físicas, químicas ou biológicas da atmosfera, litosfera ou hidrosfera que cause ou possa causar prejuízo à saúde, à sobrevivência ou às atividades dos seres humanos e outras espécies, ou ainda deteriorar materiais.

CONSULTANDO A LEGISLAÇÃO

De acordo com a Lei n. 6.938, de 31 de agosto de 1981 (Brasil, 1981), art. 3º, inciso III, alíneas "a" a "e", que instituiu a Política Nacional do Meio Ambiente:

Art. 3º Para os fins previstos nesta Lei, entende-se por:

[...]

III – poluição, a degradação da qualidade ambiental resultante de atividades que direta ou indiretamente:

a) prejudiquem a saúde, a segurança e o bem-estar da população;

b) criem condições adversas às atividades sociais e econômicas;

c) afetem desfavoravelmente a biota;

d) afetem as condições estéticas ou sanitárias do meio ambiente;

e) lancem matérias ou energia em desacordo com os padrões ambientais estabelecidos.

Para maiores detalhes, acesse:

BRASIL. Lei n. 6.938, de 31 de agosto de 1981. **Diário Oficial da União**, Poder Legislativo, Brasília, DF, 2 set. 1981. Disponível em: <http://www.planalto.gov.br/ccivil_03/leis/l6938.htm>. Acesso em: 4 jun. 2014.

Outro conceito que precisamos compreender para o entendimento deste capítulo é o de *poluente*. Segundo a Companhia Ambiental do Estado de São Paulo (São Paulo, 2014a), poluente é "substância, meio ou agente que provoque, direta ou indiretamente qualquer forma de poluição".

CONSULTANDO A LEGISLAÇÃO

Em seu art. 1º, parágrafo único, a Resolução Conama n. 3, de 28 de junho de 1990 (Brasil, 1990c), define como *poluente atmosférico*:

Art. 1º [...].

Parágrafo único. Entende-se como poluente atmosférico qualquer forma de matéria ou energia com intensidade e em quantidade, concentração, tempo ou características em desacordo com os níveis estabelecidos, e que tornem ou possam tornar o ar:

I – impróprio, nocivo ou ofensivo à saúde;

II – inconveniente ao bem-estar público;

III – danoso aos materiais, à fauna e flora;

IV – prejudicial à segurança, ao uso e gozo da propriedade e às atividades normais da comunidade.

Para maiores detalhes, acesse:

BRASIL. Ministério do Meio Ambiente. Conselho Nacional do Meio Ambiente. Resolução n. 3, de 28 de junho de 1990. **Diário Oficial da União**, Brasília, DF, 22 ago. 1990. Disponível em: <http://www.mma.gov.br/port/conama/legiabre.cfm?codlegi=100>. Acesso em: 3 ago. 2014.

Com base nos conceitos apresentados, podemos concluir que *poluição* é **qualquer alteração no meio ambiente que cause desequilíbrio**, ou seja, é a ação de contaminar águas, solos e ar por meio da liberação de poluentes no meio ambiente, que nada mais são que matéria e energia – lixos orgânico e industrial, gases poluentes, entre outros elementos. As fontes poluidoras, aquelas responsáveis por emitir o poluente para o meio ambiente, são muitas – indústrias, automóveis, queimadas florestais, crescimento da população desprovido de planejamento e de saneamento básico que atenda à demanda, aumento da produção de lixo etc.

Pelo fato de as fontes poluidoras serem a causa inicial ou a origem do lançamento de resíduos nos mais diversos ambientes, é importante saber que elas são de dois tipos:

1. **Pontuais ou localizadas** – Quando o lançamento da carga poluidora é feito de forma concentrada, em determinado local, como no caso de tubulações emissoras de esgotos domésticos ou industriais e galerias de águas pluviais.

2. **Difusas ou dispersas** – Provêm de fontes indiretas, como escorrimento superficial de agrotóxicos em áreas agrícolas, gases expelidos do escapamento de veículos ebueiros, lixo e erosão. É impossível definir o poluidor original nesses casos, mas substâncias químicas e outros compostos tóxicos acabam chegando aos corpos de água do mesmo jeito, por meio de galerias de drenagem pluvial ou rios.

Ao longo da leitura deste livro, os conceitos de poluição e poluente nos ajudarão a compreender as causas e os efeitos da poluição e a definir quais são as ferramentas necessárias à redução da emissão de poluentes e à consequente melhoria da qualidade de vida da população.

1.1.3 Definições de incômodo público e poluição ambiental

Ainda não foi instituída, até hoje, mesmo em âmbito internacional, uma definição clara que seja amplamente aceita para as expressões *incômodo público* e *poluição ambiental*. Nesse sentido, conheceremos algumas que valem para os dois termos em discussão, de acordo com Sell (1992).

Tanto para os Estados Unidos da América (EUA) quanto para a Inglaterra, a ênfase das definições está no controle dos incômodos e na proteção das partes sujeitas a tais adversidades, divididas nos EUA em três categorias:

1. **Públicos** – Por interferirem nos interesses das pessoas de qualquer comunidade local.
2. **Privados** – Por serem determinados por interesses privados.
3. **Mistos** – Uma combinação entre o público e o privado nos mesmos sentidos descritos anteriormente.

Por sua vez, a categorização inglesa para *incômodo* apresenta-se em duas formas, ainda conforme Sell (1992):

1. **Público** – Todas as adversidades que perturbam o público em geral.
2. **Privado** – Qualquer adversidade que prejudique a vida de um ser vivente específico.

Na França, mesmo ainda não tendo sido estabelecido um conceito oficial de *incômodo* a ser adotado, sugere-se nas discussões que a definição de *incômodo público* englobe a de *poluição ambiental*. Para os franceses, qualquer perturbação da vida do público em geral como resultado das atividades urbanas e industriais é considerada incômodo público. Seguindo essa linha de pensamento, torna-se válido incluir poluição ambiental nesse conceito. Afinal, quando pensamos em algo que afeta de forma adversa os interesses públicos, como enchentes ou prejuízos no sistema de abastecimento de água, podemos enquadrar essas adversidades na classificação de *incômodo público*.

Os japoneses abordam essa discussão de forma semelhante, ou seja, eles incluem a poluição ambiental na definição de *incômodo público*, uma vez que afeta os interesses públicos. Nesse país, entretanto, a discussão inclui ainda como poluição ambiental o resultado das atividades humanas sob a forma de poluição do ar e da água, ruído, vibração, danos ao solo, odores ofensivos etc., as quais afetam indireta e gradualmente a saúde e a vida das pessoas.

1.2 Danos causados pela poluição

Nesta seção, abordaremos os potenciais danos à saúde pela exposição recorrente à poluição. Em seguida, apresentaremos as diversas origens da poluição, seus diferentes níveis de abrangência e suas repercussões nos diversos ecossistemas existentes.

1.2.1 Danos causados à saúde pela poluição

No entanto, antes de iniciarmos nossa apreciação sobre o tema proposto, é importante lembrarmos brevemente como o processo de poluição teve início em nosso planeta. Desde o início da história da humanidade, o homem explorou a natureza de forma exagerada, extraindo dela tudo o que conseguia, com certeza imaginando que os recursos naturais eram inesgotáveis. Desse modo, o ser humano contribuiu para a deterioração da qualidade do ar, da água e do solo, bem como para a extinção de inúmeras espécies e ecossistemas.

Contudo, as consequências da atividade humana – a queima de combustíveis fósseis, o aumento exponencial do número de indústrias e da emissão de gases poluentes, aliados à ineficiência e muitas vezes ausência do gerenciamento da eliminação de resíduos no meio ambiente – não contribuem apenas para o esgotamento de fontes e recursos, mas também para o surgimento e agravamento de inúmeras doenças, que acometem sobretudo crianças e idosos, em razão de seu sistema imunológico mais frágil. Neste tópico, conheceremos quais são as doenças e os riscos, bem como quais precauções devem ser tomadas para evitar consequências piores.

A poluição pode provocar problemas diretos e indiretos à saúde humana. Por *diretos* entende-se o aumento da ocorrência de doenças respiratórias decorrentes da inalação de ar poluído. Por *indiretos* compreendem-se as doenças causadas pela ingestão de alimentos contaminados por elementos poluentes presentes no solo ou na água, em virtude da falta de tratamento e das falhas de gerenciamento na produção e na eliminação dos resíduos.

A forma de poluição mais crítica à saúde é a atmosférica, em função do acúmulo de gases poluentes no ar, elemento indispensável para a sobrevivência. Nos centros urbanos, a qualidade do ar é consideravelmente baixa, pois, além do número de indústrias, há a fumaça emitida pelos automóveis, cuja utilização, considerando-se a precária situação nas redes de transporte de muitas cidades e o incentivo ao consumismo, cresceu excessivamente, aumentando na mesma proporção a poluição no ar. A intoxicação causada pela fumaça dos automóveis é grave, pois se trata de um resíduo altamente tóxico, graças à presença de chumbo nos combustíveis. Estudos mostram que, em alguns países, o número de mortes ocasionadas pela poluição dos automóveis excede as mortes decorrentes de acidentes de trânsito, como na China.

As condições meteorológicas são outro fator determinante para a dispersão de poluentes: o clima frio e seco favorece a concentração dos poluentes e dificulta sua dispersão. A ausência de ventos, a ocorrência da inversão térmica e das ilhas de calor são fenômenos que também comprometem a circulação do ar, desencadeando acúmulo de ar poluído em uma mesma região, cujos moradores podem ser prejudicados por doenças respiratórias como a rinossinusite, a bronquite e a asma, que atingem as áreas pulmonares e podem levar a vítima a óbito se não tratadas com o devido cuidado. Você pode estar se perguntando: "Há alguma solução para esse quadro?". Uma das formas de tratamento dessas doenças envolve cessar a exposição a tais substâncias, o que, no entanto, é quase impossível, pois a diminuição da emissão de poluentes é uma iniciativa que não depende somente da sociedade civil, mas também dos governos e de corporações das mais variadas dimensões e segmentos, que muitas vezes não se mostram grandes entusiastas de investimentos na área ambiental.

A inversão térmica, há alguns anos responsável por um significativo número de mortes, impede a dispersão e contribui para a concentração de poluentes em determinadas áreas. Durante o inverno de 1952, a Inglaterra foi vítima de um episódio grave relacionado ao fenômeno. O acúmulo de poluentes gerados pelas indústrias do país e pelo aquecimento doméstico, que recorria a carvão como combustível, somado a uma nuvem composta por material particulado e enxofre (ambos em concentrações maiores que o normal), permaneceu sobre Londres por cerca de 3 dias, resultando em 4 mil mortes.

Os metais são elementos químicos extremamente prejudiciais emitidos no ar, liberados em forma de partículas e gases, como dióxido de enxofre (SO_2) e monóxido de carbono (CO), eliminados por meio dos resíduos industriais e automotivos. Esses elementos têm a capacidade de agravar doenças já existentes, estimulando sua manifestação e agravamento. O dióxido de enxofre, por exemplo, por apresentar nível de solubilidade baixo e ter capacidade de penetrar no sistema respiratório, origina as nitrosaminas, um potente irritante das vias aéreas.

Os inseticidas, por sua vez, são os maiores responsáveis por intoxicação, que ocorre em razão de contato com produtos, áreas e água contaminados por esses produtos. Os problemas causados pela poluição advinda desses compostos variam, desde coriza até insuficiência respiratória.

Outro fator que deve ser lembrado se refere ao material particulado, entendido como uma mistura de partículas que permanecem em suspensão no ar, as quais são provenientes da combustão e apresentam chumbo, carbono, bromo, hidrocarbonetos e óxidos de nitrogênio e enxofre em sua composição. Esses materiais prejudicam as trocas gasosas à medida que se acumulam no trato respiratório, sendo removidos basicamente por certos mecanismos de defesa, como espirros ou tosse.

Entre os compostos de carbono, o CO, emitido pela fumaça dos automóveis, prejudica o sistema respiratório, podendo levar à asfixia – no ciclo natural da respiração, o oxigênio liga-se à hemoglobina, formando a oxiemoglobina, que transporta oxigênio para os tecidos e o sangue. Contudo, o CO se liga à hemoglobina, com a qual tem grande afinidade, e forma a carboxiemoglobina, o que dificulta o transporte do oxigênio pela célula, causando asfixia.

Não podemos nos esquecer dos acidentes químicos – aqueles que envolvem substâncias químicas perigosas durante as atividades de transporte, armazenamento e produção industrial –, que constituem outro perigo para a saúde humana, expondo em geral trabalhadores a situações potencialmente graves, como explosões e incêndios, com efeitos de curto ou longo prazo.

As explosões são as maiores responsáveis pelo alto número de óbitos e ferimentos graves em acidentes químicos, assim como os incêndios e as emissões envolvendo combustão apresentam riscos que abrangem tanto o espaço, quando não só se limitam ao lugar do acidente, mas também a outras localidades, como o tempo, quando os elementos envolvidos no evento causam prejuízos observados por um longo período, até mesmo por gerações.

Um exemplo significativo é um acidente que ocorreu na cidade de Cubatão, em São Paulo, em 24 de fevereiro de 1984. Um erro operacional de um duto da Refinaria Presidente Bernardes para o terminal de Alemoa causou um vazamento de mais de 700 mil litros em uma região alagadiça da Vila Socó.

> Na noite do dia 24, um operador alinhou inadequadamente e iniciou a transferência de gasolina para uma tubulação (falha operacional) que se encontrava fechada, gerando sobrepressão e ruptura da mesma, espalhando cerca de 700 mil litros de gasolina pelo mangue. Muitos moradores [,] visando conseguir algum dinheiro com a venda de combustível, coletaram e armazenaram parte do produto vazado em suas residências. Com a movimentação das marés o produto inflamável espalhou-se pela região alagada e cerca de 2 horas após o vazamento, aconteceu a ignição seguida de incêndio. O fogo se alastrou por toda a área alagadiça superficialmente coberta pela gasolina, incendiando as palafitas. (São Paulo, 2014d)

De acordo com fontes oficiais, o número de vítimas foi de 93, mas há uma contagem não oficial que indica mais de 500 mortos, levando-se em conta o número de alunos que deixaram de comparecer às aulas e a morte de famílias inteiras, não havendo possibilidade de requerimento dos corpos (São Paulo, 2014d).

Outro acidente que não podemos ignorar, exatamente por ter sido o maior já registrado na história, é o de Chernobyl, no norte da Ucrânia, então território anexado à União Soviética, que ocorreu em 26 de abril de 1986:

> Uma primeira explosão de vapor no reator número 4, também conhecido como Chernobyl-4, e o incêndio resultante levaram a uma sequência de explosões químicas que gerou uma imensa nuvem radioativa de **iodo-131** e **césio-137** que alcançou a União Soviética, Europa Oriental, Escandinávia e Reino Unido.
>
> [...]
>
> Em virtude da propagação da nuvem radioativa, milhões de outras pessoas sofreram as consequências do contato com o iodo e o césio liberados na explosão, resultando em doenças e más-formações das pessoas nascidas de mães e pais contaminados. As áreas que mais foram afetadas foram a Rússia, Ucrânia e Bielorrússia, sendo que este último país concentrou 60% do pó radioativo em seu território.
>
> [...]
>
> À época, o acidente não foi informado pelo governo soviético imediatamente. Mesmo Kiev, capital da Ucrânia, estando localizada a 130 quilômetros da usina de Chernobyl, um grande desfile do 1º de maio foi realizado na cidade, dias após o acidente. As milhares de pessoas que compareceram ao desfile tiveram contato com a nuvem radioativa sem terem conhecimento do fato.
>
> De abril até agosto de 1986 milhares de trabalhadores de toda a URSS trabalharam para a construção de um sarcófago para impedir a propagação da radiação. A usina encontra-se hoje desativada e isolada, sendo proibida a entrada de pessoas. Sua desativação completa ocorrerá apenas no ano de 2065, quando os níveis de radiação provavelmente terão voltado ao normal. (Pinto, 2015, grifo do orginal)

Portanto, as atividades de produção, transporte e armazenamento de produtos químicos devem incluir estratégias e medidas de controle que previnam ou, ao menos, mitiguem possíveis desastres. Nesse sentido, foram criados padrões de segurança a serem seguidos pelas indústrias a fim de controlar a emissão dos poluentes e reduzir seus danos à saúde e ao meio ambiente, assunto que será abordado em tópico a seguir.

1.2.2 Danos causados ao meio ambiente pela poluição

Neste tópico, abordaremos as origens da poluição, suas formas de abrangência e suas repercussões na dinâmica dos ecossistemas. Para isso, contudo, é importante ressaltarmos como ocorreu a relação entre a atividade humana e o meio ambiente e como se deram seus efeitos.

CONSULTANDO A LEGISLAÇÃO

A Resolução Conama n. 1, de 23 de janeiro de 1986 (1986a), no seu art. 1º, define *impacto ambiental* como

> Art. 1º. [...] qualquer alteração das propriedades físicas, químicas e biológicas do meio ambiente, causada por qualquer forma de matéria ou energia resultante das atividades humanas que, direta ou indiretamente, afetam:
>
> I – a saúde, a segurança e o bem-estar da população;
>
> II – as atividades sociais e econômicas;
>
> III – a biota;
>
> IV – as condições estéticas e sanitárias do meio ambiente;
>
> V – a qualidade dos recursos ambientais.

Graças à intervenção humana sobre a natureza, notamos mudanças na paisagem natural, no clima, no ar, nos rios e nos mares provocadas pela intensidade da atividade antrópica, que visa extrair da natureza seus recursos a fim de manter a sobrevivência da espécie humana e melhorar seu modo de vida. Portanto, o desequilíbrio entre qualidade de vida e ordenação natural nos mostra claramente que a sociedade não soube lidar com a degradação ambiental, pensando apenas no seu bem-estar ao praticar um modelo socioeconômico que agride demasiadamente o meio ambiente.

Como apontamos anteriormente, uma das práticas desenvolvidas pelo ser humano cujos impactos ambientais são sentidos até hoje foi a agricultura, que teve sua origem caracterizada pelo uso extensivo de queimadas, pela devastação de enormes porções florestais (não podemos nos esquecer de toda a madeira utilizada como combustível para a preparação de alimentos, e, posteriormente, para a construção de moradias) na Ásia, na África e na Europa e pela erosão, empobrecimento e consequente desertificação da terra. O posterior uso de adubos, fertilizantes e defensivos agrícolas acentuou o desequilíbrio ambiental acrescentando a contaminação da água e do solo pelos compostos químicos – sob a ação da água da chuva, esses defensivos penetram facilmente no solo, podendo atingir um lençol freático, que também é contaminado. É importante lembrarmos também do desenvolvimento da atividade mineradora, a qual contribuiu para uma maior emissão de dióxido de enxofre, que polui a água, entre outras ocorrências que aumentaram a poluição. Além disso, graças à agressão ao solo, ao ar e às águas, temos a extinção de espécies animais e vegetais.

Na atualidade, o acúmulo de gases tóxicos e partículas no ar, emitidos por indústrias, veículos, usinas etc., provoca a poluição atmosférica, que, por sua vez, possibilita o surgimento de fenômenos como a chuva ácida. Além disso, a liberação desses compostos, associada à queima de combustíveis fósseis, favorece a ocorrência do efeito estufa, que acentua o aquecimento global. O excesso de CO_2 evita a dispersão de radiação solar, superaquecendo o planeta, afetando o clima nas mais diversas regiões, bem como a vegetação e a sobrevivência das espécies. Esse fenômeno também está relacionado à redução da camada de ozônio, em virtude da emissão dos clorofluorcarbonos (CFCs), que interferem no funcionamento do chamado *cinturão de ozônio*, que age como uma proteção na estratosfera terrestre.

Além da poluição atmosférica, os esgotos domésticos, os resíduos industriais, a disposição imprópria do lixo e acidentes ecológicos favorecem a poluição da água, cujos danos variam conforme o aquífero prejudicado. Esses despejos efetuados de forma incorreta acarretam a proliferação de parasitas, fungos e bactérias nas águas, aumentando a morte de peixes. As quantidades de nitrogênio e fósforo presentes nos adubos aplicados na terra aumentam o número de fosfatos e nitratos, que são levados pela água, e, como esses compostos nutrem as plantas, ao se multiplicarem, absorvem o oxigênio, provocando mais mortes de plantas e animais. Também devemos nos lembrar dos vazamentos de petróleo, que geram a "maré negra", ocasionando a morte de milhares de peixes e outros tantos seres vivos e contaminando areias, vegetação e pedras.

Concluindo, os efeitos causados pela poluição provocam a chuva ácida, a redução da camada de ozônio, o acúmulo de dióxido de carbono, metais e pesticidas e o uso de fertilizantes que ameaçam a qualidade do solo, além de cooperar com o efeito estufa, o *smog* e os danos ao ecossistema marinho, com consequente desequilíbrio ecológico.

PERGUNTAS & RESPOSTAS

Como você deve ter observado, o conteúdo deste capítulo gira em torno de duas perguntas simples, mas de extrema importância para a compreensão dos demais conteúdos: "O que é poluição?" e "O que são poluentes?".

Há várias definições para ambos os conceitos, contudo o gestor ambiental deve primeiramente levar em consideração a definição proveniente da legislação ambiental. Sendo assim, de acordo com a Lei n. 6.938/1981, que traz a conceituação de *poluição*, o termo se refere a:

> Art. 3º [...].
>
> [...]
>
> III – [...] degradação da qualidade ambiental resultante de atividades que direta ou indiretamente:
>
> a) prejudiquem a saúde, a segurança e o bem-estar da população;
>
> b) criem condições adversas às atividades sociais e econômicas;
>
> c) afetem desfavoravelmente a biota;
>
> d) afetem as condições estáticas ou sanitárias do meio ambiente;
>
> e) lancem matérias ou energia em desacordo com os padrões ambientais estabelecidos. (Brasil, 1981)

E quanto ao conceito de *poluente*?

Segundo a Resolução Conama n. 3/1990, art. 1º, parágrafo único:

> Art. 1º. [...]
>
> Parágrafo único. Entende-se por *poluente atmosférico* qualquer forma de matéria ou energia com intensidade e em quantidade, concentração, tempo ou características em desacordo com os níveis estabelecidos, e que tornem ou possam tornar o ar:
>
> I – impróprio, nocivo ou ofensivo à saúde;
>
> II – inconveniente ao bem-estar público;
>
> III – danoso aos materiais, à fauna e flora;
>
> IV – prejudicial à segurança, ao uso e gozo da propriedade e às atividades normais da comunidade. (Brasil, 1990c, grifo nosso)

SÍNTESE

A influência do homem sobre o meio ambiente confunde-se com o início de sua própria história, tornando-se demarcadamente negativa com o surgimento da agricultura. A degradação da natureza e o exaurimento dos recursos naturais piorou com o advento da Revolução Industrial, período marcado pelo surgimento do processo industrial da obtenção de aço e pela invenção da máquina a vapor.

O ponto central dessas interações negativas do ser humano com a natureza é a poluição, que é a "alteração indesejável das características físicas, químicas ou biológicas da atmosfera, litosfera ou hidrosfera que traga prejuízo à saúde, à sobrevivência ou às atividades dos seres humanos e de outras espécies" (Mota, 2000). Com base nesses conceitos, surgiram outros de extrema relevância, como o de *poluente*, entendido como "qualquer resíduo gerado pela atividade humana que cause um impacto ambiental negativo, inserido em um ecossistema que não esteja preparado para recebê-lo ou que não suporte o recebimento nas quantidades em que está sendo introduzido, desse modo gerando uma alteração indesejável" (São Paulo, 2014a), e de *incômodo público*, que, segundo estudiosos franceses, é considerado qualquer perturbação da vida do público em geral em decorrência das atividades urbanas e industriais (Sell, 1992). É importante frisar que a poluição não afeta somente os ecossistemas, com a chuva ácida, a redução da camada de ozônio, o acúmulo de dióxido de carbono, metais, pesticidas e fertilizantes que ameaçam a qualidade do solo, da água e do ar, mas também interfere na vida do ser humano, por implicar o surgimento e agravamento de inúmeras doenças.

QUESTÕES PARA REVISÃO

1. Levando em consideração o histórico sobre a poluição ambiental apresentado neste capítulo, aponte como e quando os problemas ambientais começaram a se agravar.

2. Defina *poluição ambiental* de acordo com a Lei n. 6.938/1981.

3. Podemos definir *poluição* como a presença de determinadas substâncias químicas no meio ambiente inseridas em doses prejudiciais aos seres vivos e ao próprio meio ambiente. Acerca dessa definição, marque a alternativa correta:
   a. O dióxido de enxofre (SO_2) é um gás tóxico proveniente da queima industrial de combustíveis, que, por não reagir com a água em vapor na atmosfera, não causa fenômenos como a chuva ácida.
   b. A utilização racional da água, do solo e da atmosfera não pressupõe a necessidade de manter e renovar as fontes de recursos naturais e de limitar o lançamento de dejetos e resíduos de forma a não ultrapassar a capacidade de autodepuração do ambiente, evitando a poluição.
   c. O estudo do processo de poluição não deve levar em consideração as atividades exercidas pelos primeiros ancestrais do homem, que exploravam a natureza de forma criteriosa, extraindo somente o possível, imaginando que seus recursos certamente fossem esgotáveis, não contribuindo para a deterioração da qualidade do ar, a contaminação da água, entre outros aspectos.
   d. A poluição pode provocar graves problemas à saúde humana. Esses problemas podem ser classificados como diretos – aqueles causados por alimentos que foram extraídos de solo

ou água contaminada em virtude da falta de tratamento e gerenciamento das produções agrícola e industrial, bem como da eliminação dos seus resíduos –, e indiretos – aqueles que causam o aumento de ocorrência de doenças respiratórias, decorrentes da inalação de ar poluído.

4. (Cespe/UnB – Sema/Inema/Saeb – 2013) O padrão de desenvolvimento econômico observado no mundo contemporâneo é decorrente da Revolução Industrial, que, iniciada na Inglaterra a partir de meados do século XVIII, se disseminou de tal forma que, na atualidade, o termo globalização é o que melhor define um quadro econômico mundial marcado pela absoluta ampliação dos mercados, permanentemente conectados. Se o sistema produtivo se altera ao longo do tempo, é natural que também se modifique o próprio conceito de *desenvolvimento*. Hoje, em face da crescente consciência do impacto causado pela atividade econômica na natureza, também ganha adeptos a tese de que o desenvolvimento deve:

   a. basear-se no Produto Interno Bruto (PIB) como critério de medição da riqueza nacional e de mecanismo eliminador dos índices de desigualdade social.

   b. resultar da rígida regulamentação do mercado de trabalho e da ampliação da presença do Estado na defesa da economia nacional, impondo barreiras aos investimentos estrangeiros.

   c. propiciar a produção de riquezas para atender às necessidades do presente, assegurando as condições indispensáveis à vida das gerações seguintes.

   d. pautar-se pela necessidade de atender às demandas de uma população que não para de crescer, com foco no progresso técnico.

5. Segundo as definições de *incômodo público* e *poluição ambiental* abordadas neste capítulo, podemos afirmar que:
   a. há na atualidade uma definição clara que seja aceita para ambos os termos.
   b. segundo Sell (1992), os EUA e a Inglaterra não enfatizam o controle do incômodo, dividindo-o em duas categorias: público e privado.
   c. a Inglaterra utiliza três categorias para classificar os incômodos – os públicos, que se caracterizam pela deterioração dos interesses das pessoas de qualquer comunidade local; os privados, determinados por interesses privados; e os mistos, que consistem numa combinação entre o público e o privado nos mesmos sentidos descritos anteriormente.
   d. para os franceses, qualquer perturbação da vida do público em geral como resultado das atividades urbanas e industriais é tido como incômodo público.

QUESTÃO PARA REFLEXÃO

Já sabemos que os danos causados ao meio ambiente são enormes e diversos, gerando a destruição de biomas inteiros em determinadas regiões. Portanto, é necessário pensar na responsabilidade de cada um diante da situação ambiental hoje. Reflita sobre a responsabilidade civil pelos danos causados ao meio ambiente e redija um texto a respeito dessa temática considerando para tanto os conhecimentos científico e jurídico do assunto e também o entendimento do senso comum.

CAPÍTULO 2 TIPOS DE POLUENTES, FONTES E FORMAS DE POLUIÇÃO

CONTEÚDOS DO CAPÍTULO

» Tipos de poluentes.
» Tipos, fontes e formas de poluição.
» Exemplos de poluição acidental, natural e tecnológica.

APÓS O ESTUDO DESTE CAPÍTULO, VOCÊ SERÁ CAPAZ DE:

1. compreender o funcionamento da emissão de poluentes;
2. reconhecer os tipos de poluentes e as formas de poluição para elaborar e gerenciar medidas de identificação e gestão da poluição e seu combate;
3. identificar e distinguir as fontes e as formas de poluição.

Neste capítulo você observará os diferentes aspectos relacionados à poluição. Para isso, iniciaremos nossa abordagem com definições e exemplos dos tipos de poluentes e continuaremos a descrever os tipos, as fontes e as formas de poluição ambiental. Para finalizarmos nossa leitura e compreensão do capítulo, apresentaremos exemplos de poluição acidental, natural e tecnológica.

2.1 Tipos de poluentes

A capacidade de regeneração do meio ambiente se reduz de modo considerável à medida que as emissões de poluentes crescem exponencialmente com a industrialização e o aumento do número de veículos motorizados no planeta, entre outras atividades poluidoras. Assim, é imprescindível que o gestor ambiental detenha um conhecimento sobre os tipos de poluentes existentes que o auxilie na tomada de decisões visando à reversão do estado poluente de determinada região.

2.1.1 Classificação dos tipos de poluentes

Neste tópico, você irá conhecer a classificação dos tipos de poluentes. Para tanto, observe a Figura 2.1 a seguir, que ilustra a diferença entre as fontes primárias e secundárias de poluição. Ao analisá-la, observe que os poluentes primários são emitidos e os secundários formam-se na atmosfera.

Figura 2.1 – Ação das fontes estacionárias e móveis na formação dos poluentes primários e secundários

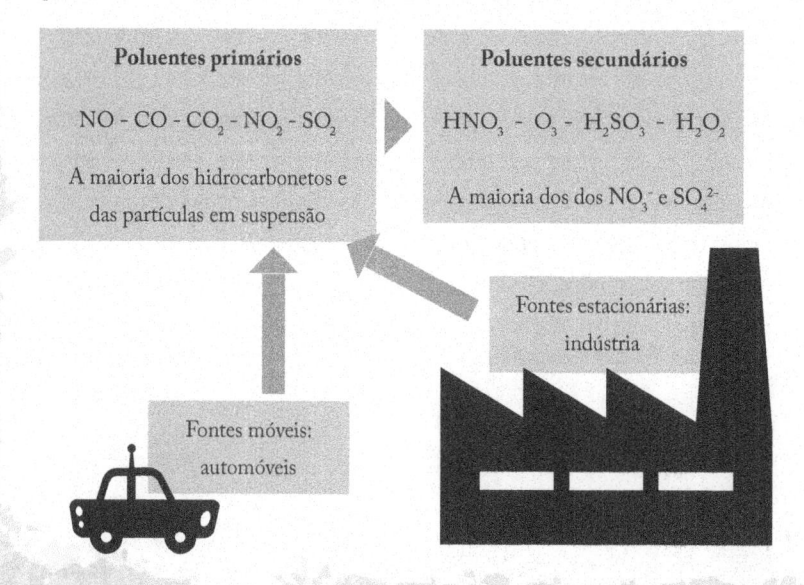

Poluentes primários

$NO - CO - CO_2 - NO_2 - SO_2$

A maioria dos hidrocarbonetos e das partículas em suspensão

Poluentes secundários

$HNO_3 - O_3 - H_2SO_3 - H_2O_2$

A maioria dos dos NO_3^- e SO_4^{2-}

Fontes estacionárias: indústria

Fontes móveis: automóveis

Atualmente, são inúmeros os poluentes que causam prejuízo para os ecossistemas, bem como suas fontes e seus efeitos. Dada a grande variedade de substâncias encontradas na atmosfera, é difícil distinguir o que é poluente e o que é natural dessa região. Portanto, podemos diferenciar os poluentes, de maneira geral, em dois tipos, de acordo com a presença na natureza. Conforme Coelho (2007), temos:

» **aqueles que já existiam na natureza**, mas tiveram seu teor aumentado pela ação do homem, como o dióxido de carbono (CO_2), emitido no consumo de combustíveis fósseis e queimadas de áreas florestais, e o metano (CH_4), encontrado em aterros sanitários, lixões e criadouros de gado – portanto, na decomposição de material orgânico;

» **os que não existiam na natureza** e que, ao se acumularem, provocam efeitos nocivos, como o diclorodifeniltricloroetano (DDT), pesticida largamente utilizado na agricultura brasileira no século XX, e os clorofluorcarbonos (CFCs), por muito tempo aplicados nas indústrias de refrigeração e ar-condicionado, espumas, aerossóis e extintores de incêndio.

É relevante mencionarmos outra classificação relacionada à fonte poluidora: os chamados *poluentes primários* e *secundários* (São Paulo, 2014b):

» **Primários** – Aqueles emitidos diretamente de suas fontes para a atmosfera, por exemplo, os gases que provêm do escapamento dos veículos ou das chaminés das fábricas, que são subprodutos diretos da queima de combustíveis, como o monóxido de carbono (CO) e o dióxido de enxofre (SO_2). Destacam-se ainda os óxidos de nitrogênio (NO_x), constituídos pelo monóxido de nitrogênio (NO) e pelo dióxido de nitrogênio (NO_2), ou as partículas em suspensão.

» **Secundários** – Aqueles que não são emitidos por nenhuma fonte poluidora de forma direta, elaborados secundariamente por processos físico-químicos no ambiente, resultando de reações químicas que ocorrem na atmosfera, da qual participam alguns poluentes primários. Destacamos como exemplo o ozônio (O_3), que resulta de reações fotoquímicas na atmosfera, isto é, realizadas na presença de luz solar, as quais se estabelecem entre os óxidos de nitrogênio, o monóxido de carbono ou os compostos orgânicos voláteis (COV).

Vale destacar a possibilidade de que esta última classificação se estenda a quatro aspectos, resumidos no Quadro 2.1 a seguir e posteriormente explicados.

Quadro 2.1 – Classificação dos poluentes sob quatro aspectos relacionados ao meio ambiente

Classificação dos poluentes	Pela presença na natureza	Já existiam e se acumularam
		Não existiam
	Pela emissão	Primário
		Secundário
	Pela característica	Físicos
		Químicos
		Biológicos
	Pela dissipação no ambiente	Conservativos
		Não conservativos

As substâncias químicas ou os agentes físicos lançados no meio ambiente que podem trazer prejuízo à vida dos seres vivos podem, ainda, ser classificados de acordo com a característica do agente de poluição. Nesse sentido, os poluentes são divididos em três tipos: **físicos**, **químicos** e **biológicos**.

Os poluentes físicos são definidos como partículas em suspensão que causam turbidez nas águas, limitando a penetração dos raios solares e restringindo o desenvolvimento de algas e, portanto, a fotossíntese.

Esses agentes físicos podem também estar presentes no local de trabalho ou nas residências, gerando risco de doenças decorrentes de ruídos, iluminações inadequadas, radiações não ionizantes, vibrações (Grupo Isastur, 2010b).

Por sua vez, os poluentes químicos são os agentes biodegradáveis formados pela decomposição de microrganismos (por exemplo, detergentes, inseticidas, fertilizantes e petróleo); e os poluentes recalcitrantes, ou persistentes, chamados *poluentes orgânicos persistentes* (POPs), que são de difícil degradação, hidrofóbicos e biocumulativos, permanecem no ambiente por longos períodos, com destaque para os compostos orgânicos halogenados, o DDT e outros agroquímicos ou pesticidas, hidrocarbonetos policíclicos aromáticos, dioxinas e furano, entre outros compostos (Barsa Saber, 2014).

PARA SABER MAIS

Nós já vimos o que são os poluentes orgânicos. E quanto aos inorgânicos?

Acesse o endereço eletrônico a seguir e leia o boletim elaborado por alunos do curso de Engenharia do Ambiente da Escola Superior de Tecnologia e Gestão do Instituto Politécnico da Guarda. Esse texto apresenta com objetividade o conceito de *poluentes inorgânicos*, ou seja, aqueles originados em diversos ambientes e cuja toxicidade é variável, por exemplo, o mercúrio, o chumbo e o cádmio, assim como alguns oligoelementos, tais como o cobre e o zinco.

PROENÇA, A. et al. Mercúrio: poluição e saúde pública. **Boletim Informativo da Escola Superior de Tecnologia e Gestão**, Guarda, ano 2, n. 12, out. 2003. Disponível em: <http://www.estg.ipg.pt/infoestg/boletim12/mercurio.htm>. Acesso em: 4 jun. 2014.

Por último, mencionamos os tipos de poluentes biológicos capazes de provocar doenças, como bactérias, vírus e outros microrganismos patógenos nocivos à saúde, provenientes de centros urbanos e de unidades da pecuária. Iniciaremos nosso estudo com uma breve descrição desses microrganismos, assunto que será retomado adiante. De maneira geral, as bactérias provocam infecções intestinais epidêmicas e endêmicas (febre tifoide, cólera, shigelose, salmonelose, leptospirose etc.). Já os vírus podem provocar hepatite, infecções nos olhos etc., enquanto os protozoários são responsáveis por causar amebíases e giardíases, entre outras doenças. Podemos citar, ainda, alguns vermes causadores da esquistossomose e outras infestações (Grupo Isastur, 2010a).

Ainda considerando o Quadro 2.1, vemos que os poluentes podem ser classificados também em função da dissipação do agente de poluição no meio ambiente, denominando-se *conservativos* e *não conservativos*. Os poluentes conservativos caracterizam-se por resíduos que não estão sujeitos ao ataque de microrganismos e não são dissipados no meio ambiente, pois são de difícil degradação, sendo também conhecidos como *bioacumulativos* e *biomagnificativos*, ou seja, não se destroem nem se modificam e sua concentração apenas diminui por diluição, assim, podem reagir com animais, causando-lhes efeitos prejudiciais. Tal situação é facilmente percebida quando analisamos cadeias tróficas animais em que o metal conservativo depositado no solo ou na água se acumula e passa para o próximo animal na cadeia, como no caso de algas aquáticas e fitoplâncton contaminados com metais pesados: essas espécies alimentam peixes que, por sua vez, servem de alimento para outros animais aquáticos e populações de seres humanos. Outro exemplo que ilustra o processo de acumulação de poluentes conservativos em um organismo refere-se aos metais pesados, como mercúrio, cobre, chumbo e zinco, aos hidrocarbonetos halogenados, como os inseticidas (DDT), e aos produtos industriais como as bifenilas policloradas (PCBs), além da radioatividade, uma vez que o poluente não pode ser totalmente metabolizado e, portanto, não sendo excretado, ele vai se acumulando ao longo da vida.

Os poluentes não conservativos, por sua vez, são aquelas substâncias passíveis de sofrer degradação por microrganismos. De maneira geral, elas se transformam em contato com o meio ambiente ou podem, também, reagir com outras substâncias, alterando sua concentração ao longo do tempo. É possível encontrá-las nos efluentes domésticos e urbanos, como os coliformes termotolerantes (conhecidos como *coliformes fecais*). As substâncias não conservativas podem alterar sua concentração por meio de reações químicas, do consumo na cadeia trófica, da sedimentação e também de trocas com a atmosfera. As reações que ocorrem com os poluentes, descritas matematicamente, levam em consideração as taxas de transformação e a concentração do poluente.

2.1.2 Exemplos de poluentes e suas fontes poluidoras

Como vimos, existem vários tipos de poluentes, segundo cada classificação apresentada. De maneira geral, eles são de origem física, química ou biológica, dependendo do agente poluidor, que pode ser, respectivamente, temperatura, no caso dos físicos; detergentes, DDT e metais (como o cobre), no que se refere aos poluentes químicos; e microrganismos patógenos, no que diz respeito aos poluentes biológicos.

Neste tópico, veremos brevemente, por meio do Quadro 2.2, alguns dos exemplos desses tipos de poluentes e as fontes que emitem essas substâncias para o meio ambiente.

Quadro 2.2 – Exemplos de poluentes emitidos para o meio ambiente e suas fontes poluidoras

Poluentes	Fontes poluidoras
Cálcio (Ca), Césio (Cs-137), Cobalto (Co), Estrôncio (Es-90), Iodo (I-131), Plutônio (Pu-239), Urânio (U)	Usinas nucleares e águas de refrigeração dos reatores; acidentes com baterias radioativas (plutônio) dos navios e submarinos nucleares, dos rejeitos das plataformas de petróleo, de hospitais e universidades.

(*continua*)

(Quadro 2.2 – conclusão)

Compostos de enxofre (SO_x)	Indústria química de papel, refinarias e caldeiras que utilizem combustível com alto teor de enxofre.
Compostos orgânicos voláteis (COVs)	Indústria química, combustão dos motores de veículos, tinturarias e outras atividades que envolvam solventes.
Chumbo (Pb)	Produção de baterias e matérias-primas que utilizam o chumbo.
Diclorodifeniltricloretano (DDT) e biofenilas policloradas (PCBs)	Atividade agrícola de controle de pragas.
Dioxinas e dibenzofuranos	Indústria química de papel e celulose, metalúrgica (incineradores de resíduos urbanos, hospitalares, industriais e de outros materiais).
Monóxido de carbono (CO)	Veículos, especialmente aqueles sem catalisador, e indústrias.
Mercúrio (Hg)	Centrais elétricas e incineração de resíduos.
Óxidos de nitrogênio (NO_x)	Automóveis e indústrias em geral (pela queima de combustíveis em altas temperaturas).
Ozônio (O_3)	Indústria de aerossóis, compressores de geladeiras, fabricação de alguns plásticos.
PM10 e partículas inaláveis	Tráfego, indústrias (cimento, refinarias, siderurgias, papel, indústria química, entre outras), construção civil, práticas agrícolas.

Nota: Dioxinas são compostos químicos orgânicos formados por um par de anéis de benzeno, dois átomos de oxigênio e quatro átomos de cloro, sendo utilizadas na fabricação de herbicida e no branqueamento do papel e do plástico PVC.

2.2 Fontes e formas de poluição

As fontes da poluição podem ser classificadas de acordo com a sua natureza ou a área que ocupam, dividindo-se em quatro ordens, em relação às fontes de emissão: as provenientes de fontes fixas, as oriundas de fontes móveis, as causadas por acidentes ambientais e, ainda, as sistemáticas.

As fontes fixas, também ditas *pontuais* ou *localizadas*, são caracterizadas pela poluição em um foco identificável na emissão de poluentes (por exemplo, as águas residuais, as utilizadas na indústria e de despejo de minas de extração de minerais). Em outras palavras, essas fontes caracterizam-se por um local específico para o lançamento de poluentes, motivo pelo qual são de fácil visualização, pelo fato de existirem tubulações (de esgotos, tanto de origem doméstica quanto industrial e galerias de águas pluviais) de despejo ou um significativo acúmulo de resíduos em uma pequena área.

CONSULTANDO A LEGISLAÇÃO

O Conselho Nacional do Meio Ambiente (Conama) deliberou algumas resoluções relacionadas às fontes fixas:

Decreto-Lei n. 1.413, de 14 de agosto de 1975 (Brasil, 1975b) – Relaciona-se ao Decreto n. 76.389, de 3 de outubro de 1975 (Brasil, 1975a), que o regulamentou, e à Lei n. 6.803, de 2 de julho de 1980 (Brasil, 1980a), os quais, de acordo com Pereira Júnior (2007, p. 5), dispõem sobre o "controle da poluição do ar por fontes fixas de emissão, ou seja, por indústrias, usinas termelétricas de energia elétrica, mineradoras etc.".

BRASIL. Decreto-Lei n. 1.413, de 14 de agosto de 1975. **Diário Oficial da União**, Poder Executivo, Brasília, DF, 14 ago. 1975. Disponível em: <http://legis.senado.gov.br/legislacao/ListaPublicacoes.action?id=122915>. Acesso em: 4 jun. 2014.

Resolução Conama n. 5, de 15 de junho de 1989 (Brasil, 1989b) – Criou o Programa Nacional de Controle da Poluição do Ar (Pronar) e fixou parâmetros para a emissão de poluentes gasosos e materiais particulados por fontes fixas. Além disso, determinou a necessidade de se estabelecerem limites máximos de emissão e de padrões nacionais de qualidade do ar.

BRASIL. Ministério do Meio Ambiente. Conselho Nacional do Meio Ambiente. Resolução n. 5, de 15 de junho de 1989. **Diário Oficial da União**, Poder Legislativo, Brasília, DF, 25 ago. 1989. Disponível em: <http://www.mma.gov.br/port/conama/legiabre.cfm?codlegi=81>. Acesso em: 4 jun. 2014.

Resolução Conama n. 382, de 26 de dezembro de 2006 (Brasil, 2007a) – Estabeleceu os limites máximos de emissão de poluentes atmosféricos para fontes fixas.

BRASIL. Ministério do Meio Ambiente. Conselho Nacional do Meio Ambiente. Resolução n. 382, de 26 de dezembro de 2006. **Diário Oficial da União**, Poder Legislativo, Brasília, 2 jan. 2007. Disponível em: <http://www.mma.gov.br/port/conama/legiabre.cfm?codlegi=520>. Acesso em: 4 jun. 2014.

Resolução Conama n. 436, de 22 de dezembro de 2011 (Brasil, 2011a) – Estabeleceu os limites máximos de emissão de poluentes atmosféricos para fontes fixas, completando a resolução anterior no fato de apresentar as fontes já instaladas ou com pedidos de licença de instalação anteriores a 2 de janeiro de 2007, impondo às fontes antigas novos limites.

BRASIL. Ministério do Meio Ambiente. Conselho Nacional do Meio Ambiente. Resolução n. 436, de 22 de dezembro de 2011. **Diário Oficial da União**, Poder Legislativo, Brasília, 26 dez. 2007. Disponível em: <http://www.mma.gov.br/port/conama/legiabre.cfm?codlegi=660>. Acesso em: 4 jun. 2014.

Bilbao (2007), Andreoli et al. (2003) e Tomaz (2006) afirmam que não há um foco definido de poluição. Em outras palavras, a emissão é esparsa, tal como na drenagem de sistemas de irrigação agrícolas. Os lançamentos de resíduos sólidos e líquidos no solo e de detritos na água também podem figurar como exemplos de poluição difusa, pois, como podem alcançar mananciais de forma espalhada, são caracterizados por uma dispersão maior no corpo hídrico, tornando muito mais difícil quantificar e caracterizar a fonte poluidora.

Garcias e Sottoriva (2009) afirmam sobre as fontes difusas nas cidades:

> a poluição difusa está tão ou mais presente que a poluição pontual, porém sua identificação e percepção são demasiadamente menores, por ser distribuída em todo o contexto urbano. As dispersões destes resíduos causam a falsa impressão que o evento e os problemas advindos dela estão minimizados. Mas é inegável que os efeitos danosos tornam-se cada vez mais frequentes e são intensificados de maneira progressiva.

Antes de definirmos *poluição acidental*, primeiramente reflita sobre os acidentes ambientais com os quais você tem contato rotineiramente por meio de telejornais e outras fontes de notícia. Quando você ouve o anúncio de que um caminhão tombou em uma estrada e derramou óleo, o qual escorreu pela pista e, em seguida, para um riacho que margeia a rodovia, causando a morte de várias espécies aquáticas, é simples entender o que seria um acidente ambiental, não é mesmo? Portanto, a qualquer evento anormal, indesejado e inesperado, com potencial para causar danos diretos ou indiretos à saúde humana e ao meio ambiente, dá-se o nome de *poluição acidental*.

De acordo com Gusmão (2002), os efeitos causados por alguns acidentes ambientais (e, como veremos em tópico específico, os acidentes tecnológicos) "não eram passíveis de atenção perante a sociedade, mesmo tendo ocasionado perdas de vidas humanas, patrimônios e prejuízos incalculáveis para o meio ambiente, pois não eram temidos ou imaginados pelo ser humano".

São vários os exemplos sobre esses acidentes que atingiram comunidades e deixaram um rastro de consequências para o meio ambiente; todavia, selecionamos apenas alguns deles.

Quadro 2.3 – Exemplos de acidentes ecológicos

Acidente ecológico	Descrição	Ano
Desastre de Seveso, Itália	Por volta das 12h30 do dia 10/06/1976, [...] ocorreu a ruptura do disco de segurança de um reator, que resultou na emissão para a atmosfera de uma grande nuvem tóxica. O reator fazia parte do processo de fabricação de TCP (triclorofenol) e a nuvem tóxica formada continha vários componentes entre eles o próprio TCP, etilenoglicol e 2,3,7,8-tetraclorodibenzoparadioxina (TCDD). A nuvem se espalhou numa grande área, contaminando pessoas, animais e o solo na vizinhança da unidade industrial. (São Paulo, 2014c)	1976

(*continua*)

(Quadro 2.3 – conclusão)

Acidente ecológico	Descrição	Ano
Acidente de Bhopal, Índia	Na madrugada entre 2 e 3 de dezembro de 1984, 40 toneladas de gases letais vazaram da fábrica de agrotóxicos da Union Carbide Corporation, em Bhopal, Índia. Foi o maior desastre químico da história. Gases tóxicos como o isocianato de metila e o hidrocianeto escaparam de um tanque durante operações de rotina. Os precários dispositivos de segurança que deveriam evitar desastres como esse apresentavam problemas ou estavam desligados. Estima-se que três dias após o desastre 8 mil pessoas já tinham morrido devido à exposição direta aos gases. (Greenpeace, 2014)	1984
Desastre de Chernobyl, Ucrânia	Uma primeira explosão de vapor no reator número 4, também conhecido como Chernobyl-4, e o incêndio resultante levaram a uma sequência de explosões químicas que gerou uma imensa nuvem radioativa de iodo-131 e césio-137 que alcançou a União Soviética, Europa Oriental, Escandinávia e Reino Unido. (Pinto, 2014)	1986
Catástrofe da Basileia, Suíça	O incêndio [...] começou [...] na fábrica da Sandoz em Basileia (Suíça) [...]. Em poucos minutos, os seis mil metros quadrados do depósito 956 foram consumidos pelas chamas. Mais de mil toneladas de inseticidas, substâncias à base de ureia e mercúrio transformaram-se em nuvens tóxicas incandescentes. Tambores de produtos químicos explodiram no ar como se fossem granadas. (1986: Catástrofe..., 2014)	1986
Acidente de São Francisco do Sul, Santa Catarina	Dezenas de pessoas precisaram deixar suas casas em pelo menos quatro bairros de São Francisco do Sul, cidade litorânea no norte catarinense, na madrugada desta quarta-feira (25) após uma explosão em um terminal de fertilizantes. A carga que explodiu estava em um barracão no porto do município e continha nitrato de potássio, que expele uma fumaça branca e densa. [...] Cerca 100 pessoas foram levadas para os hospitais da região, sofrendo algum grau de intoxicação. (Bairros são evacuados..., 2013).	2013

Quando pensamos em alguns fenômenos naturais, tais como queimadas em grandes áreas de florestas em épocas de seca, tempestades tropicais, furacões, *tsunamis* e outros eventos que ocorrem sem que haja interferência direta do homem, podemos vinculá-los tanto à fonte do tipo acidental natural (como veremos em tópico específico) como a outra classificação menos utilizada, chamada *sistemática*. A seguir, passaremos a entender mais detalhadamente a classificação aqui apresentada.

2.2.1 Fontes poluidoras pontuais ou localizadas

Como vimos, os poluentes são introduzidos no meio ambiente por meio de fontes poluidoras. As cargas pontuais, por serem introduzidas por lançamentos individualizados – esgotos sanitários ou efluentes industriais –, são caracterizadas pela fácil identificação e pelo controle mais eficiente e rápido. O fato de também se denominarem *fixas* se explica por ocuparem uma área relativamente limitada, o que permite uma avaliação direta na fonte.

Faremos uma breve descrição das principais fontes de poluição pontuais, classificadas de acordo com a atividade geradora dos poluentes, conforme o Relatório n. 40.674 (São Paulo, 2000), do Comitê da Bacia Hidrográfica do Tietê/Jacaré (CBH-TJ) e do Fundo Estadual de Recursos Hídricos (Fehidro), documento que diagnosticou a situação dos recursos hídricos e estabeleceu as diretrizes técnicas para a elaboração do Plano da Bacia Hidrográfica do Tietê/Jacaré. São elas:

» **Cargas poluidoras de origem doméstica** – Referem-se aos pontos onde são lançados os esgotos coletados em áreas urbanas. São fontes poluentes dos cursos de água em que são lançados, podendo afetar as águas subterrâneas e os solos de forma indireta.

» **Cargas poluidoras de origem industrial** – Correspondem aos lançamentos de efluentes líquidos diretamente nos rios e córregos, com ou sem tratamento prévio.

» **Disposição de resíduos sólidos domésticos** – Ocorre por meio de lançamentos de resíduos em cabeceiras ou vales de drenagens, ou ainda pelo despejo de efluentes vindos da decomposição dos resíduos e da percolação de águas pluviais (chorume), ou por meio da infiltração desse chorume no subsolo.

- » **Disposição de resíduos sólidos industriais** – São os resíduos em estado sólido e semissólido resultantes da atividade industrial, entre os quais estão incluídos os lodos provenientes das instalações de tratamento de águas residuais, assim como os gerados em equipamentos de controle de poluição, e certos líquidos cujas particularidades tornam inviável o seu lançamento na rede pública de esgotos ou corpos de água.
- » **Outras fontes** – As atividades mineradoras têm grande potencial de contaminação dos recursos hídricos, bem como os aterros e lixões de resíduos sólidos domésticos ou industriais desativados, cemitérios, locais de estocagem de combustíveis etc.

2.2.2 Fontes poluidoras difusas ou dispersas

São ditas *fontes difusas* aquelas em que não há um ponto específico de lançamento de poluentes ou por estes não advirem de um ponto preciso de geração, tornando-se assim de difícil controle e identificação. Podem chegar aos corpos de água apenas de modo intermitente, associado aos períodos de chuvas. Constituem tema de extrema dificuldade para a caracterização, pois se associam a grandes áreas, exigindo numerosos pontos de monitoramento, e a poluentes com baixas concentrações, que demandam, muitas vezes, cuidadosos métodos de amostragem e de técnicas analíticas sofisticadas e caras.

Os exemplos mais comuns são:

- » **Relativos à fonte referente à área rural** – A preparação do terreno, a infiltração de agrotóxicos no solo provenientes de campos agrícolas, a aplicação de fertilizantes, a utilização de defensivos agrícolas e a irrigação. Nesses casos, a contaminação pode ocorrer por meio de águas de deflúvios superficiais, de infiltração ou pelo material removido por erosão dos solos;

» **Relativos à origem urbana** – O aporte de nutrientes em córregos e rios por meio da drenagem urbana, lançamentos diretos em drenagens ou solo, fossas negras, fossas secas e até mesmo fossas sépticas.

A emissão de poluentes em um espaço extenso, como nos exemplos que você pôde observar anteriormente, gera várias consequências para o meio ambiente, alterando o equilíbrio dos ecossistemas e trazendo riscos à saúde pública. Além disso, aumenta os custos para o tratamento de água ou a elaboração de soluções alternativas referentes à remoção do poluente e provoca nos ambientes aquáticos a deterioração da qualidade da água, que muitas vezes se torna inadequada para a maioria dos usos, principalmente para o abastecimento público.

Para prevenir e controlar esse tipo de emissão de compostos, faz-se necessário o estabelecimento de medidas e de programas específicos. Nos centros urbanos, nas atividades agrícolas e mineradoras, é indispensável que seja implementado um plano de gestão de efluentes e resíduos. As cidades devem contar, ainda, com controle e vigilância de pontos onde podem ocorrer ligações clandestinas.

No campo, é imprescindível o planejamento do uso e da ocupação do solo, bem como o controle do armazenamento e da aplicação de fertilizantes e agentes de combate a pragas, além da drenagem de águas pluviais e implementação de zonas de infiltração e de zonas de tratamento.

O estabelecimento de medidas e programas de intervenção, como cartografar as zonas mais vulneráveis e georreferenciar as potenciais origens da poluição difusa, cria condições de incentivo à educação ambiental e também um índice de susceptibilidade referente à poluição difusa, semelhante ao existente para o controle da desertificação, medidas que também devem ser levadas em consideração no gerenciamento e controle desse tipo de emissão.

2.2.3 Fontes poluidoras acidentais

De acordo com Gusmão (2002), *poluição acidental* é definida como o lançamento imprevisível de uma significativa massa poluidora, provocando considerável dano ambiental. Além disso, o evento coloca em risco a vida e o patrimônio das comunidades localizadas na área de alcance do episódio.

Essa definição pode nos induzir a pensar que a poluição acidental se deve aos acidentes ambientais tão comuns ao crescimento da tecnologia e da sociedade. Não devemos, entretanto, associar à poluição ambiental somente os episódios ocorridos em virtude das atividades desenvolvidas pelo homem, pois ela também apresenta uma característica peculiar que geralmente não associamos à questão. Os acidentes naturais, originados de fenômenos da natureza, ou seja, independentemente da influência humana, são casos específicos dessa fonte de poluição (Bredariol, 2004).

Embora esses dois tipos de acontecimentos (acidentes ambientais e acidentes naturais) sejam independentes quanto às suas origens, em determinadas situações pode haver certa relação entre eles, como no caso de uma forte tormenta que acarrete danos a uma instalação industrial. Podemos ilustrar a situação também lembrando um fato ocorrido no Japão em 11 de março de 2011, quando um *tsunami* arrasou a costa nordeste do território japonês e provocou vazamentos de material radioativo na Central Nuclear da Usina de Fukushima. Nesses casos, além dos danos diretos causados pelo fenômeno natural, observamos outras implicações decorrentes dos impactos causados nas instalações atingidas.

Da mesma forma, é possível que as intervenções do homem na natureza contribuam para a ocorrência dos acidentes naturais, como o uso e a ocupação do solo de forma desordenada, que muitas vezes aceleram os processos de erosão e deslizamentos de terra. O assunto aqui abordado será mais explorado nos tópicos seguintes.

2.2.3.1 Acidentes naturais

Acidentes naturais são ocorrências causadas por um eventos físicos como terremotos, maremotos, furacões, erupções vulcânicas, desabamentos e inundações. Esses fenômenos provocam direta ou indiretamente danos extensos aos patrimônios público e privado, fazendo um grande número de vítimas e causando danos ao meio ambiente, como no caso de incêndios florestais, que podem ser iniciados por descargas elétricas (raios) – o evento contribui para a poluição da atmosfera e o aumento do efeito estufa pela elevação da temperatura.

Podemos facilmente refletir sobre a dimensão dos danos causados à população quando analisamos o local afetado por determinado evento da natureza. Áreas vulneráveis em comunidades de baixa renda são facilmente atingidas, e as dimensões da tragédia mostram-se sempre mais graves que em localidades mais privilegiadas. Assim, é legítimo afirmarmos que a extensão dos danos à propriedade ou o número de vítimas que resulta de um desastre natural dependem da capacidade de a população resistir ao desastre. Deslizamentos de terra em áreas de encosta, comuns no Brasil, destroem comunidades inteiras, provocando inúmeras mortes e deixando milhares de pessoas desabrigadas, visto que suas casas são levadas pela força das águas.

A maioria dos acidentes naturais é de difícil prevenção, motivo pelo qual diversos países, principalmente aqueles onde tais fenômenos são mais frequentes, têm investido em sistemas de proteção contra esses eventos. No Japão, por exemplo, há um moderno sistemas de alerta contra *tsunamis*.

2.2.3.2 Acidentes tecnológicos

Segundo Freitas, Porto e Gomez (1995), acidentes tecnológicos, gerados por atividades humanas, caracterizam-se por toda sequência de eventos aleatórios e não planejados que resultam na liberação de uma ou mais substâncias químicas perigosas para a saúde humana ou o meio ambiente (a curto ou longo prazo).

Um exemplo significativo de acidente tecnológico, conforme citado por Gusmão (2002), são os:

> derrames de petróleo no mar que se acentuaram na segunda metade dos anos setenta, com o surgimento e operação dos superpetroleiros que transportavam até 300.000 toneladas de petróleo. O desastre do Exxon Valdez, no Alasca, em março de 1989, [...] alcançou um custo financeiro altíssimo, tanto pelo aspecto administrativo, pelo valor da multa aplicada, como pelos elevados custos das operações de combate e recolhimento do óleo derramado, na remediação das áreas atingidas, e principalmente pelas indenizações individuais, coletivas e difusas causadas pelo dano ocorrido.

De acordo com o Instituto Brasileiro do Meio Ambiente e dos Recusros Naturais Renováveis (Ibama, 2014), muitos fatores são levados em consideração para dimensionar a gravidade de um acidente, destacando-se, por exemplo, a vulnerabilidade e a sensibilidade do ambiente em que ocorreu o evento, as características e a quantidade do produto lançado e as particularidades climáticas no momento do desastre.

2.2.4 Sistemática

A última das classificações adotadas para denominar uma fonte ou forma de poluição é a sistemática, que parte do princípio de que os fenômenos poluidores ocorrem de forma periódica na natureza, ou seja, em determinadas épocas do ano, com certa frequência e regularidade.

Acrescentamos ainda que, nos lugares em que esses fenômenos acontecem, as condições do clima são altamente específicas. São exemplos os incêndios florestais e as tempestades tropicais.

Eventualmente, a fonte sistemática pode ser confundida ou englobada como fonte acidental, em virtude da grande semelhança de como os eventos em ambas as classificações ocorrem. Contudo, as fontes acidentais diferem das sistemáticas no que diz respeito à irregularidade com que as primeiras ocorrem na natureza.

PERGUNTAS & RESPOSTAS

Quais são as classificações dos poluentes? Quais são seus níveis?

De maneira geral, o primeiro nível dos poluentes é classificado de acordo com a natureza, ou seja, pela fonte emissora do poluente, por suas características físico-químicas e pela sua dissipação no meio ambiente. O próximo nível refere-se à sua presença na natureza, isto é, àqueles que já existiam em certa quantidade e, com a atividade humana desenfreada, foram se acumulando, e àqueles que ainda não existiam no meio ambiente e foram introduzidos pelo homem. Quanto aos componentes classificados pela sua característica físico-química, eles são separados em físicos, químicos e de origem biológica. Os poluentes podem ser primários ou secundários, conforme seu tipo de emissão para o meio ambiente, e conservativos e não conservativos, conforme sua dissipação no meio ambiente.

SÍNTESE

Primeiramente, reforçamos os conceitos de *poluição* e *poluente* já estudados no capítulo anterior, mas de extrema importância para esclarecer e tornar indubitável a compreensão deste capítulo. Reiteramos a classificação de poluentes referente à fonte poluidora, dividida em: poluentes primários (aqueles que são emitidos diretamente pelas suas fontes para a atmosfera) e poluentes secundários (aqueles que não são emitidos por nenhuma fonte poluidora, mas formados naturalmente, resultando de reações químicas que ocorrem na atmosfera, da qual participam alguns poluentes primários). Com base nesses conceitos, apresentamos as classificações de fontes de poluição, divididas em *pontuais* ou *localizadas*, *difusas* ou *dispersas*, *acidentais* (os acidentes, por sua vez, podem ser classificados em *naturais* e *tecnológicos*) e *sistemáticas*.

QUESTÕES PARA REVISÃO

1. Com base na leitura deste capítulo, classifique os tipos de poluentes segundo sua natureza e sua fonte de emissão e dê exemplos de variados grupos.

2. As fontes da poluição atmosférica podem ser classificadas de acordo com a sua natureza ou pela área que ocupam, sendo divididas em quatro ordens: as provenientes de fontes fixas, as oriundas de fontes móveis, as causadas por acidentes ambientais e, ainda, as sistemáticas. Descreva os quatro tipos de fontes poluidoras e dê exemplos de cada um deles.

3. (Cespe/UnB – Sema/Inema/Saeb – 2013) A poluição atmosférica pode ser causada por fontes fixas, como indústrias, usinas termoelétricas e vulcões, e fontes móveis. Os veículos automotores se destacam nas cidades como fontes poluidoras móveis. A respeito de poluição atmosférica, assinale a opção correta:
    a. Os compostos químicos, como monóxido de carbono, dióxido de carbono, óxidos de enxofre, hidrocarbonetos e material particulado, são os principais poluentes do ar.

b. A presença de altas concentrações de poluentes na atmosfera por longo período de tempo, resultante da ocorrência de condições meteorológicas desfavoráveis à sua dispersão, requer a elaboração do Plano de Emergência para Episódio Crítico de Poluição do Ar.
c. O Programa de Controle da Poluição do Ar por Veículos Automotores (Proconve) estabelece a obrigatoriedade de redução do consumo de combustíveis nos veículos automotores.
d. As máquinas agrícolas, como as utilizadas no preparo do solo, plantio, tratos culturais, não estão incluídas no Proconve.

4. (Adaptada de MS Concursos/Grupo Sarmento – Ifecet-ES – 2010) A concentração de um poluente atmosférico depende do tipo de fonte e da concentração com que foi lançado, bem como das condições de transporte e dispersão de poluentes atmosféricos. Não está entre as principais características que têm influência na dispersão de poluentes:
   a. o ar move-se no sentido vertical, na direção dos ventos, e no horizontal, em função dos deslocamentos das camadas atmosféricas.
   b. quanto maior for a velocidade do vento, mais elevada será sua capacidade de diluir e dispersar poluentes.
   c. a direção do vento indica as áreas que serão alcançadas pelos poluentes emitidos em uma fonte.
   d. a característica meteorológica mais importante na dispersão dos poluentes do ar é a estabilidade atmosférica, associada aos movimentos ascendentes e descendentes de volume de ar.
   e. em condições normais, a temperatura do ar decresce com a altura, ficando as camadas mais frias sobre as camadas mais quentes.

5. (Cesgranrio – EPE-RJ – 2007) De acordo com a sua origem, os poluentes atmosféricos podem ser classificados em primários, que são emitidos diretamente no ar, e secundários, que são formados na atmosfera por reações químicas ou mesmo fotoquímicas entre dois ou mais poluentes ou com a participação de constituintes normais da atmosfera. Entre as opções a seguir, qual corresponde a um exemplo de poluente secundário que pode ser gerado na operação de usinas termelétricas?
   a. Dióxido de enxofre (SO_2).
   b. Monóxido de nitrogênio (NO).
   c. Monóxido de carbono (CO).
   d. Ozônio (O_3).
   e. Material particulado.

QUESTÃO PARA REFLEXÃO

Os poluentes atingem águas superficiais ou subterrâneas quando são lançados diretamente no meio ambiente ou quando há a precipitação deles, ou ainda o escoamento pela superfície do solo ou infiltração. Portanto, reflita e redija um texto dissertativo referente à relação entre o lançamento dos poluentes com suas fontes poluidoras pontuais e difusas.

CAPÍTULO 3 POLUIÇÃO NOS MAIS DIVERSOS AMBIENTES

CONTEÚDOS DO CAPÍTULO

» Conceituação de *substâncias químicas tóxicas* e *metais*.
» Definição de *relação dose-resposta*.
» Apresentação de metais tóxicos e seus efeitos.
» Aspecto ecológico da poluição em diversos ambientes e suas consequências.
» Contextualização sobre o meio atmosférico e a poluição do ar.
» Estabelecimento de características sobre as poluições marinha e dulcícola.
» Apresentação da dinâmica do solo, da problemática do lixo, da importância dos agrossistemas e da poluição. Características da indústria como agente poluidor.
» Definições e características gerais das poluições: sonora, visual, física, térmica e biológica.
» Influência das poluições química e nuclear.

APÓS O ESTUDO DESTE CAPÍTULO, VOCÊ SERÁ CAPAZ DE:

1. compreender as formas de toxicidade e o que são os compostos tóxicos e suas características;
2. identificar os compostos organoclorados e os organoalogenados;

3. definir as implicações ambientais e seus efeitos na saúde humana com base na avaliação da toxicidade;
4. reconhecer a repercussão da poluição em todos os ambientes existentes no ecossistema;
5. entender a importância das características da poluição em cada ambiente para a elaboração de soluções de contenção da poluição;
6. reconhecer as técnicas de eliminação adequada de resíduos.

3.1 Tipos de poluição

Já sabemos que existem muitos tipos de poluição, afinal, convivemos com ela em nosso cotidiano. A Terra está repleta de poluição nos mais diversos ambientes, o que afeta o planeta de várias formas – prejudicando a saúde humana, a vida de vários outros seres vivos e os ecossistemas como um todo.

Sabemos que a poluição não é um problema recente, entretanto, somente há algumas décadas nos conscientizamos do problema a ponto de tratá-lo com a importância necessária. Atualmente, a poluição deixou de ser apenas tema de congressos ambientais e artigos do Greenpeace e passou a ser de interesse público no mundo inteiro, na medida em que a degradação ambiental e suas consequências afetam países desenvolvidos e em desenvolvimento.

E é na palavra *desenvolvimento* que encontramos a razão para os problemas ambientais, que estão atingindo de forma tão dramática a saúde e a sobrevivência de diversas espécies do planeta – o rápido crescimento econômico acompanhado da exploração excessiva dos recursos naturais.

Portanto, é preciso sempre nos lembrarmos das questões atuais que envolvem o assunto, como aquecimento acelerado da temperatura da

Terra em virtude do efeito estufa; perda da biodiversidade em razão da destruição de grandes extensões de terra causada por madeireiras, grandes latifundiários e corporações industriais; destruição da camada de ozônio pela emissão cada vez maior de poluentes na atmosfera; contaminação ou exploração excessiva dos recursos dos oceanos, ocasionadas pela emissão de dejetos sem tratamento adequado e pesca predatória; escassez e poluição das águas, pelo uso inadvertido e pela ineficiência dos processos de saneamento básico, principalmente nas grandes áreas urbanas; superpopulação mundial, que muitas vezes tem como consequência a baixa qualidade da moradia e ausência de saneamento básico, devido à falta de planejamento urbano para o crescimento do contingente humano; degradação dos solos agricultáveis e má destinação do lixo. Devemos ainda acrescentar a essas questões os predatórios processos de produção utilizados para extrair matérias-primas e transformá-las numa variedade de produtos para fins de consumo em larga escala.

Em específico, a falta de serviços básicos de saneamento – abastecimento de água, rede de esgotamento sanitário e coleta de lixo –, além de implicar altos riscos para a saúde, contribui para a degradação do meio ambiente. Basta que pensemos em exemplos simples, ocorridos no nosso país, e lembraremos os cinturões de miséria das grandes cidades, como nas favelas de São Paulo e Rio de Janeiro, nos quais se aglomeram multidões em espaços ínfimos e desprovidos de qualquer higiene.

PARA SABER MAIS

Estudos do Banco Mundial (citado por Brasil, 2007c) estimam que o ambiente doméstico inadequado é responsável por quase 30% da ocorrência de doenças nos países em desenvolvimento. Se pensarmos nisso, rapidamente concluiremos que a explosão demográfica e as precárias condições de vida de grande parte da população levam à degradação dos recursos naturais. Mesmo os esforços mais valiosos feitos pela Organização das Nações Unidas (ONU) para reverter o processo de degradação dos recursos naturais ainda não são suficientes sem a colaboração ampla e irrestrita de todos os envolvidos no processo.

Outro problema relacionado à poluição refere-se ao mar. A pesca excessiva, os despejos de rejeitos tóxicos e o escoamento de águas poluídas dos continentes aumentam de forma progressiva no mundo inteiro, problemas que ocasionam o declínio de diversas zonas pesqueiras, além de redundar na extinção de espécies e ecossistemas inteiros. Além disso, temos de citar os acidentes com derramamento de petróleo de oleodutos, plataformas e navios, que causam mortandade de diversas espécies marinhas, como peixes, fitoplâncton e zooplâncton. Outro aspecto importante na degradação mar está no fato de navios e barcos pesqueiros lançarem lixo, o qual é incorporado por animais marinhos (que consomem esse lixo, prendem-se a ele ou são feridos por ele) levando-os à morte, como no caso de tartarugas e focas.

Essa discussão nos permite afirmar que a atividade humana provoca impactos ambientais que se refletem nos meios físicos, biológicos e socioeconômicos, comprometendo os recursos naturais e a saúde das populações. E nós, habitantes do planeta, sentimos esse impacto não somente no solo, no ar e na água de nossa cidade, nosso estado ou nosso país, mas também do planeta todo.

Em busca da retomada do equilíbrio entre o homem e o ambiente, devemos procurar meios não só de controlar a emissão das substâncias químicas perigosas, ruídos, vibrações e radiações, mas também de manejar adequadamente os recursos hídricos e os resíduos sólidos.

A seguir, descreveremos como cada ambiente (água, ar e solo) está sofrendo com a interferência do homem, embora devamos ressaltar que a classificação apresentada é puramente didática, pois sabemos que na natureza não existe a separação absoluta entre os ecossistemas, visto que estes estão integrados, inclusive, pelos problemas ambientais. A Figura 3.1 a seguir ilustra os tipos de poluição em relação ao meio ambiente.

Figura 3.1 – Classificação dos tipos de poluição sob quatro aspectos relacionados ao meio ambiente

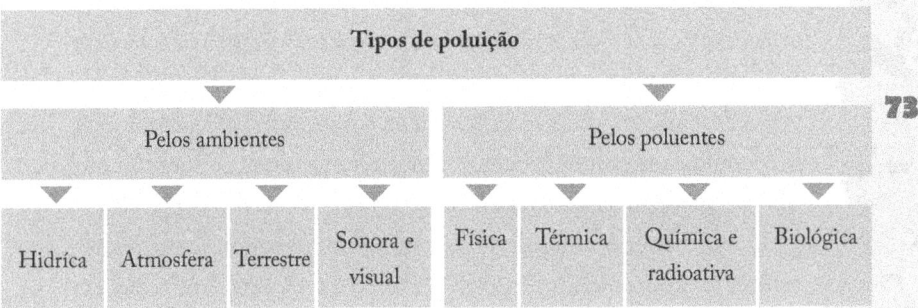

Tipos de poluição	
Pelos ambientes	Pelos poluentes
Hidríca / Atmosfera / Terrestre / Sonora e visual	Física / Térmica / Química e radioativa / Biológica

Observe que, na ilustração apresentada, a classificação aponta os tipos de poluição entre os ambientes em que estão presentes os poluentes (atmosférica, hídrica, terrestre, sonora e visual) e entre os poluentes que são emitidos nos ecossistemas (física, térmica, química e radioativa e biológica). A seguir, passaremos ao estudo dos elementos da Figura 3.1.

3.1.1 Poluição atmosférica

A atmosfera é vital à vida na Terra, pois seus gases constituintes têm um papel fundamental no sistema climático, principalmente na manutenção de temperaturas amenas no planeta, por meio do efeito de estufa, além de atuar na absorção parcial dos raios solares, em particular da perigosa radiação ultravioleta filtrada pela camada de ozônio.

Barry e Chorley (2013) afirmam que a atmosfera passou por um processo de transformação nos últimos 400 milhões de anos, quando o solo estava revestido por uma cobertura vegetal. Nesse processo de evolução, à medida que a Terra foi sendo colonizada pelas primeiras bactérias e outros microrganismos unicelulares, a atmosfera gradativamente se adaptou para atingir a composição atual. Na atmosfera primitiva, embora haja incertezas, havia um alto nível de CO_2 (dióxido de carbono) e CH_4 (metano), gases com elevado potencial de efeito de estufa, os quais, aliados ao vapor de água, mantiveram a superfície terrestre com temperaturas elevadas em aproximadamente 90 °C. Ao longo dos milhares de anos, a situação foi se modificando à medida que se constituiu o ciclo das águas e se estabeleceu a crosta continental, com a consequente formação das rochas e consumo do CO_2 atmosférico.

É evidente que os avanços na ciência trouxeram como consequência um melhor entendimento da atmosfera e de seus componentes. Graças à criação do termômetro ainda impreciso de Galileu por volta do século XVII, ou de Fahrenheit e de Celsius no século XVIII, que elaboraram exemplares mais precisos, às contribuições de Torricelli e Pascal, no século XVII, com o barômetro, e de Boyle, que demonstrou a compressibilidade do ar em 1660, descobriram-se os principais constituintes da atmosfera seca (nitrogênio, 78,08%; oxigênio, 20,98%; argônio, 0,93%; dióxido de carbono, 0,035%) no final do século XIX.

Ainda vale lembrar os estudos de Horace de Saussure, em 1780, com o higrógrafo de cabelo para medir a umidade relativa do ar; o esquema de classificação das nuvens criado por Luke Howard, em 1803, e implementado somente em 1920; a descoberta do efeito estufa atmosférico em 1824 por Joseph Fourier; e os estudos com o barômetro e o termômetro associados a investigações sobre a estrutura vertical da atmosfera, os quais levaram à descoberta da inversão térmica de baixo nível (próxima à superfície terrestre) em 1856.

Muitos outros estudos foram realizados, e suas descobertas são apreciadas não só pela comunidade científica, mas por toda a sociedade, em razão da relevância do tema *atmosfera* para a qualidade de vida da população do globo terrestre.

Retornando ao tema desta seção, quando um poluente é emitido para a atmosfera, afetando as condições do ar que respiramos, chamamos essa ocorrência de *poluição atmosférica*. Embora seja um tipo de poluição muito abrangente quanto à fonte emissora, podemos citar principalmente as fontes industriais, os automóveis, a incineração do lixo doméstico e as queimadas das florestas para a expansão de lavouras.

CONSULTANDO A LEGISLAÇÃO

Você sabia que os carros são grandes responsáveis pela poluição atmosférica? A Lei n. 8.723, de 28 de outubro de 1993 (Brasil, 1993), "dispõe sobre a redução de emissão de poluentes por veículos automotores e dá outras providências".

BRASIL. Lei n. 8.723, de 28 de outubro de 1993. **Diário Oficial da União**, Poder Legislativo, Brasília, DF, 29 out. 1993. Disponível em: <http://www.planalto.gov.br/ccivil_03/leis/l8723.htm>. Acesso em: 4 jun. 2014.

Diária e continuamente são lançados para a atmosfera, em escala local e regional, diversos tipos de gases, como já citamos neste tópico, destacando-se o monóxido de carbono (CO), os óxidos de enxofre (SO_n) e materiais particulados. De acordo com Fonseca (2015), "o componente em maior quantidade na atmosfera das grandes metrópoles é o monóxido de carbono com 45% do total de gases, seguido pelos óxidos de enxofre com 19% e os óxidos de nitrogênio com 16%, dentre outros gases poluidores".

Reiteramos que os efeitos da poluição atmosférica para o meio ambiente e para os seres humanos são muitos, sentidos principalmente nos grandes centros urbanos, nos quais as emissões dos gases de motores à combustão dos veículos e das indústrias são muito grandes. Como exemplo, citamos as mudanças climáticas geradas pelo aquecimento global, além de doenças respiratórias e alergias. Ainda vale a pena ressaltarmos que as emissões geradas nas cidades alcançam a atmosfera e se dispersam, atingindo regiões distantes e causando graves consequências para o meio ambiente regional.

3.1.1.1 Características e composição da atmosfera*

Para entendermos como os poluentes do ar agem na atmosfera, inicialmente é necessário conhecermos como ela é formada e quais são suas características.

A atmosfera envolve a Terra com espessura de apenas 1% do raio do planeta, dividindo-se em camadas conforme as características químicas e físicas do ar. De acordo com Barry e Chorley (2013), o ar é uma mistura mecânica de gases, e não um composto químico. Os principais gases constituintes são o nitrogênio e o oxigênio, como você pode observar no Quadro 3.1, constam outros gases de menor expressão, como argônio, dióxido de carbono e hidrogênio. Outros componentes também fazem parte da constituição da atmosfera, como vapor de água (1% a 4% de massa total) e partículas de matéria orgânica, por exemplo, pólen e microrganismos, e inorgânica, como partículas de areia e fuligem.

---

* Essa seção foi baseada em Barry e Chorley (2013).

Quadro 3.1 – Componentes da atmosfera abaixo de 25 km

Gás componente	Símbolo	Volume % (ar seco)
Nitrogênio	N_2	78,08
Oxigênio	O_2	20,95
Argônio	Ar	0,93
Dióxido de carbono	CO_2	0,037
Neônio	Ne	0,0018
Hélio	He	0,0005
Ozônio	O_3	0,00006
Hidrogênio	H	0,00005
Criptônio	Kr	0,00011
Xenônio	Xe	0,00009
Metano	CH_4	0,00017

Fonte: Adaptado de Barry; Chorley, 2013, p. 13.

Adotaremos em nosso estudo o critério de classificação da estrutura atmosférica considerando a variação da temperatura com a altitude na atmosfera. De acordo com esse gradiente térmico, podemos distinguir quatro camadas horizontais (a **troposfera**, a **estratosfera**, a **mesosfera** e a **termosfera**), e as evidências dessa estrutura vêm de estudos com balões meteorológicos, pesquisas com ondas de rádio e, mais recentemente, de sistemas em sondagem em foguetes e satélites.

Assim, são três regiões mais quentes próximas à superfície (entre 50 e 60 km e acima de 120 km), separadas por duas regiões mais frias (entre 10 e 30 km e entre 80 e 100 km). O Gráfico 3.1 ilustra as camadas da atmosfera e as variações de altitude e temperatura.

Gráfico 3.1 – Distribuição vertical das camadas da atmosfera: temperatura em graus Celsius em relação à altitude em quilômetros

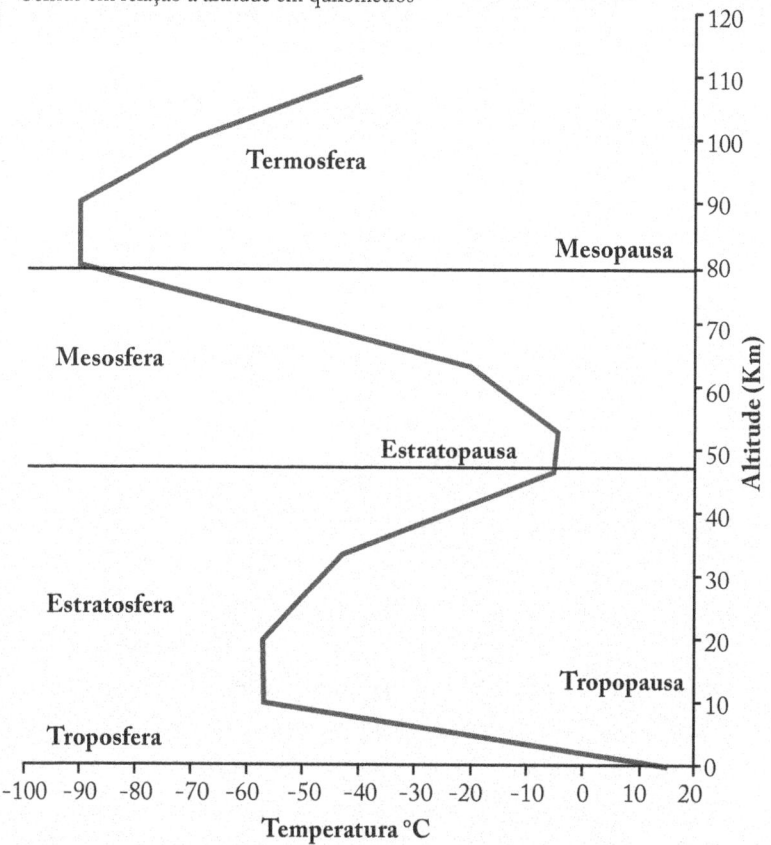

Fonte: Adaptado de Barry; Chorley, 2013, p. 33.

A **troposfera** (esfera turbulenta), a camada inferior ou a primeira camada da atmosfera, está em contato direto com a superfície terrestre, e, portanto, em toda sua extensão ocorrem os eventos climáticos (chuva, neve, granizo etc.) que regem a vida na Terra. Vale lembrar que o limite superior da troposfera é marcado pela tropopausa, e a maioria dos fenômenos relacionados com a poluição do ar ocorre na própria troposfera.

Nessa camada, a turbulência atmosférica é mais pronunciada, ou seja, as flutuações no fluxo do vento derivam de uma corrente térmica ou de correntes convectivas, diferenças de terreno e velocidade do vento ao longo de uma zona fronteiriça ou da variação de temperatura e pressão. A sua espessura varia entre 7 e 8,5 km nos polos, aproximadamente 17 km no Equador e em torno de 10 km aos 45° de latitude. A troposfera concentra 75% da massa gasosa total da atmosfera; o nitrogênio (N) e o oxigênio (O_2) ocupam a maior parte do volume do ar, além do dióxido de carbono (CO_2) e de todo o vapor de água e aerossóis. Os componentes não gasosos da troposfera, por sua vez, são representados por nuvens, poeiras, bactérias e pólen.

A queda de temperatura a essa altitude, nessa camada, ocorre em média de 6,5 °C a cada quilômetro, o que indica um gradiente térmico vertical normal ou padrão, devido à densidade do ar que diminui com a altitude e, por consequência, se expande e resfria (Braga, 2005). No entanto, em determinados níveis da troposfera, a temperatura aumenta com a altitude, indicando o fenômeno que conhecemos como inversão térmica, em outras palavras, uma camada de ar relativamente quente acima de outra camada de ar mais fria, e ainda existem zonas de temperatura equivalentes, ou seja, isotérmicas. Essa zona de inversão funciona como um teto climático entre a troposfera e a estratosfera, o qual chamamos de tropopausa, ou, como dito anteriormente, o limite superior da troposfera. A tropopausa também apresenta variações de altitude nos polos (8 km) e no Equador (16 km).

A **estratosfera** (esfera estratificada) encontra-se acima da tropopausa até 50 km de altitude e representa arpximadamente 10% do total da atmosfera. Essa camada é importante ambientalmente, pois, entre os 30 e os 40 km de altitude, encontra-se a camada rica em ozônio (O_3), que absorve e filtra a maior parte da radiação solar ultravioleta, que é letal para os organismos vivos do planeta. Como essa camada absorve grandes quantidades desse tipo de radiação e a densidade do ar nessa zona é muito baixa, a temperatura aumenta com a altitude nessa região atmosférica. O limite superior dessa camada é a estratopausa, região onde ocorrem os maiores níveis de absorção da radiação ultravioleta dos raios solares.

A **mesosfera** encontra-se entre 50 e 90 km de altitude acima da estratopausa. Nessa zona, a temperatura volta a diminuir fortemente, devido à redução na quantidade de ozônio, atingindo no seu limite superior, a mesopausa, os valores mais baixos de toda a atmosfera (em torno de -133 °C). As maiores concentrações de ozônio (O_3) encontram-se à altitude de 24 km. Ainda assim, nessa região, o ozônio constitui apenas 1/4.000.000 do ar, proporção suficiente para garantir a absorção de raios ultravioleta. O teto climático dessa camada é chamado *mesopausa* e marca uma zona de inversão térmica na qual as temperaturas vão gradualmente subindo em virtude das moléculas de oxigênio e ozônio, que contribuem para o aquecimento por volta dos 85 km de altitude.

Acima de 80 km de altitude até 190 km, encontra-se a **termosfera**, também chamada de *ionosfera*, camada que registra um aumento regular da temperatura de acordo com a altitude em razão da absorção da radiação solar. As ondas de rádio e televisão operam nessa região. A absorção dos raios solares e ultravioleta, radiação cósmica, aliada à baixa densidade do ar acima de 100 km, contribui para o aumento da carga elétrica – positiva ou negativa – das partículas. Os gases predominantes encontram-se, por isso, sob forma iônica, daí o termo *ionosfera* para mencionar a camada atmosférica, acima de 80 km, entre a mesosfera e a termosfera. A região é composta por nitrogênio (N_2) e oxigênio molecular e atômico (O_2 e O, respectivamente). As auroras boreal e austral ocorrem por causa da penetração de íons na atmosfera, de 300 a 80 km dos polos magnéticos da Terra. À medida que a altitude aumenta, o oxigênio atômico encontra-se em maior concentração quando comparado ao nitrogênio. A densidade de gases da ionosfera é da ordem de apenas 1/1.000.000.000 da densidade da atmosfera ao nível do mar. A absorção da radiação ultravioleta extrema (0,125 – 0,205 μm) pelo oxigênio molecular e atômico ocorre em função do aumento da temperatura com a altitude, provavelmente oscilando em torno de 526,85 °C até 926,85 °C a 350 km (temperaturas teóricas, sem comprovação prática até o momento).

Entre 500 e 750 km estende-se a **exosfera**, camada em que a atmosfera é rarefeita e aproximadamente 1% dos átomos são ionizados. Oxigênio, hidrogênio e hélio constituem essa região, o último deles formado pela radiação cósmica que atinge o nitrogênio somado à quebra de elementos radioativos na superfície terrestre.

À medida que a altitude aumenta, a frequência de partículas ionizadas também sobe. Acima dos 200 km de altitude da exosfera, encontra-se a **magnetosfera**, onde existem apenas elétrons e prótons (cargas negativa e positiva, respectivamente) provenientes do plasma de gás solar conduzido pela eletricidade, chamado de *vento solar*.

Sintetizando, a atmosfera é caracterizada por um perfil de temperatura e altitude, estratificação dos gases presentes em cada camada, incidência da radiação solar e sua dispersão pelo espaço.

3.1.1.2 Histórico sobre poluição atmosférica

Mesmo inconscientemente, desde seu surgimento o homem contribui para a degradação da qualidade do ar – desde a descoberta do fogo, aproximadamente 800 mil anos a.C., as comunidades em torno do globo se reuniram na saga da destruição de imensas áreas florestais, utilizando a madeira derrubada e as áreas para agricultura e pecuária, além da caça predatória, que pode ter extinguido diversas espécies do planeta.

Na obra *Introdução à engenharia ambiental*, Braga et al. (2002) argumenta sobre o processo de intervenção do homem no meio:

O homem tem sido responsável, no último século, pela mais invasiva e desordenada intervenção sobre o meio ambiente e, sobretudo nos últimos 70 anos, tem lutado para entender as consequências deletérias deste cenário ambiental. Este processo intervencional destrutivo iniciou-se com o surgimento dos motores à combustão, desde a Revolução Industrial, a queima dos combustíveis fósseis e a implementação de indústrias siderúrgicas e de produtos químicos.

A história da poluição, como já citamos, não é recente, tanto que o Império Romano já registrava as primeiras queixas sobre a qualidade do ar em razão do uso de carvão como combustível. Mais tarde, já no século XIII, a Inglaterra instituiu os primeiros atos de controle de emissão de fumaça, mas somente nos séculos XVII e XVIII tiveram início as discussões para a retirada das indústrias situadas em Londres. Em sua história, a capital inglesa foi cenário de uma sucessão de acidentes decorrentes da poluição atmosférica, os quais foram marcados por muitas mortes desde 1911, quando 1.150 pessoas perderam suas vidas pela fumaça produzida pelo carvão (Braga, 2002).

O século XX testemunhou uma série de desastres em decorrência da poluição atmosférica. Em 1930, na Bélgica, mais exatamente no Vale do Meuse, uma combinação de emissão massiva de SO_2 pelas indústrias de aço e zinco e uma inversão térmica causou a destruição de todo o parque industrial da região, ocasionando 60 mortes 2 dias depois do incidente e um grande aumento de doenças respiratórias na região (Braga, 2002). Acidentes como esse refletem a sucessão de eventos ambientais críticos provocados pelo homem, gerando poluição atmosférica com graves consequências para a humanidade e para o meio ambiente. Em virtude desses eventos ambientais graves, a sociedade foi motivada a pensar em seus efeitos a fim de, em conjunto com ações governamentais, implementar medidas de redução da poluição do ar.

Muitas ações foram tomadas mundialmente a fim de diminuir a emissão de poluentes na atmosfera. Uma das primeiras iniciativas ocorreu em 1955, quando o Congresso norte-americano incentivou o início de estudos sobre impacto ambiental, poluição atmosférica e danos causados à saúde e à economia. Menos de uma década mais tarde, o governo dos Estados Unidos, por meio da criação da Agência de Proteção Ambiental (EPA*), estabeleceu padrões de qualidade do ar, além de pontuar os poluentes que seriam controlados (partículas totais, dióxido de enxofre, monóxido de carbono, dióxido de nitrogênio, ozônio e chumbo). Na Europa, em 1976, uma comissão composta por vários países (Comissão das Comunidades Europeias – CEC**) estabeleceu padrões de qualidade do ar para quatro dos seis poluentes controlados nos Estados Unidos pela EPA, a saber: dióxido de enxofre, monóxido de carbono, dióxido de nitrogênio e material particulado, além de outros agentes oxidantes fotoquímicos.

3.1.1.3 Poluentes do ar e seus efeitos

Os poluentes do ar, originados pela atividade industrial e emitidos na atmosfera, são constituídos por gases, névoas, gotículas e material particulado – os efluentes aéreos. Muitos deles estão presentes na composição normal da atmosfera, contudo, a partir de certas concentrações no ar, denominadas *padrões de qualidade*, observam-se os efeitos nocivos desses elementos tanto para o meio ambiente quanto para a saúde humana.

O nível de qualidade do ar é definido pela interação entre as fontes de poluição e a atmosfera, intercâmbio que determina o surgimento das consequências adversas da poluição do ar sobre o homem, os animais, os materiais e as plantas.

---

* US Environmental Protection Agency.
** Comission of European Communities.

São vários os poluentes dispersos pela atmosfera que modificam negativamente a paisagem ambiental. Aqueles que passam por medidas de controle e agem diretamente sobre a saúde dos homens são o monóxido de carbono (CO), o dióxido de enxofre (SO_2), as substâncias orgânicas tóxicas e os materiais particulados. Já os compostos orgânicos voláteis e os óxidos de nitrogênio, além de serem controlados quanto à sua emissão para o ar, são ingredientes do *smog** fotoquímico, cujas características e efeitos veremos em seção específica (Baird, 2009).

O dióxido de enxofre (SO_2), um exemplo clássico de poluente, resulta da queima de combustíveis fósseis (carvão mineral, óleo diesel e petróleo) e tem como fontes fundamentais os automóveis e termoelétricas, principalmente no Hemisfério Norte, mas também se ressaltam as fontes estacionárias de combustão de carvão e fundição de metais ferrosos e não ferrosos, como o cobre (Cu). Uma vez lançado na atmosfera, o SO_2 é oxidado e forma o ácido sulfúrico (H_2SO_4), que é um aerossol ácido irritante do trato respiratório e prejudicial às pessoas que sofrem de doenças respiratórias, além de ser o principal fator que contribui para a chuva ácida (gradualmente dissolvendo o calcário – $CaCO_3$), provocando a corrosão de objetos, monumentos e florestas. Dissolvidos nas gotas de água na atmosfera, localizam-se os aerossóis ácidos mais comuns: sulfato (SO_4^{2-}) e bissulfato (HSO^{-1}). O ácido sulfúrico e seus sais de amônia compõem a maior parte das partículas finas. Atualmente, há um declínio da emissão de óxidos de enxofre, devido à regulamentação mais rígida que define o uso de carvão com baixo teor de enxofre ao invés de alto teor.

Os grandes centros urbanos têm no transporte rodoviário a maior fonte de monóxido de carbono (CO), um composto tóxico formado da queima incompleta de combustíveis fósseis e outros materiais

---

* Reação de hidrocarbonetos com gases presentes na atmosfesra (O_3, NO, O_2), os quais reagem entre si formando compostos orgânicos poluentes.

com carbono, o qual provoca asfixia ao competir com o oxigênio (O_2) na ligação com a hemoglobina. O CO apresenta afinidade com hemoglobina 240 vezes maior que a do oxigênio, e, consequentemente, uma pequena quantidade desse gás pode carregar uma grande quantidade de moléculas de hemoglobina, diminuindo a capacidade do sangue de transportar O_2 para os tecidos (Sendão, 2008). Apesar de a principal fonte de emissão de CO vir dos automóveis nas grandes cidades, uma grande parcela das pessoas intoxica-se em casa, pela queima incompleta dos gases em fogões e aquecedores defeituosos e em locais mal ventilados.

Assim como no monóxido de carbono, as principais fontes de óxido nítrico (NO) e dióxido de nitrogênio (NO_2) são os motores dos carros, principalmente nos grandes centros urbanos, ainda que as usinas termoelétricas e indústrias que utilizam combustíveis fósseis também contribuam para emitir esses gases para a atmosfera, porém em escala menor. Sua combustão ocorre sob elevadas temperaturas, numa reação que envolve o oxigênio e o nitrogênio, formando óxido nítrico (NO), dióxido de nitrogênio (NO_2) e outros óxidos de nitrogênio (NO_x), compostos que, na presença de oxigênio (O_2), ozônio e hidrocarbonetos, levam o NO a se transformar em dióxido de nitrogênio, o qual, finalmente, na presença de luz do sol, reage com hidrocarbonetos e oxigênio formando ozônio, tornando-se um dos principais precursores desse poluente na estratosfera e composto do *smog* fotoquímico. Além dos óxidos de nitrogênio, os compostos orgânicos voláteis (COV), em uma ação combinada, são os principais responsáveis pelo *smog* fotoquímico. Esses gases (CO e COV) não formam poluentes diretos do ar, pois é raro afetarem diretamente a saúde das pessoas, contudo, quando inalados, atingem as porções mais periféricas do pulmão em virtude sua baixa solubilidade, acarretando um efeito tóxico em virtude de serem agentes oxidantes.

As substâncias orgânicas tóxicas como as dioxinas geralmente não são incorporadas em grandes quantidades, porém, uma vez inaladas, são depositadas nos organismos vivos e vão se acumulando ao longo da cadeia alimentar.

PARA SABER MAIS

O agente laranja, formado pela dioxina, ficou amplamente conhecido na década de 1980. Você sabe por quê? Ele foi utilizado na Guerra do Vietnã e provocou queimaduras graves e mortandade de diversas espécies animais, pois é um composto persistente no meio ambiente.

Leia mais sobre as dioxinas e suas características no seguinte artigo científico:

ASSUNÇÃO, J. V. de; PESQUERO, C. R. Dioxinas e furanos: origens e riscos. **Revista de Saúde Pública**, São Paulo, v. 33, n. 5, p. 523-530, out. 1999. Disponível em: <http://www.scielosp.org/pdf/rsp/v33n5/0640.pdf>. Acesso em: 4 jun. 2014.

Os aldeídos de cadeia curta, os hidrocarbonetos policíclicos aromáticos (HPAs)* e o benzeno, por sua vez, são poluentes diretos do ar e causam malefícios à saúde humana. Um dos HPAs mais conhecidos, o formaldeído é classificado como potencial carcinógeno, devido à intoxicação através das vias aéreas e oculares. Sua emissão provém tanto de fontes externas (indústrias) quanto de ambientes internos, pela liberação de resinas em materiais de construção. Utilizado sobretudo

---

* Os HPAs são potentes carcinógenos que causam alterações em genes ao reagirem com bases heterocíclicas do DNA. São formados por meio de subprodutos da queima de combustíveis à base de carbono, como no gás de exaustão de diesel e na fumaça oriunda da queima de carvão ou madeira.

pelas indústrias químicas, de petróleo e manufatureira, o benzeno provém do petróleo bruto, sendo mais da metade de sua produção utilizada na elaboração de estireno e fenol. De extrema gravidade para a saúde, esse composto poluente é carcinogênico e causa a leucemia (Costa, 2001). Apesar de a atividade industrial e a automotiva contribuírem juntas com 96% da emissão total dessa substância, Baird (2002) menciona que o cigarro é responsável por 40% da exposição humana ao benzeno.

Além desses compostos, Braga (2005, p. 171-172) cita outros, complementando, assim, nosso estudo:

> existem substâncias como: asbestos ou amianto (oriundo da mineração e processamento do amianto), metais (siderurgia, mineração e combustão de carvão), gás fluorídrico (formado durante a produção de alumínio e fertilizantes e em refinarias de petróleo), amônia gerada, especialmente, nas indústrias de química e de fertilizantes, gás sulfídrico (formado como subproduto nas indústrias de papel e celulose, atividade petroquímica), pesticidas e herbicidas (fábricas que os produzem e agricultores através da pulverização), substâncias radioativas (fontes emissoras são os depósitos naturais, usinas nucleares, queima do carvão e testes de armamento nuclear), calor (emissão através de gases liberados pela combustão) e som (ondas de som emitidas pelo estilo de vida contemporâneo).

3.1.1.4 Problemas atmosféricos causados pela poluição

Abordaremos, neste tópico, os problemas atmosféricos causados pela poluição, tais como chuva ácida, *smog* fotoquímico, inversão térmica, ilhas de calor, destruição da camada de ozônio e efeito estufa, e apresentaremos seus conceitos e suas implicações.

Chuva ácida*

O termo não é recente, visto que o problema foi constatado desde o século XIX. As primeiras citações apresentaram uma relação entre o pH da chuva e a combustão do carvão em áreas industriais, e, mais tarde, relacionando a acidez com a combustão do carvão. Diversos estudos demonstraram que a chuva ácida inibia o crescimento de plantas e prejudicava a fixação de nitrogênio no solo, resultando na morte de plantas, algas, plânctons, insetos e peixes.

O interesse pelo tema vem se acentuando nas últimas décadas, estabelecendo-se como uma questão ambiental preocupante, especialmente em centros urbanos e industriais, posto que esse fenômeno está ligado à qualidade do ar nas áreas urbanizadas, constituindo-se a longo prazo em um indicador do nível de degradação do meio ambiente nessas regiões e em extensões adjacentes.

O pH da água pura é 7,0 (portanto, neutro). No entanto, quando o dióxido de carbono (CO_2) presente na atmosfera se dissolve nesse meio, ocorre a formação do ácido carbônico (H_2CO_3) e, portanto, o pH da água em equilíbrio com o CO_2 atmosférico atinge 5,6, tornando-se, dessa forma, ácido. As reações a seguir demonstram a formação e a dissociação do ácido carbônico:

$$CO_{2(g)} + H_2O_{(l)} \rightarrow H_2CO_{3(aq)}$$
$$H_2CO_{3(aq)} \rightarrow H^+_{(aq)} + HCO^{3-}_{(aq)}$$
$$HCO^{3-}_{(aq)} \rightarrow H^+_{(aq)} + CO^{2-}_{3(aq)}$$

A chuva normal é definida como *ácida*, porém dizemos que ela tem um excesso de acidez quando seu pH for menor que 5,6. Ao verificarmos um aumento na concentração de óxidos de enxofre e nitrogênio (elementos considerados ácidos por formarem um ácido em contato com a água) na atmosfera, normalmente observamos um aumento progressivo na acidez da chuva.

---

* Seção elaborada com base em Química ambiental (2014).

Durante a queima de combustível no motor do carro ou em fornos industriais, a temperatura é muito elevada, fornecendo a energia necessária para que ocorra a formação do monóxido de nitrogênio a partir do nitrogênio gasoso (N_2) e do oxigênio (O_2). O monóxido de nitrogênio pode ser oxidado na atmosfera formando o dióxido de nitrogênio (NO_2), que, por sua vez, pode sofrer novas reações e formar o ácido nítrico (HNO_3), elemento que contribui para aumentar a acidez da água de chuva.

O responsável pelo maior acréscimo na acidez é o dióxido de enxofre (SO_2), produzido como subproduto da queima de combustíveis fósseis como gasolina, carvão e óleo diesel, conforme já citado anteriormente. Esse composto, ao sofrer oxidação na atmosfera, forma o trióxido de enxofre (SO_3), e este, em contato com a água da chuva, forma o ácido sulfúrico (H_2SO_4), um ácido forte que nomeia o evento climático que prejudica o meio ambiente.

A precipitação com excesso de acidez provoca a acidificação de lagos, principalmente os de pequeno porte, destruindo larvas, pequenas algas e insetos, consequentemente, prejudicando os animais que dependem desses organismos para se alimentar. Quando o pH da água desses lagos alcança a marca de 4,0 – 4,5, ocorre a intoxicação de várias espécies de peixes, o que os leva à morte. Embora o solo também possa ser acidificado pela chuva, alguns tipos são capazes de neutralizar essa acidez pela presença de calcário e cal ($CaCO_3$ e CaO) natural. A emissão de SO_2 pode, ainda, levar à formação de ácidos no corpo humano, à medida que respiramos, provocando problemas como coriza, irritação na garganta e nos olhos, às vezes afetando o pulmão de forma irreversível.

É importante ainda ressaltarmos que a superfície de monumentos históricos e edifícios feitos de mármore ($CaCO_3$) é danificada com a chuva ácida, além, é claro, de imensas florestas próximas às indústrias químicas, as quais são devastadas quando atingidas por ela.

Smog fotoquímico

A primeira vez que se utilizou o termo *smog* na história ambiental foi em 1911, na Inglaterra, quando ocorreu o primeiro acidente em decorrência da poluição do ar na capital inglesa, com uma grande quantidade de fumaça produzida pela queima do carvão nas indústrias que veio a provocar 1.150 mortes. Então, após esse fato, foi proposta a utilização do termo *smog* para mencionar o evento simultâneo de *smoke* e *fog* (do inglês fumaça e neblina).

Atualmente, **usamos o termo para definir qualquer acontecimento crítico ligado à poluição do ar**. Sempre que uma grande quantidade de gases provenientes da exaustão dos automóveis e das indústrias é aprisionada por uma camada de inversão térmica (tema abordado no próximo tópico) sobre uma localidade que esteja exposta ao sol, pode ser visualizado, no horizonte, um acúmulo de fumaça marrom e nebulosa contendo ozônio e outros agentes oxidantes, como os óxidos de nitrogênio, dióxido de carbono e os hidrocarbonetos. Nessa situação, dizemos que a região está sofrendo um *smog* fotoquímico (Duchiade, 1992).

Como já afirmamos anteriormente, essa forma de poluição pode gerar vários efeitos prejudiciais para a saúde das pessoas, como irritação dos olhos e problemas respiratórios, além de danos ao meio ambiente. Christopherson (2012) explica os danos à saúde em relação ao *smog*:

> No caso do ozônio (O_3) que se forma no *smog* fotoquímico, pode haver o comprometimento da elasticidade dos pulmões, provocando um quadro de fibrose pulmonar, além de causar danos às plantas [...]. Este gás pode, ainda, causar a diminuição da vida útil dos pneus dos automóveis. A exposição prolongada aos óxidos de nitrogênio danifica o sistema imunológico, favorecendo a ocorrência de infecções bacterianas e virais. Substâncias tóxicas e cancerígenas podem ser absorvidas no material particulado, desencadeando ou agravando diversas patologias.

Muitas atividades humanas são responsáveis pelo aumento das concentrações dos gases causadores do *smog* fotoquímico nas grandes cidades. Esse é o caso de uma prática comum em países tropicais: a queimada de florestas e vegetação emite partículas e gases, especialmente o CO_2, hidrocarbonetos, NO e NO_2, além de outros compostos já citados, formando uma mistura de gases na baixa troposfera, em decorrência da ação conjunta dos gases emitidos pela atividade humana em contato com a luz solar. Tanto o NO quanto o NO_2 são emitidos em quantidades exorbitantes pelos veículos (cerca de 70% do NO_2 total emitido) e pelas usinas termoelétricas que utilizam a queima de combustíveis fósseis.

A intensidade do *smog* fotoquímico geralmente é aferida por meio da concentração do gás ozônio próxima ao solo, visto que a sua formação na troposfera ocorre por uma reação química conhecida como *fotólise do dióxido de nitrogênio*, que resulta na liberação de O combinado com uma molécula de O_2, produzindo o O_3. Em casos de inexistência de outros agentes oxidantes, o óxido de nitrogênio reage com o ozônio, sendo oxidado a NO_2, e o equilíbrio se estabelece, conforme podemos verificar nas equações a seguir:

$$NO_{2(g)} + H_2O(v) \rightarrow NO + O$$
$$O_{2(g)} + O + M \rightarrow O_{3(g)} + M$$
$$NO_{(g)} + O_3 \rightarrow NO_{2(g)} + O_{2(g)}$$

Nas grandes cidades, a ocorrência do *smog* fotoquímico está associada, na maioria das vezes, a grandes concentrações de ozônio. Da ação conjunta do óxido de nitrogênio, compostos orgânicos voláteis e luz solar, origina-se o ozônio, conforme explicam Martins e Andrade (2002), além do ácido nítrico e espécies orgânicas, como ilustrado na equação química a seguir:

$$COV_8 + NO + \text{luz solar} \rightarrow O_3, HNO_3, \text{orgânicos}$$

Inversão térmica

O agravamento da poluição pode também ser ocasionado pelo fenômeno climático denominado *inversão térmica*, que é bastante comum em grandes áreas urbanas como São Paulo e gera vários problemas de saúde à população. Para entendermos como funciona esse fenômeno, devemos primeiramente compreender a dispersão dos poluentes e temperatura em uma situação normal.

> De acordo com Christopherson (2012), a superfície e as camadas mais próximas à crosta terrestre são mais aquecidas em virtude da radiação solar que atinge a Terra penetrando no solo (a maior parcela) e na atmosfera (em menor intensidade); posteriormente, essa energia é irradiada novamente na forma de calor que aquece a camada de ar que envolve o planeta. Por razões físicas, o ar quente ascendente alcança as camadas atmosféricas superiores, carregando a poeira que se encontra suspensa, um fenômeno normal da temperatura na atmosfera, conhecido como *convecção*, que permite o movimento das camadas de ar e a dispersão dos poluentes. Nas camadas mais altas da atmosfera, essa poeira é carregada para regiões mais distantes, dispersando, assim, a poluição. No entanto, em determinadas épocas do ano, geralmente no inverno, as camadas próximas à superfície ficam mais frias, em virtude do resfriamento do solo, e, dessa maneira, como o ar frio não consegue realizar o fenômeno da convecção, ele fica retido junto ao solo sob uma camada de ar mais quente, aquecida pela radiação solar, conforme demonstrado na Figura 3.2. Não havendo circulação vertical, não há dispersão dos poluentes do ar e sua concentração aumenta. Caso haja um quadro climático de falta de ventos, pode ser verificada uma densa camada de poluentes estacionada sobre zonas urbanas por vários dias.

Figura 3.2 – Inversão térmica nas grandes cidades

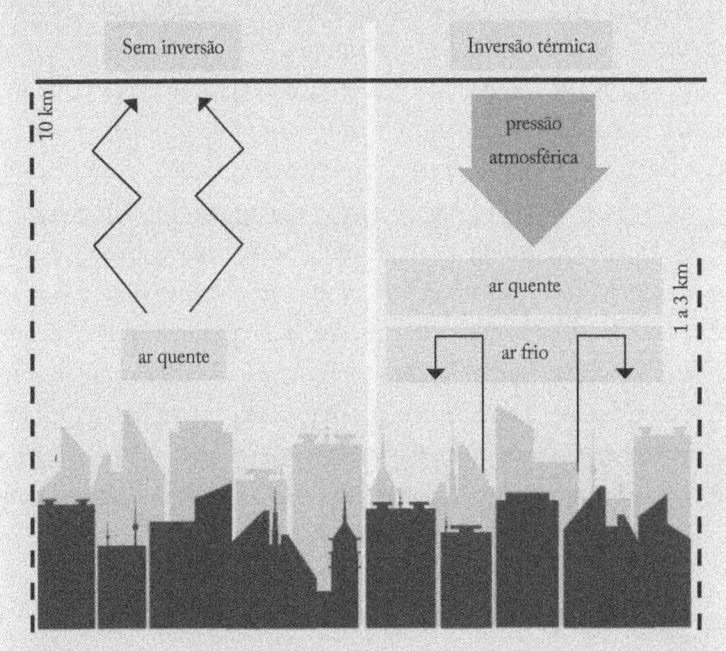

Fonte: Adaptado de Christopherson, 2012.

Os efeitos causados pela inversão térmica são vários, incluindo a incidência de doenças respiratórias (em virtude da temperatura mais baixa do ar), ardor e irritação ocular, desconforto físico generalizado e mortalidade, principalmente de crianças e idosos.

A inversão térmica provoca a estabilização da atmosfera, impedindo a circulação de ar e a mistura de gases atmosféricos, o que permite a acumulação rápida dos poluentes atmosféricos e a formação de uma extensa camada, suja e malcheirosa, sobre a cidade. Entre os poluentes presentes na camada de inversão térmica, destacamos os hidrocarbonetos, agentes oxidantes, óxidos sulfúricos e nitrosos, monóxido de carbono e partículas em suspensão, que são, em sua grande maioria, gerados pela combustão dos motores de veículos e por indústrias poluentes.

Diversos incidentes desastrosos de inversão térmica ocorreram na história: o do Vale do Mosa, na Bélgica, em 1930; o de Donova, na Pensilvânia, em 1948; e um dos piores de que se teve notícia, em Londres, em 1952, que durou quatro dias e causou o falecimento de 3 mil a 4 mil pessoas em decorrência de casos de bronquite, asma alérgica, infecções respiratórias e agravamento de enfisemas, e também da morte de um imenso número de animais em consequência da poluição.

O debate sobre o tema é de extrema importância, uma vez que a inversão tem uma relação negativa direta com a saúde pública. Como resultado da preocupação com a melhoria da qualidade do ambiente urbano, autoridades têm discutido soluções visando à adoção de políticas ambientais e à fiscalização eficiente destas, de modo a controlar o nível de emissão de poluentes nos grandes centros urbanos. Além disso, a substituição de combustíveis fósseis por biocombustíveis tem um grande potencial de redução desse problema.

Ilhas de calor

As grandes cidades estão atualmente sofrendo as consequências do mau planejamento urbano, da distribuição territorial deficiente e do modelo de desenvolvimento econômico adotado. Desse modo, a capacidade de suporte do meio ambiente urbano está sendo extrapolada diariamente, pois a população consume mais do que o necessário e gera mais resíduos do que o ambiente pode assimilar.

> Esse fenômeno comum em grandes centros urbanos resulta de uma série de alterações realizadas pelo ser humano nos ecossistemas, as quais incluem a retirada da vegetação original do ambiente, as construções que se utilizam de concreto, o asfaltamento de ruas e rodovias e, como já afirmado diversas vezes, a queima de combustíveis fósseis pelas indústrias, aquecedores e automóveis nas grandes cidades.

Dessa maneira, observam-se grandes quantidades de ar quente concentradas no centro das cidades, o que dificulta a evaporação e reduz o poder de dispersão dos poluentes atmosféricos, gerando complicações para a vida humana nas metrópoles.

Esse cenário transforma a cidade em uma enorme fonte de calor, na qual as temperaturas médias são superiores do que as que ocorrem nas zonas rurais situadas na mesma latitude, ocasionando em aumento da temperatura da periferia em direção ao centro da malha urbana, podendo registrar, em casos extremos, até 10 °C de diferença entre a região central e as áreas mais afastadas ou periféricas. Basicamente, a explicação está nas diferenças de irradiação de calor em áreas de grande concentração de edifícios em relação às regiões com solo exposto e às regiões com vegetação, e também devido à concentração de poluentes, o que é maior nas zonas centrais da cidade, conforme ilustrado na Figura 3.3:

Figura 3.3 – A formação da ilha de calor na cidade

Segundo Amorim (2005), o parâmetro mais importante na caracterização das ilhas de calor é sua intensidade ou magnitude. O autor afirma que "esta intensidade geralmente modifica-se ante a diferença máxima observada, em um momento determinado, entre a temperatura de um ponto da cidade com muitas construções, principalmente edifícios, e outro em seu entorno ou, ainda, no ambiente rural".

Destruição da camada de ozônio

O ozônio, uma molécula formada por três átomos de oxigênio (O_3), apresenta baixa estabilidade (podendo se quebrar em oxigênio molecular e atômico) e forma uma camada, ao nível da estratosfera, que absorve os raios ultravioleta (UV) do Sol, protegendo a Terra dessa radiação danosa à vida. A molécula de O_3 diminui a intensidade de chegada dos raios UV à superfície, evitando, assim, diversas consequências negativas da radiação UV aos seres humanos, como feridas na pele, mutações degenerativas e câncer.

De acordo com o Ministério do Meio Ambiente (Brasil, 2014b):

> Os clorofluorcarbonos (CFCs) são substâncias artificiais que foram por muito tempo utilizadas nas indústrias de refrigeração e ar condicionado, espumas, aerossóis, extintores de incêndio. Atualmente os únicos produtos fabricados com CFCs são os Inaladores de Dose Medida (MDI), utilizados no tratamento de asma, os quais serão comercializados somente até julho de 2010. Na década de 70, descobriu-se que estas substâncias destruíam a camada do gás ozônio (O_3) que circunda a Terra em altitudes de 15 a 50 km que absorve boa parte da radiação ultravioleta que o Sol envia ao planeta. Devido a isto, é importante realizar um gerenciamento rigoroso de todas as substâncias que destroem a camada de ozônio, já que um aumento no uso dos CFCs causaria a sua diminuição significativa, contribuindo para o aumento da incidência dos raios ultravioleta prejudiciais a saúde, podendo causar doenças como câncer de pele, além de prejudicar o clima, a biodiversidade e a produção agrícola. Os gases CFCs também são gases de efeito estufa, ou seja, contribuem para o aquecimento global.

Detectou-se, nos últimos anos, uma considerável diminuição da concentração total de ozônio na atmosfera, especialmente na Antártica. Observou-se que essa diminuição forma um imenso "buraco" que se manifesta ciclicamente, no início da primavera austral até novembro de cada ano, período em que a radiação UVB na região antártica aumenta drasticamente. Essa fenda tem se ampliado ano a ano, chegando a equiparar-se, em extensão, à América do Norte, conforme registrado pela Organização Meteorológica Mundial (OMM) – em inglês, World Metereological Organization*.

De acordo com Santos (2007a), efeitos secundários da destruição do ozônio já foram observados na Região Sul do Brasil e no extremo sul do continente sul-americano. Embora o buraco na camada de ozônio sobre a Antártica continue crescendo, se registrou que o volume do ozônio vem se mantendo constante em outras partes do planeta, graças ao Protocolo de Montreal**, que promoveu a discussão e a tomada de medidas de combate à emissão de poluentes, e à recuperação do ozônio pelo regime de ventos na baixa estratosfera (10 a 18 km).

Vimos que o ozônio na superfície terrestre contribui para agravar a poluição do ar e está envolvido com o fenômeno da chuva ácida. Na estratosfera, contudo, é um gás que forma um filtro que protege a vida na Terra, ainda que esteja sendo prejudicado pela emissão dos CFCs. Atualmente, como o uso de CFC foi banido pelo Protocolo de Montreal, são utilizados os hidroclorofluorcarbonos (HCFC), menos agressivos à camada de ozônio.

---

*   Para maiores informações, acesse o *site* da organização pelo *link* <http://www.wmo.int/pages/prog/arep/gaw/ozone/documents/poster-O3-hole-2003-2012.pdf>.

** Para maiores informações, acesse o *link*: <http://www.protocolodemontreal.org.br/eficiente/sites/protocolodemontreal.org.br/pt-br/home.php>.

Efeito estufa

A radiação solar que atinge a Terra pode percorrer três caminhos distintos, a saber: 1) os raios solares atravessam a atmosfera e são absorvidos pela superfície terrestre, desencadeando o aquecimento da Terra; 2) a energia absorvida pelo solo e pela atmosfera é irradiada na forma de calor (radiação infravermelha) novamente para o espaço; 3) parte da radiação infravermelha é refletida pela superfície da Terra, mas não volta ao espaço, pois é refletida novamente e absorvida pela camada de gases e nuvens que envolve a atmosfera do planeta. O fenômeno provocado pela radiação retida, denominado *efeito estufa*, é o aquecimento da superfície terrestre e da atmosfera, conforme ilustrado na Figura 3.4:

Figura 3.4 – Esquema representativo do efeito estufa atmosférico

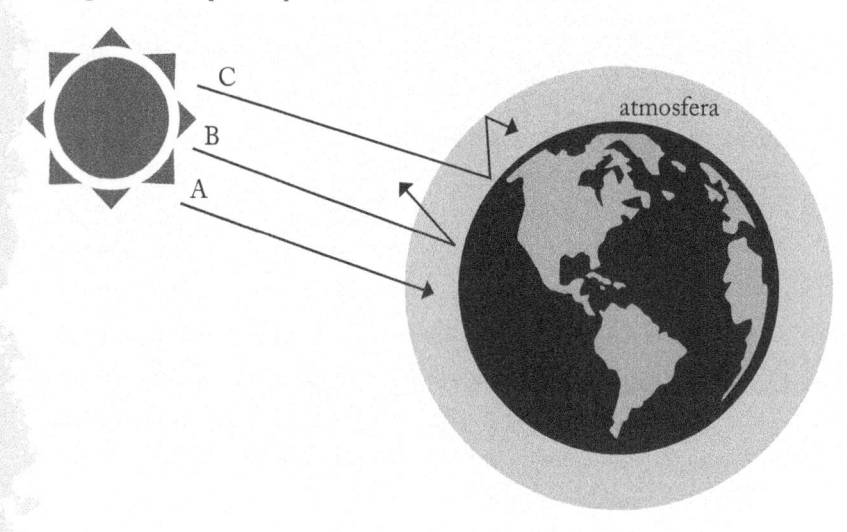

Os gases responsáveis pelo efeito estufa (GEE) são principalmente o vapor de água, o gás carbônico ou dióxido de carbono, o metano e o dióxido de nitrogênio, elementos que representam menos de 1% dos componentes totais da atmosfera e controlam os fluxos de energia no planeta. O equilíbrio entre o fluxo de radiação solar que chega à superfície da Terra e o fluxo de radiação infravermelha enviado para o espaço resulta na temperatura média do globo terrestre. Da radiação infravermelha emitida, parte é reenviada para o espaço e outra parte é absorvida pelo vapor de água, pelo dióxido carbono e por outros GEE presentes na atmosfera.

O efeito estufa é um fenômeno importante desde a origem da vida na Terra, visto que mantém a superfície terrestre aquecida, impedindo perdas rápidas de calor e propiciando a vida. Sem ele, a temperatura no nosso planeta seria muito baixa, inviabilizando o desenvolvimento de grande parte das espécies animais e vegetais, pois a radiação solar refletida pela Terra se perderia totalmente.

Discussões sobre os efeitos provocados pelo aumento do efeito estufa destacam expansão de desertos, inundações de cidades costeiras e imensas alterações climáticas. Nesse sentido, o Protocolo de Kyoto*, assinado em 1997, prevê a redução de gases poluentes para os próximos anos. Em 2007, outro evento importante aconteceu em Bali, na Indonésia, onde representantes de centenas de países iniciaram uma definição de medidas a serem implementadas até o ano de 2012 visando à redução da emissão de gases poluentes em seus territórios. No entanto, países como os Estados Unidos têm dificultado o avanço desses acordos, alegando que a redução da emissão de gases poluentes inibe o avanço industrial.

---

* Para maiores informações sobre o referido protocolo, acesse: <http://www.kyotoprotocol.com>.

3.1.1.5 Métodos analíticos para detecção de poluentes

A identificação e a implementação de medidas de controle na emissão de poluentes são necessárias para voltarmos a ter uma relação de equilíbrio entre o homem e o meio ambiente. A diminuição dos níveis de poluentes da atmosfera depende não só da remoção dos compostos antes de sua dispersão, mas também da redução da quantidade de poluentes produzidos. As estratégias de controle de emissões de material particulado e óxidos de enxofre, utilizados em caldeiras na indústria, envolvem utilização de equipamentos de controle de poluentes, otimização dos processos de combustão, manutenção adequada de equipamentos, controle das operações e treinamento constante de operadores. Para controlar a emissão de poluentes, o gestor de uma fábrica deve refletir sobre diversos aspectos para implementar tal iniciativa.

Visando ao monitoramento adequado dos níveis de emissão dos veículos, os Estados Unidos, já no ano de 1959, e países da Europa, em meados de 1956, instituíram a regulamentação das emissões de monóxido de carbono e hidrocarbonetos. No Japão, estipulou-se a legislação para a regulamentação do CO em 1966. A regulamentação de material particulado foi estabelecida em meados de 1960 nos Estados Unidos e há alguns anos em outros países, especialmente nos mais desenvolvidos. O nível de emissão de material particulado (MP) para caminhões, nos Estados Unidos, se mantém constante em 0,1 g/bHP-h desde 1993, graças a uma série de medidas adotadas pela indústria para realizar modificações nos motores, visto que nesse mesmo período entrou em vigor uma série de restrições quanto à emissão de NO_x. Dos compostos emitidos pelos motores a diesel e a gasolina, ou ainda mistos, estão regulamentados monóxido de carbono, hidrocarbonetos, óxidos de nitrogênio e de enxofre e material particulado, e não regulamentados aldeídos, amônia, benzeno, cianetos, tolueno e hidrocarbonetos aromáticos policíclicos (Hilgemberg; Guilhoto, 2006).

De acordo com Braun, Appel e Schmal (2004), verificam-se estratégias atuais para a redução e o controle das emissões, bem como tendências futuras relacionadas ao monitoramento dos níveis de emissão de diversos tipos e categorias de veículos, submetendo-os a situações próximas da realidade de tráfego das regiões onde trafegam, regulamentando-se para isso uma série de procedimentos específicos para cada estado ou local de cada país, chamados *testes de performance*. Desse modo, o motor é submetido a acelerações e desacelerações seriadas com duração média de 10 minutos, simulando alto, médio e baixo tráfego, incluindo-se, ainda, a verificação das condições de emissão dos motores não aquecidos.

Além desses testes práticos, regulamentaram-se uma série de métodos analíticos, como o gravimétrico, espectroscópico, magnético, eletroquímico e cromatográfico, nos quais a mensuração da quantidade de poluentes emitidos pelos motores se dá pela massa emitida por unidade de distância percorrida em um ciclo do motor. Os materiais particulados (MP) emitidos pelos motores são monitorados utilizando método gravimétrico, de Ringelmann e de Hartridge, sendo ópticas as duas últimas metodologias (eletroquímica e cromográfica). A primeira utiliza uma escala de tons de cinza – apresenta cinco tons do preto (100% da escala) ao cinza-claro (20% da escala) – para comparar um filtro de papel colocado na saída do fluxo de exaustão (carregado com MP) em condições predeterminadas. Já a segunda compara a quantidade de luz que a fumaça absorve através da passagem da luz por um tubo semelhante preenchido apenas com ar (Braun; Appel; Schmal, 2004).

O Brasil, por meio do Conselho Nacional de Meio Ambiente (Conama), instituiu o Programa de Controle de Poluição do Ar por

Veículos Automotores (Proconve*), um programa de fiscalização que procura seguir a legislação americana e a europeia quanto aos limites de emissão de poluentes dos veículos automotores. Mediante fiscalização e penalização, inspeções, treinamentos e orientações, as transportadoras (particularmente no que diz respeito à fumaça preta de material particulado em veículos a diesel em uso) são monitoradas em todo o território nacional.

CONSULTANDO A LEGISLAÇÃO

A Portaria n. 100, de 14 de julho de 1980 (Brasil, 1980b), do Ministério do Interior, indica os limites de emissão de material particulado para veículos a diesel baseando-se no método de Ringelmann. Para saber mais sobre esse documento, acesse:

BRASIL. Ministério do Interior. Portaria n. 100, de 14 de julho de 1980. **Diário Oficial da União**, Brasília, DF, Poder Executivo, 14 jul. 1980. Disponível em: <http://www.marconatto.com.br/conteudo/legislacao/portaria_minter_n100_1980.pdf>. Acesso em: 3 ago. 2014.

Mesmo com todo o controle baseado na legislação sobre a emissão de poluentes, a idade da frota é um grande dilema nacional no que se refere à dificuldade para a realização de um programa de vistoria consistente, acompanhado de políticas que beneficiem a retirada desses veículos de circulação; destacamos, ainda, o alto teor de enxofre do diesel comercializado no país.

A procura de estratégias para identificar os processos poluidores, mesmo em baixo nível, e desse modo desenvolver instrumentos e métodos de intervenção em áreas poluídas, é de grande interesse por

---

* Para maiores informações a respeito do programa, acesse: <http://www.cntdespoluir.org.br/documents/PDFS/transportemeioambiente.pdf>.

parte dos órgãos do meio ambiente, uma vez que há grande quantidade de poluentes nos espaços urbanos. Os modelos matemáticos procuram atender a essa necessidade de dosagem e quantificação, porém não explicam a relação do poluente com os seres vivos.

Nesse sentido, desenvolveram-se estudos que completam as metodologias matemáticas e de análise físico-química, visando, assim, detectar alterações na qualidade do meio ambiente pela utilização de organismos vivos, ou seja, pelo monitoramento dos ecossistemas utilizando bioindicadores, processo denominado *biomonitoramento*. Essa metodologia verifica indiretamente a ocorrência de poluentes em uma área por meio da utilização de organismos vivos, os quais respondem por modificações no ciclo vital (bioindicadores de reação) ou pelo acúmulo de substâncias poluentes (bioindicadores de acumulação) à condição a que estão submetidos.

Como vimos neste tópico, a qualidade do ar pode ser aferida, em níveis local, regional, nacional e internacional por meio de estimativas das emissões, do uso de modelos matemáticos e das medidas das concentrações ambientais dos principais poluentes usando métodos físico-químicos. Com esses dados, é possível observar se as indústrias e outros emissores de poluentes para o meio ambiente estão obedecendo aos limites estabelecidos pelos órgãos governamentais.

Quina (2004) aborda uma temática muito discutida atualmente e de extrema importância para a comunidade científica e os órgãos responsáveis pelas políticas ambientais: **o uso da nanotecnologia e o meio ambiente**. O autor explica que o emprego de partículas extremamente pequenas, da ordem de 1 a 100 nm (nanômetros), chamadas *nanopartículas*, sugere grandes avanços que talvez tragam a melhoria da qualidade de vida dos seres vivos, em especial do ser humano, e ajudem a preservar o meio ambiente de, pelo menos, três formas diferentes – **prevenção de poluição ou dos danos indiretos ao meio ambiente, tratamento ou remediação da poluição e detecção e monitoramento de poluição.**

No entanto, como toda nova tecnologia, a nanotecnologia também pode trazer uma série de riscos ao meio e às pessoas. De acordo com Quina (2004), as nanopartículas atraentes, quanto à sua aplicação tecnológica, podem ser indesejáveis quando facilitam sua difusão e transporte na atmosfera, em águas e em solos, e ao mesmo tempo pode haver uma dificuldade em sua remoção por técnicas comuns de filtração. Além disso, outra consequência para o meio ambiente é o acúmulo de nanopartículas em células vivas. A nanotecnologia é, ainda, uma ciência carente de conhecimento no que se refere a sua biodisponibilidade, biodegradabilidade e toxicidade de novos nanomateriais. Caso ocorra a contaminação do meio ambiente por nanomateriais, que por ventura carreguem em sua superfície compostos tóxicos, pode ocorrer o transporte destes materiais para os ecossistemas, acarretando também acúmulo ao longo da cadeia alimentar e adsorção de biomoléculas, interferindo nos processos biológicos de seres vivos ou proporcionando resistência à deterioração e perseverança delas no meio ambiente, ou, ainda, catalisando reações químicas indesejáveis, podendo provocar danos à saúde e ao meio ambiente.

Ainda de acordo com Quina (2004), essas partículas apresentam propriedades diferentes de partículas macroscópicas, como as mecânicas, ópticas, magnéticas ou químicas, as quais são utilizadas para a tecnologia de materiais. Além dessa área, merece destaque outro campo de estudo da nanotecnologia que propõe o desenvolvimento de sistemas capazes de produzir materiais ou objetos pela manipulação da matéria em nível molecular: são os conhecidos *nanorrobôs* desenvolvidos pela nanofabricação ou *nanomanufacturing*.

Como você pode ver após a leitura desta seção, a poluição atmosférica engloba uma série de conceitos e abordagens. Para a compreensão desse conteúdo, é necessário o entendimento das características e da composição da atmosfera, da detecção analítica de poluentes e dos poluentes e seus efeitos e dos problemas atmosféricos causados pela poluição, como a chuva ácida e o *smog* fotoquímico.

3.1.2 Poluição na hidrosfera

A poluição dos corpos hídricos (rios, lagos, mares, oceanos etc.) é talvez a mais comum de todas, visto que, no decorrer de sua história, o homem sempre procurou locais próximos a cursos de água para se estabelecer, o que acabou comprometendo a qualidade das águas, por meio do lançamento de dejetos humanos, esgotos de indústrias, residências e de todo tipo de empreendimentos. Se pensarmos no caso do Rio Tietê, no Estado de São Paulo, é fácil entendermos o que ocorre. Ao se lançar grande quantidade de dejetos e esgotos no curso do rio, ocorre um aumento significativo e danoso da quantidade de nutrientes, pois se segue a esse processo a proliferação de microrganismos nas águas do rio, as quais rapidamente perdem a quantidade de oxigênio dissolvido, consequentemente causando a morte de todas as formas de vida aquática. O resultado desse processo é a destruição do rio e a transformação deste em um esgoto a céu aberto.

CONSULTANDO A LEGISLAÇÃO

A seguir, você pode verificar alguns pontos relacionados à legislação vigente a respeito da poluição da água.

SÃO PAULO. Lei n. 6.134, de 2 de junho de 1988. **Diário Oficial [do] Estado de São Paulo**, Poder Legislativo, 2 jun. 1988. Disponível em: <http://www.ambiente.sp.gov.br/wp-content/uploads/lei/1988/LeiEstadual_6134_88.pdf>. Acesso em: 4 jun. 2014.

Essa lei versa sobre a "preservação dos depósitos naturais de águas subterrâneas do Estado de São Paulo".

SÃO PAULO. Lei n. 7.663, de 30 de dezembro de 1991. **Diário Oficial [do] Estado de São Paulo**, Poder Legislativo, 30 dez. 1991. Disponível em: <http://www.sigrh.sp.gov.br/sigrh/basecon/lrh2000/LE/Leis/03_LEI_n_7663_de_30_de_dezembro_de_1991.htm>. Acesso em: 4 jun. 2014.

Essa lei "Estabelece normas de orientação à Política de Recursos Hídricos, bem como ao Sistema Integrado de Gerenciamento de Recursos Hídricos".

SÂO PAULO. Lei n. 7.750, de 31 de março de 1992. **Diário Oficial [do] Estado de São Paulo**, Poder Legislativo, 31 mar. 1992. Disponível em: <http://licenciamento.cetesb.sp.gov.br/legislacao/estadual/leis/1992_Lei_Est_7750.pdf>. Acesso em: 4 jun. 2014.

Essa lei dispõe sobre a política de saneamento para o estado de São Paulo.

Atualmente existem leis que proíbem esse tipo de destinação incorreta de dejetos, mas ainda são muitos os locais onde isso acontece, posto que a fiscalização é deficiente, a condição socioeconômica de grande parcela da população é precária e a consciência ambiental de uma parte considerável da sociedade e dos governantes é inexistente. Outro agravante diz respeito ao fato de que praticamente toda forma de poluição atmosférica e do solo acaba indo parar na água quando ocorrem as chuvas.

3.1.2.1 Poluição marinha

As águas oceânicas ocupam 71% da superfície terrestre, cobrindo um volume de 1,37 × 1.018 toneladas de água com 4,79 × 1.016 toneladas de material sólido em solução. Desse total, 97% da água é de origem marinha, 2% formam as águas continentais e subterrâneas, aproximadamente 1% compõe a neve e as geleiras permanentes, enquanto o 0,0005% restante consiste em vapor de água da atmosfera. A composição dessa água apresenta a maior parte dos elementos da tabela periódica. Mais de 80 já foram identificados, o que torna possível definir a água do mar, em termos físico-químicos, como uma mistura de NaCl 0,5 M (cloreto de sódio) e $MgSO_4$ 0,05 M (sulfato de magnésio), de maneira geral apresentando elementos na forma iônica e na forma dissolvida, como nitrogênio e oxigênio. Portanto, a composição atual da água oceânica é efeito de um saldo biogeoquímico elaborado nos últimos milhões de anos, e a introdução de elementos externos nessa água – a chamada *capacidade assimilativa dos oceanos* – pela ação do homem pode estar alterando os ciclos biogeoquímicos, fato que pode trazer consequências drásticas ao meio ambiente por alterar a forma natural da água marinha.

A pesca é a atividade que primeiro vem à mente quando se pensa em unidade marinha, por ser de importância econômica mundial, tanto para os empregos que a atividade gera quanto pela produção pesqueira que movimenta o mercado de pescado ao redor do planeta. Além da pesca, destacam-se como atividades contemporâneas a exploração de recursos minerais da plataforma continental (minerais calcários, produção de petróleo), a utilização de algas para a produção dos alginatos empregados na indústria de alimentos e cosméticos, o uso de organismos marinhos para obtenção de drogas medicamentosas.

Portanto, desde a exploração inicial dos oceanos existiram muitos avanços nas técnicas utilizadas para a pesca, como prospecção de cardumes, aprimoramento das embarcações e redes, implementação do congelamento e do processamento do pescado, os quais culminaram com o crescimento do mercado e da produção mundial. Algumas fontes já afirmam que a produção de pescado está próxima do limite teórico para as técnicas usadas atualmente, fato que exige uma atenção especial ao assunto para que os estoques naturais de pescado não sejam exauridos, preocupação que se revela legítima para a proteção dos recursos pesqueiros mundiais.

Rolim (1998, p. 128-129) descreve as regras jurídicas que delimitam o conceito de poluição marinha:

> Ao se qualificar uma situação fática como poluição marinha, o que realmente deve ser levado em consideração é a relação causal entre a

introdução da substância nociva ao ecossistema marinho e a efetiva degradação deste meio. Neste campo, o direito, ao formular a regra jurídica, auxilia-se das ciências naturais: o fato é visto não só numa perspectiva jurídica como também ecológica e biológica.

A poluição marinha é caracterizada, em geral, pela introdução de poluentes sólidos e líquidos nas águas dos mares e oceanos, os quais são oriundos da atividade humana direta ou indireta e provocam desequilíbrio ecológico, gerando danos ao meio ambiente marinho e ao homem. Quanto aos poluentes responsáveis pela degradação marinha, observe a relação elencada por Rolim (1998):

» petróleo, combustíveis fósseis e outros produtos químicos que chegam às águas dos mares e oceanos pela ocorrência de vazamentos em navios, oleodutos e plataformas petrolíferas ou no descarte realizado por embarcações;
» lixos como os plásticos, ferros, vidros e qualquer outro tipo de resíduo sólido que é descartado por navios ou deixado nas praias e carregado pelas marés;
» esgotos doméstico e industrial sem o devido tratamento, os quais geralmente chegam aos mares e oceanos por meio dos rios que receberam tais poluentes durante seu trajeto;
» lama de dragagem;
» resíduos radioativos.

PARA SABER MAIS

O art. 1º da Convenção das Nações Unidas sobre o Direito do Mar (ONU, 1997) acrescenta ao conceito de *poluição do meio marinho*

[...]

4) [...] a introdução pelo homem, directa ou indirectamente, de substâncias ou de energia no meio marinho, incluindo os estuários,

sempre que a mesma provoque ou possa vir a provocar efeitos nocivos, tais como danos aos recursos vivos e à vida marinha, riscos à saúde do homem, entrave às actividades marítimas, incluindo a pesca e as outras utilizações legítimas do mar, alteração da qualidade da água do mar, no que se refere à sua utilização; e deterioração dos locais de recreio

---

A deposição de diversos tipos de materiais, aliada às atividades humanas, pode implicar a contaminação de peixes e outros animais marinhos que poderão ser consumidos por pessoas; a morte de pássaros que se alimentam de peixes contaminados ou se intoxicam quando entram em contato com óleo derramado; a degradação das águas das praias; a alta mortalidade de espécies marinhas; e a degradação de áreas de mangue.

Moraes (2001, p. 18) discorre mais especificamente sobre os ecossistemas costeiros, os quais, por serem receptáculos temporários ou finais de substâncias químicas, orgânicas e inorgânicas, os ecossistemas costeiros, tais como estuários e baías, são os que recebem a maior carga de contaminantes e por serem regiões de elevada produtividade biológica são também os mais preocupantes do ponto de vista biológico. Para se detectar a poluição no ambiente marinho, era determinada a concentração de poluentes no ambiente, além de testes de toxicidade aguda através da morte de organismos.

Atualmente, é necessário, além de uma observação criteriosa, avaliar o impacto biológico dos poluentes sobre o ecossistema investigado por meio da utilização de ferramentas e técnicas refinadas para a detecção de mudanças, mesmo sutis, causadas pela exposição ao poluente em níveis subletais. Essa mudança no critério de detecção utilizado se deve ao fato de o grau de toxicidade apresentar pouca informação referente ao efeito do poluente sobre um indivíduo ou uma população. Todo o processo de detecção de poluição no ambiente marinho precisa considerar informações de métodos físico-químico-biológicos para a obtenção de uma resposta completa quanto ao efeito, à causa e à consequência de determinado poluente sobre o ecossistema avaliado.

A apreensão em relação à proteção de ecossistemas marinhos no nosso país é relativamente recente e, portanto, medidas legislativas para prevenir ou reduzir a poluição nos mares e oceanos brasileiros ainda são insuficientes ou fracamente implementadas em nível nacional.

No Brasil, é utilizado o mesmo sistema de padronização adotado pelos Estados Unidos quanto à emissão de substâncias tóxicas e às concentrações máximas permitidas (CMP) em ambientes marinhos aquáticos. Esse é um dos motivos que justificam a ineficiência em se detectar precisamente o nível de poluição de determinado ambiente marinho brasileiro, uma vez que nossas condições ambientais são distintas das verificadas nos Estados Unidos. Desse modo, torna-se indispensável que o Brasil invista em pesquisas sobre os efeitos da poluição em espécies nativas, objetivando adaptar a legislação brasileira à nossa realidade. Soma-se a esse entrave legislativo a existência de raros grupos preocupados com a avaliação do impacto biológico de poluentes lançados no mar, o que pode explicar o improdutivo entendimento dos efeitos de substâncias químicas no ecossistema marinho resultante das espécies corriqueiras da costa brasileira (Crapez et al., 2001).

Em relação à biota característica da costa brasileira, inexistem dados suficientes, fator que impede uma administração mais ampla e eficiente do ecossistema. O avanço nos estudos sobre o conhecimento dos efeitos que determinados poluentes acarretam em ambientes marinhos estabelecerá uma base solidificada para a avaliação, o entendimento e o prognóstico dos impactos ambientais (Crapez et al., 2001).

Em um cenário previsível, 70% da contaminação dos mares e oceanos mundiais resultam de fontes de poluentes terrestres. Assim, por exemplo, o óleo que causa a poluição no ambiente marinho advém dos incidentes ocorridos em navios petrolíferos e instalações de petróleo e, não menos importante, na lavagem dos navios transportadores na costa.

CONSULTANDO A LEGISLAÇÃO

Para Freitas, Porto e Machado (2000), no caso do Brasil, com o desenvolvimento e o aumento da produção petrolífera, que se caracteriza por um alto risco de vazamento e pela prospecção de águas profundas, e com a criação da Lei n. 9.478, de 6 de agosto de 1997 (Brasil, 1997a), que flexibilizou a exploração do petróleo em águas brasileiras, cresceu também a preocupação das autoridades governamentais e da sociedade em proteger o mar brasileiro da poluição contínua. Nesse sentido, foi criada a Lei n. 9.966, de 28 de abril de 2000 (Brasil, 2000a), chamada popularmente de *Lei do Óleo*, que aumenta a fiscalização e a penalidade ao responsável por causar dano ambiental, além de implementar o princípio da responsabilidade, por meio da adoção de medidas preventivas garantindo que o culpado por determinado acidente seja responsável pela prevenção de novos acidentes marinhos.

Caso você tenha interesse em verificar as determinações das leis citadas, acesse:

BRASIL. Lei n. 9.478, de 6 de agosto de 1997. **Diário Oficial da União**, Poder Legislativo, Brasília, DF, 7 ago. 1997. Disponível em: <http://www.planalto.gov.br/ccivil_03/leis/l9478.htm>. Acesso em: 4 jun. 2014.

_____. Lei n. 9.966, de 28 de abril de 2000. **Diário Oficial da União**, Poder Legislativo, Brasília, DF, 29 abr. 2000. Disponível em: <http://www.planalto.gov.br/ccivil_03/leis/L9966.htm>. Acesso em: 4 jun. 2014.

Desde o surgimento das civilizações são lançados materiais antropogênicos nos oceanos, e, ainda mais grave, o depósito de descartes nos mares e oceanos era considerado normal até pouco tempo atrás. A maioria do material descartado pela atividade humana industrial e de esgotos domésticos acontece em região costeira (não permitindo a distribuição dos resíduos como esperado), e a velocidade com que a mistura se dispersa e se dilui nos oceanos varia expressivamente de local para local, além de ser lançada em altas concentrações em determinadas regiões ou ser de origem pontual.

Estudos sobre a introdução de dejetos industriais em zonas costeiras mostram que, anualmente, são lançadas 3×10^{12} toneladas de resíduos de atividades antropogênicas; além disso, a queima de combustíveis fósseis geram 20×10^{12} toneladas de CO_2, quantidade absorvida pelos oceanos. Vale destacarmos que parte do lixo depositado nos rios alcança as zonas costeiras. Portanto, com a análise desses dados, torna-se evidente a necessidade de mais estudos sobre a circulação local, assim como análises oceanográficas, que antevejam as condições locais, além da avaliação dos impactos ambientais sobre o ecossistema local, um diagnóstico criterioso relacionado ao risco final da introdução de resíduos no ambiente marinho e monitoramento contínuo dos locais de despejo.

É fato que a maioria dos resíduos é lançada em regiões costeiras, como acabamos de verificar. Contudo, nos últimos anos, os oceanos abertos começaram a receber tais dejetos em escala crescente. O grande problema de tal ocorrência reside no fato de os oceanos serem locais sem fronteiras geográficas, razão pela qual a poluição pode alcançar proporções transnacionais, o que demonstra a necessidade de organismos internacionais que regulamentem o uso dos oceanos.

Refletindo sobre esse cenário, a Convenção das Nações Unidas sobre os Direitos do Mar (ONU, 1997) instituiu a **Zona Econômica Exclusiva** (ZEE), que estabelece a região marinha territorial de um país, a saber: do limite externo do mar territorial até 370 km em mar aberto. Segundo a ZEE, todos os Estados, costeiros ou não, podem utilizá-la para navegação, sobrevoo, instalação de cabos e dutos marinhos e outros usos lícitos. O Estado detentor da ZEE fixa as cotas de utilização dos recursos naturais locais e é responsável pela conservação e pelo gerenciamento da área, garantindo o desenvolvimento sustentável dela.

Uma situação que deve ser considerada com muito critério pelos países que ratifiquem a Convenção, principalmente aqueles em desenvolvimento, é o fato de esse acordo permitir que Estados continentais participem equitativamente do uso de uma ZEE de Estados costeiros da mesma sub-região ou região, caso o país costeiro não tenha capacidade de explorar os recursos naturais na sua ZEE.

A situação das zonas costeiras brasileiras atuais é de conflito entre a ocupação desordenada e irracional urbana, industrial, portuária, turística e de lazer, pois o Brasil possui 7.048 km de costa e 15 de suas capitais são praianas ou próximas a regiões litorâneas. Essa situação cria uma desordem na utilização da região e dos recursos naturais do meio ambiente local, que acaba por ser degradado mesmo após a ratificação da Convenção de criação da ZEE (ONU, 1997).

A poluição das zonas costeiras brasileiras se deve, em parte, às grandes concentrações urbanas em cidades litorâneas, o que ocorre em praticamente toda a costa nacional. Além do mais, hoje se reflete o mesmo problema de definição de uso e proteção do ambiente costeiro.

CONSULTANDO A LEGISLAÇÃO

De fato, há a necessidade de estudos sistemáticos dos níveis de contaminação costeira no Brasil e, nesse sentido, um grande passo para a melhoria dessas regiões se deu a partir da Resolução Conama n. 20, de 18 de junho de 1986 (Brasil, 1986c), ainda em 1986, a qual classificou as águas (doces, salobras e salinas) segundo a sua utilização em oito classes. Caso você queira verificar a especificidade de cada uma delas, acesse:

BRASIL. Ministério do Meio Ambiente. Conselho Nacional do Meio Ambiente. Resolução n. 20, de 18 de junho de 1986. **Diário Oficial da União**. Poder Legislativo, Brasília, DF, 30 jul. 1986. Disponível em: <http://www.mma.gov.br/port/conama/res/res86/res2086.html>. Acesso em: 4 jul. 2014.

Weber (1992) afirma que o fato problemático neste sentido ainda é a falta de fiscalização dos padrões exigidos pela portaria por conta das agências ambientais estaduais. Os poluentes mais lançados nas zonas costeiras nacionais são os esgotos domésticos, os efluentes industriais, o material em suspensão oriundo da erosão ou da construção civil, além da atividade petrolífera.

Os esgotos domésticos são um grande problema nacional, uma vez que milhões de pessoas ainda não são servidas pela rede de coleta de esgoto e não contam com água potável em suas residências, lançando esgotos sem tratamento nos mares das regiões costeiras. Assim, o problema da poluição fecal nos mares brasileiros torna-se uma questão de saúde pública em virtude dos patógenos presentes na água, os quais apresentam resistência à água salgada. Além dos problemas de saúde e degradação dos recursos locais, esse tipo de poluição acarreta a eutrofização (pela deposição exagerada de nitrogênio e fósforo da matéria orgânica fecal, que aumenta a produção primária local, ou seja, a síntese de material orgânico a partir de compostos inorgânicos) das águas costeiras, não só no Brasil, mas em todo o mundo, ocasionando a morte de diversas espécies animais e vegetais. Já os efluentes industriais constituem uma dificuldade mais localizada, quando comparados aos esgotos, pois a legislação para o lançamento de efluentes pelas indústrias é bem rígida, além de os campos industriais estarem localizados em regiões específicas.

3.1.2.2 Poluição continental

A água doce é, atualmente, cada vez mais escassa, e seu destino está mais comprometido em razão da contaminação dos corpos hídricos pela atividade humana; sua aquisição a partir da água do mar, ainda que tecnicamente viável, apresenta alto custo em relação ao abastecimento requerido para usos doméstico e industrial.

De acordo com Agostinho, Thomaz e Gomes (2005), a qualidade da água é afetada por várias causas simultâneas derivadas de atividades antrópicas (ampliação da densidade populacional) e também por razões naturais (influência das marés e precipitação pluviométrica em certas épocas do ano).

As causas antrópicas, por sua vez, sobressaem-se: os efluentes originários de esgotos contendo grandes quantidades de coliformes termotolerantes (conhecidos como *coliformes fecais* – CF), as atividades urbanas, agrícolas, portuárias e industriais, assim como a poluição marinha, diferentemente do lançamento de poluentes em mares e oceanos, admitem tanto a forma pontual quanto a difusa, em função da diversidade entre rios, lagos, lagoas, riachos e águas subterrâneas. Curiosamente, locais mais distantes dos centros urbanos às vezes apresentam valores anormais de CF, por exemplo. Por isso, o conhecimento sobre a poluição nesse tipo de ambiente é vital, pois pode contribuir objetivamente para a gestão dos recursos hídricos, por meio da implementação e da fiscalização de leis e para o planejamento e a gestão de bacias hidrográficas regionais que não castiguem o meio ambiente local.

De acordo com Cunha (2004), os escoamentos naturais ou o transporte de grandezas físicas, como sedimentos, massas de poluentes, concentração de microrganismos e massas afetadas termicamente pelos rios, acontecem em regime turbulento. Esses processos naturais de dispersão, diluição ou autodepuração de poluentes estão sujeitos ao escoamento da hidrodinâmica das correntes, somado a fatores externos a ele, ou seja, às características fisiográficas, meteorológicas, físico-químicas, antrópicas e biológicas particulares de cada local e, por essa razão, altamente variantes. Podemos citar como exemplo as zonas estuarinas, que sofrem os efeitos desses processos. As características que tornam um corpo de água singular são regidas por um equilíbrio estável hidrológico estabelecido por intercâmbios complexos entre a água, a via de escoamento e a capa de vegetação, os quais são, de maneira geral, variáveis no tempo e no local.

Os sistemas de drenagem dos rios são influenciados por fatores físicos e geográficos particulares de cada região, ou seja, clima, regime de chuvas, média de temperatura, regime e velocidade de ventos, pressão de vapor e radiação solar, os quais induzem a variações no escoamento e na capacidade de assimilação de resíduos, influenciando as características dos canais (importante para a dispersão, diluição ou autodepuração dos rios). A legislação ambiental garante que os impactos originados por descargas de águas residuais tratadas estejam em níveis toleráveis, o que implica a escolha do lugar da descarga, das composições de lançamento e a espécie de tratamento solicitado.

Nas regiões afetadas pelas condições costeiras, os fenômenos de autodepuração, dispersão e diluição de poluentes microbiológicos nos corpos de água podem receber uma série de análises, de acordo com Cunha (2004):

» **Ciclo de maré** – Considera o corpo de água disponível para a diluição; os resíduos fluem para o mar após cada ciclo de enchente e vazante, não retornando no próximo ciclo.
» **Modelo matemático** – Aplica a mecânica dos fluidos e dos fenômenos de transporte em diferentes graus de complexidade.
» **Modelo experimental e abordagem estatística** – Utilizados como modelos substitutos dos matemáticos, que são complexos e demorados.

> » **Abordagem racional** – Usa informações de estudos realizados no local, como os efeitos cíclicos de variação das marés ou de parâmetros de qualidade da água.

A negligência no tratamento dos efluentes para lançamento na rede fluvial, somada aos acidentes e frequentes descuidos que levam ao lançamento de uma série de poluentes nas águas de rios, principalmente nos centros urbanos, decorre do desenvolvimento industrial, além do lançamento do esgoto doméstico, que geram a contaminação de rios e contribui para que as águas limpas e naturais se tornem residuárias.

O metal pesado cromo, entre outros, é um dos poluentes mais lançados no meio aquático pela indústria. Segundo Jordão et al. (2009), o cromo é muito utilizado pela indústria de couro, a fim de melhorar a qualidade do tecido, e seu grau de toxicidade depende do estado de oxidação em que é lançado nos rios. A forma molecular do cromo usada nos curtumes é o cromo trivalente (Cr^{3+}), que pode se oxidar, em virtude das características das águas da região, em cromo hexavalente (Cr^{6+}), colocando em risco a fauna, a flora e a população que fazem proveito dessas águas. Os autores citam, ainda, que os despejos de cromo lançados em rios e lagos próximos aos curtumes ocorrem em grandes quantidades, em razão do grande número de curtumes clandestinos em todo o país, entre outros fatores, transformando essa atividade em uma das mais poluidoras, mesmo após a criação de legislação e o controle do destino dos resíduos.

CONSULTANDO A LEGISLAÇÃO

Consulte a Lei n. 997, de 31 de maio de 1976 (São Paulo, 1976b), que "dispõe sobre o controle de poluição", por meio do *link* a seguir:

SÃO PAULO. Lei n. 997, de 31 de maio de 1976. **Diário Oficial [do] Estado de São Paulo,** Poder Legislativo, 31 maio 1976b. Disponível em: <http://www.cetesb.sp.gov.br/Institucional/documentos/lei_997_1976.pdf>. Acesso em: 4 jun. 2014.

A química da água em ambientes aquáticos deve ser determinada por meio do potencial redox dos elementos químicos. O carbono orgânico reduzido compõe o elemento mais comum nas reações bioquímicas existentes nos ecossistemas terrestres. Quando seu nível aumenta drasticamente, o O_2 torna-se praticamente insolúvel em água, mesmo sendo um agente oxidante de expressão. Segundo Baird (2002), a importância do oxigênio é tanta que, na sua ausência, os microrganismos oxidam o carbono reduzido através de outros oxidantes ambientais em reações que liberam outros produtos prejudiciais ao meio ambiente. Já na relação do solo com a água, no caso de áreas de contato entre os rios e lagos e os tipos de solos, o equilíbrio ácido-base, ou seja, balanço entre elementos com íons H^+ e OH^-, varia conforme o tipo de solo, sendo que solos mais ácidos irão desestabilizar o equilíbrio com a passagem da água. Águas com alto teor de íons H^+ ao passarem por solos com grande quantidade de calcário, por exemplo, serão neutralizadas.

A acidificação excessiva realizada pela atividade humana interfere neste equilíbrio natural, fazendo com que o solo não consiga exercer seu papel tamponante, e o resultado é a acidificação das águas receptoras ou naturais. Dessa maneira, sabe-se que a poluição nos ambientes aquáticos continentais ocorre do esgotamento da capacidade de suporte do meio em relação à acidez da interação solo–água e à capacidade de oxidação de elementos que entram em contato com a água natural (Baird, 2002).

CONSULTANDO A LEGISLAÇÃO

O Ministério do Meio Ambiente apresentou uma lista com as espécies ameaçadas da fauna brasileira por meio da Instrução Normativa n. 3, de 26 de maio de 2003 (Brasil, 2003b), e da Instrução Normativa n. 5, de 25 de maio de 2004 (Brasil, 2004d). para obter mais informações acesse:

BRASIL Ministério do Meio Ambiente. Instrução Normativa n. 3, de 26 de maio de 2003. **Diário Oficial da União**, Brasília, DF, 14 mar. 2003. Disponível em: <http://www.icmbio.gov.br/sisbio/images/stories/instrucoes_normativas/IN_03_2003_MMA_FaunaAmeacada.pdf>. Acesso em: 4 jun. 2014.

_____. Instrução Normativa n. 5, de 21 de maio de 2004. **Diário Oficial da União**, Brasília, DF, 28 maio 2004. Disponível em: <http://www.icmbio.gov.br/portal/images/stories/IN%2005%20-%20peixes%20e%20invertebrados.pdf>. Acesso em: 30 out. 2014.

Dessas espécies, a maioria dos invertebrados pertence ao grupo dos poríferos, e em torno de 30 espécies de peixes estão criticamente ameaçadas. Destacamos ainda que no Sul e no Sudeste estão os estados onde constam mais espécies ameaçadas listadas, pois, em virtude de um maior desenvolvimento social e econômico dessas regiões, os ecossistemas aquáticos sofrem as maiores consequências da atividade humana, fato somado à sobrepesca ou à pesca próxima a esse nível, o que ameaça as populações de muitas espécies de peixes.

Nesse contexto, as causas da perda da biodiversidade nos ecossistemas aquáticos continentais brasileiros variam de acordo não só com cada região do Brasil, mas também com a densidade populacional humana, o uso do solo e as características socioeconômicas predominantes. Segundo Agostinho, Thomaz e Gomes (2005), são elas:

» A poluição e a eutrofização de riachos, rios, reservatórios, lagoas e lagos, sobretudo em regiões com altas densidades populacionais, o que leva a perdas de espécies ou alterações da composição de comunidades.

» O assoreamento (a erosão, causada pela água das chuvas, pelos ventos e processos químicos, desagrega os solos e as rochas, transformando-os em sedimentos que serão transportados e depositados em longas distâncias) existente em várias bacias hidrográficas no Brasil; a dificuldade nesse sentido reside na ampliação das fronteiras agrícolas, principalmente no Pantanal e no Cerrado, na Mata Atlântica e na Amazônia.

» A construção de barragens e o controle de cheias dos rios, na medida em que as barragens interrompem a piracema de peixes, afetando a diversidade de espécies migradoras. A construção de uma barragem pode acarretar dois problemas: a jusante da barragem e o montante dela. As jusantes são afetadas pelo controle do regime de cheias, reduzindo as áreas alagadas, retendo nutrientes e alterando os hábitats locais, também em virtude da erosão. Nos montantes, por sua vez, os impactos dependem da localização, morfometria e hidrologia do reservatório, do projeto da barragem, dos procedimentos operacionais empregados, da descarga, dos tipos de solo nos locais de construção e da interação com outras barragens, e podem causar danos como extinções de espécies e alterações na estrutura das comunidades aquáticas.

» A pesca e a introdução de outras espécies concorrentes. Vale a pena esclarecer que introduções de espécies nativas e exóticas de peixes são comuns no território brasileiro e derivam da insensatez de setores envolvidos com a pesca recreativa, a estocagem e a aquicultura. Quando as espécies aquáticas introduzidas alcançam corpos de água com elevado grau de endemismo ou rios acondicionados por barragens, na maioria das vezes tais espécies alcançam sucesso no domínio do ambiente. Invertebrados bentônicos como o berbigão-de-água-doce (*Corbicula fluminea*) e o mexilhão dourado (*Limnoperna fortunei*) foram introduzidos em diversos locais no território nacional, concorrendo com as espécies nativas e eliminando-as. O mesmo processo ocorre com as gramíneas aquáticas, as quais foram introduzidas com prejuízos para a conservação das comunidades de peixes e invertebrados, gerando consequências para as comunidades aquáticas dessas áreas.

Destacamos como atividade danosa ao meio aquático, de uma maneira geral, a construção de barragens e a falta de tratamento de esgotos em todo o território nacional (as maiores ameaças ao desequilíbrio ambiental aquático apresentam-se nas regiões mais desenvolvidas). Contudo, cada região, por ser diferente em vários aspectos, apresenta uma peculiaridade em relação às ameaças ao ecossistema aquático. Assim, por exemplo, no Norte ocorre principalmente o tratamento inadequado da água; no Nordeste, observamos a escassez de água; no Centro-Oeste, o desmatamento, a construção de canais e hidrovias, a pesca predatória e pecuária intensiva; no Sudeste, a urbanização, a industrialização e a agricultura; e, no Sul, a agricultura, a grandes indústrias, a irrigação e a aquicultura.

3.1.3 Poluição do solo

Todo resíduo que é despejado no solo sem o menor cuidado com seu destino (o que não é o caso de aterros sanitários, por exemplo) caracteriza um tipo de poluição do solo. Citamos a atividade agrícola como exemplo de atividade muitas vezes negligente quanto ao despejo de rejeitos, ainda, pois lança nos solos imensas quantidades de produtos químicos, e estes, por sua vez, alcançam os cursos dos rios, causando danos incalculáveis.

Podemos elencar uma gama enorme de exemplos de lançamentos de poluentes que causam a poluição do solo, e faremos isso a seguir. Contudo, um exemplo representativo é o lixo depositado nos "lixões", locais para onde são levados os resíduos domésticos produzidos pela população das cidades, os quais, atualmente, são ilegais.

CONSULTANDO A LEGISLAÇÃO

Você sabe algo sobre a legislação relacionada à poluição do solo? Confira a seguir algumas leis importantes sobre o assunto.

Lei n. 6.766, de 19 de dezembro 1979 (Brasil, 1979), a qual "dispõe sobre as competências do Estado e do Município sobre a questão do parcelamento do solo". É um instrumento importante na interface de áreas contaminadas com o desenvolvimento urbano. A lei não permite o parcelamento do solo em áreas poluídas.

BRASIL. Lei n. 6.766, de 19 de dezembro de 1979. **Diário Oficial da União,** Poder Legislativo, Brasília, DF, 20 dez. 1979. Disponível em: <http://www.planalto.gov.br/ccivil_03/leis/l6766.htm>. Acesso em: 4 jun. 2014.

Lei n. 898, de 18 de dezembro de 1975 (São Paulo, 1975) – com redação alterada pelas leis n. 3.746/1983 e n. 7.384/1991 –, "dispõe sobre a disciplina o uso do solo para a proteção dos mananciais".

SÃO PAULO. (Estado) Lei n. 898, de 18 de dezembro de 1975. **Diário Oficial [do] Estado de São Paulo,** Poder Executivo, 18 dez. 1975. Disponível em: <http://www.al.sp.gov.br/repositorio/legislacao/lei/1975/lei%20n.898,%20de%2018.12.1975.htm>. Acesso em: 4 jun. 2014.

Lei n. 12.305, de 2 de agosto de 2010 (Brasil, 2010) que "institui a Política Nacional de Resíduos Sólidos e altera a Lei n. 9.605 (Brasil, 1998), de 12 de fevereiro de 1998; e dá outras providências".

BRASIL. Lei n. 12.305, de 2 de agosto de 2010. **Diário Oficial da União,** Poder Legislativo, 2 ago. 2010. Disponível em: <http://www.ambiente.sp.gov.br/wp-content/uploads/2012/01/LEI_12305_02082010.pdf>. Acesso em: 3 ago. 2014.

Esses locais formam uma fonte de poluição do solo, assim como ocorre com o uso indiscriminado de inseticidas e fertilizantes agrícolas, que pode provocar a contaminação do solo e, na ocorrência de chuva, dos corpos hídricos, como citamos anteriormente.

A fração sólida do solo produtivo típico é formada por aproximadamente 5% de matéria orgânica e 95% de matéria inorgânica, com três camadas, como mostra a Figura 3.5, as quais variam em profundidade e são chamadas de *horizontes*, conforme Lemos e Santos (1996):

» A camada superficial é o horizonte A, onde ocorre a máxima atividade biológica no solo e onde está a maior parte da matéria orgânica.
» O horizonte B é a camada de subsolo que recebe o material do horizonte A.
» O horizonte C é composto de rochas soltas que formam o solo.

Figura 3.5 – Esquema representativo das camadas ou dos horizontes do solo

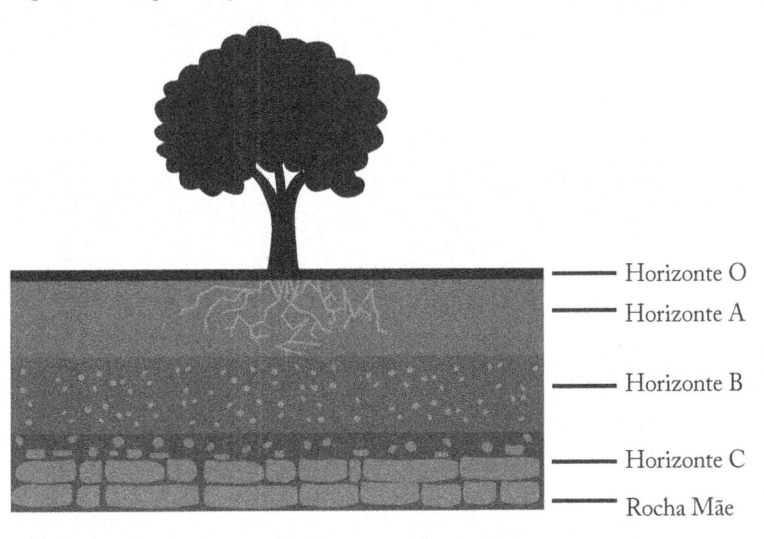

O solo, local utilizado para a produção de alimentos, tem a função de prover a sustentação da vida e hábitat para seres humanos, animais, plantas e outros organismos, fazer a manutenção do ciclo da água e dos nutrientes, proteger a água subterrânea nos lençóis freáticos, sendo ainda responsável pela conservação das reservas minerais e de matérias-primas.

Portanto, é importante sabermos que a degradação do ambiente terrestre afeta a camada superficial da crosta terrestre, em decorrência basicamente dos fatores apontados a seguir: uso indevido do solo e técnicas atrasadas na agricultura, desmatamentos, queimadas, despejo incorreto do lixo, esgotos sem tratamento, chuva ácida, efeito estufa e atividade mineradora. Alguns impactos ambientais imediatos são conhecidos, como a erosão e a contaminação do lençol freático, mas outros dependem de muitos anos para se manifestar, fato que torna impossível uma avaliação imediata das consequências. A relação a seguir apresenta algumas das atividades humanas que são potencialmente contaminantes do solo em diversos ambientes.

Atividades potencialmente contaminantes do solo
» Aplicação no solo de lodos de esgotos ou lodos orgânicos industriais.
» Aterros e outras instalações de tratamento e disposição de resíduos.
» Atividades extrativistas.
» Agricultura e horticultura.
» Aeroportos e atividades aeronáuticas.
» Atividades de docagem e reparações de embarcações.
» Produtos utilizados na lavagem a seco.
» Atividades de processamento de animais.
» Atividades de processamento de argila.
» Atividades de processamento de carvão mineral e mineração.

- » Atividades de processamento de ferro e aço.
- » Atividades de processamento de papel e impressão.
- » Atividades de processamento de produtos químicos.
- » Atividades de reparação de veículos.
- » Cemitérios.
- » Construção civil.
- » Curtumes e associados.
- » Enterro de animais doentes.
- » Estocagem de produtos químicos, petróleo e derivados.
- » Estocagem de resíduos perigosos.
- » Estocagem ou disposição de material radioativo.
- » Fabricação de tintas.
- » Ferrovias e pátios ferroviários.
- » Ferros-velhos e depósitos de sucata.
- » Hospitais e atividades afins.
- » Indústria de alimentos para o consumo animal.
- » Atividade laboratorial.
- » Manutenção de rodovias.
- » Manufatura de equipamentos elétricos.
- » Produção de energia várias formas (elétrica, térmica, nuclear).
- » Silvicultura.
- » Refinarias de petróleo.
- » Processamento de borracha.
- » Produção, estocagem e utilização de preservativos de madeira.
- » Produção de pneus.

A poluição do solo pode ser basicamente de duas origens: **urbana** e **agrícola**. Na origem urbana, os resíduos são oriundos de diversas atividades, principalmente dos polos industriais, que poluem não só o solo, mas também os rios, os lagos e a atmosfera. Sobretudo nos grandes centros urbanos, o lixo jogado sem tratamento adequado é depositado em lugares irregulares, acarretando infiltração de resíduos tóxicos no solo. A decomposição da matéria orgânica existente no lixo gera o chorume, um líquido escuro e de mau cheiro, com um alto potencial poluidor, além do lixo tóxico, que causa danos irreparáveis ao lençol freático.

Outra atividade potencialmente poluidora dos solos nas cidades é o lançamento de detritos e substâncias químicas, como os derivados do petróleo. Os resíduos acumulados muitas vezes são depositados em depósitos irregulares e, mesmo quando não tóxicos, acabam vazando pelos contêineres corroídos e contaminam o solo urbano. Além dessas atividades, ainda podemos citar a presença de reservatórios de combustíveis de refinarias sem manutenção adequada, bem como distribuidoras e postos de abastecimento que podem sofrer fissuras, desencadeando o vazamento de material tóxico no meio ambiente terrestre etc. (Braga, 2005).

PARA SABER MAIS

A Norma Brasileira NBR 10004 (ABNT, 2004), citada por Braga (2005) apresenta a classificação utilizada para os resíduos coletados nos centros urbanos, a qual considera aspectos de natureza técnica para viabilizar o tratamento e a disposição dos resíduos, a saber:

» **Classe I ou perigosos** – Podem apresentar riscos à saúde em virtude de sua característica de toxicidade, inflamabilidade, corrosividade, reatividade, radioatividade e patogenicidade, que aumentam o risco de morte ou morbidade e causam efeitos adversos ao meio ambiente quando manuseados ou deixados sem cuidados;

» **Classe III ou inertes** – Quando submetidos a teste-padrão de solubilização pela NBR 10006 não se solubilizam ou não apresentam nenhum de seus componentes solubilizados em

concentrações superiores aos padrões de potabilidade da água;
» **Classe II ou não inertes** – Não se enquadram em nenhuma das classes anteriores.

De acordo com Braga (2005), quando os resíduos orgânicos dos sistemas agrícolas são aplicados no solo, diversas reações químicas se associam, tornando o sistema solo–planta de alta complexidade, o que causa variados efeitos em decorrência da persistência da carga orgânica acrescentada ao solo sem que haja decomposição da matéria orgânica e reciclagem dos nutrientes; o resultado, portanto, é a contaminação do ambiente.

Um resíduo orgânico no solo altera a dinâmica de nutrientes, aumentando a atividade e a biomassa microbiana. Nas interações entre os microrganismos do solo e o material orgânico adicionado, destacamos a decomposição dos compostos orgânicos, a atenuação de alguns problemas com o lodo de esgoto (resíduos de detergentes, pesticidas e hidrocarbonetos de petróleo), a eliminação de microrganismos patogênicos, a participação nos ciclos do nitrogênio, fósforo e enxofre, bem como nas reações envolvidas com a solubilidade e a mobilidade de íons inorgânicos.

PARA SABER MAIS

Você sabia que a degradação dos resíduos urbanos sólidos em determinado local é avaliada pela relação entre demanda química de oxigênio (DQO) e demanda bioquímica de oxigênio (DBO) (Verstraete; Vandernbergh, 1986)? Quando essa relação se dá na faixa de 1,5 a 3,5, exemplo da incorporação de resíduos urbanos ao solo, o material é naturalmente biodegradável.

Existe um equilíbrio dinâmico no solo, no qual a mineralização do húmus leva à síntese de mais material, renovando a matéria orgânica constantemente. A adição extra de material orgânico, ao modificar esse equilíbrio, acarreta degradação da matéria dependendo dos organismos presentes no solo. Além disso, o uso no solo de compostos desprovidos de alto grau de maturação reduz a concentração de O_2 e o potencial de redox do solo, o que afeta a retenção dos metais.

Há a associação de metais pesados às formas mais solúveis ou mais estáveis em condições de baixo pH. A redução no potencial redox pode estar ligada à incubação de resíduos orgânicos, presentes no lixo, por exemplo, como também à atividade biológica do solo, agindo como solubilizante de metais. As interações entre a estabilidade da matéria orgânica nativa, a massa de nutrientes disponíveis em um determinado local e a decomposição da carga orgânica para a gênese de nova biomassa microbiana estão amplamente relacionadas com os efeitos trazidos pelos compostos de lixo de esgoto ligados aos teores de monóxido de carbono no solo.

De acordo com Abreu Junior et al. (2005), as inter-relações entre a matéria orgânica nativa do solo e a adicionada pelo resíduo orgânico são de alta complexidade. Assim ocorre, por exemplo, com o monóxido de carbono acrescentado ao solo por um resíduo orgânico, o qual pode ser desprendido para a atmosfera como gás carbônico, incorporado à biomassa ou transformado em húmus estável. Concomitantemente a esses processos, acontece a mineralização da matéria orgânica nativa do solo, em uma interação denominada *efeito priming* (que estimula ou retarda a degradação do húmus nativo do solo).

O aumento nos teores de matéria orgânica ocorre pela presença de substâncias orgânicas que não foram completamente degradadas e também de microrganismos mortos, modificando as propriedades biológicas do solo quando este recebe o lixo, o que aumenta a população de organismos. Tal processo se justifica porque há a oferta de CO e a intensificação da atividade de enzimas pertencentes aos ciclos do nitrogênio, fósforo e enxofre até a exaustão da fonte de energia.

Como afirmamos anteriormente, o pH do solo pode ser elevado em razão da reação alcalina dos resíduos orgânicos, assim controlando a disponibilidade dos metais pesados pela solubilização deles mesmos. A quantidade de matéria orgânica presente no solo de determinado local, conjuntamente com as propriedades físicas do solo, determina a extensão dos efeitos dos resíduos orgânicos sobre o pH. A presença de humatos alcalinos, a produção de íons hidróxido, o consumo de íons H^+ e do alumínio trocável a íons Al^{3+} geram aumento do pH em solos ácidos quando recebem resíduos orgânicos. Uma fonte de nutrientes para as plantas pode acontecer por meio dos resíduos orgânicos oriundos da atividade agrícola ou urbana; a taxa de mineralização desses resíduos, entretanto, está sujeita à maturação, excluindo dessa análise os resíduos líquidos. O lançamento nos solos de resíduos orgânicos (lodo de esgoto, lixo e vinhaça) aumenta a condutividade elétrica do solo pelo alto teor de sais neles presentes.

Em relação à salinidade do solo, Abreu Junior et al. (2005) dizem que a dose de uso de um determinado resíduo orgânico deve limitar-se a sua carga salina, pois ao longo de aplicações consecutivas poderá ocorrer a salinização do solo, provocando danos fisiológicos e nutricionais a vegetação. Na fase de germinação de um vegetal o efeito da salinidade é muito drástico, uma vez que nesta fase do desenvolvimento a planta é mais sensível a mudanças. Além disso, altas concentrações de sódio e potássio presentes no lixo urbano podem sofrer substituição por íons cálcio e magnésio reduzindo a condutividade hidráulica do solo além da dispersão de coloides.

PARA SABER MAIS

Você sabia que, de acordo com Abreu Junior et al., (2005), a aplicação consecutiva de compostos ou de lodo de esgoto nas plantações em regiões com índices de chuvas baixos pode gerar um fenômeno conhecido como *sodicidade*, que é gerado por um excesso de sódio no resíduo?

3.1.3.1 Problemática do lixo

Neste tópico, estudaremos um dos maiores problemas ambientais que a sociedade vem enfrentando atualmente: a **destinação incorreta do lixo**, o que envolve não só a poluição do solo, mas também das águas e da atmosfera. Antigamente, o problema era menos grave, em decorrência da menor presença do lixo, pois as pessoas possuíam sua própria criação de animais e hortas, gerando desse modo menos lixo orgânico, pois os animais comiam os restos de alimentos, ou estes retornavam para o solo como nutrientes, sendo degradados pela própria natureza. No entanto, com o crescimento dos grandes centros urbanos e industriais, modificou-se acentuadamente o modo de vida de uma grande parcela das sociedades, incluindo aí determinados costumes. Em razão dessa transformação, os alimentos industrializados passaram a fazer cada vez mais parte do dia a dia dos indivíduos em virtude do aumento de empregos nas cidades e à redução de tempo para preparos e cuidados com hortas e animais. Iniciou-se, assim, o alto consumo de comidas prontas, aumentando não apenas o lixo doméstico, mas também o industrial, em função do crescimento do número de indústrias.

Atualmente, a quantidade já excessiva de lixo só tende a aumentar. Apenas na cidade de São Paulo, por exemplo, são coletados diariamente 14 milhões de quilos de lixo. Como os locais para eliminação estão escassos, observa-se não só a tentativa de reaproveitamento do lixo, mas também de redução de sua quantidade. Portanto, é fundamental que haja a atuação conjunta do governo com a população na busca por soluções eficazes de redução e reciclagem o lixo, entre outras medidas.

Uma das alternativas encontradas pela sociedade refere-se ao uso da coleta seletiva de lixo, na qual se separa tudo que pode ser reaproveitado, como latas, papéis, vidro, plástico, contribuindo para a redução do lixo e da consequente poluição causada por ele. A medida propõe também uma redução no uso de recursos naturais, que são escassos, por meio da reutilização da água, da energia e da matéria-prima. Essa ação deve ser praticada por toda a sociedade civil – residências, escolas, empresas, entre outros espaços.

Tipos de lixo

É necessária classificação correta do lixo para a realização da coleta, do tratamento e da eliminação adequada. Portanto, observe a seguir os tipos de lixo existentes, conforme pontuado por Talamoni e Sampaio (2003):

- » **Lixo doméstico** – Produzido pelas pessoas em suas residências, podendo ser chamado também de *lixo domiciliar*, ou ainda *lixo residencial*. Existem dois tipos de lixo doméstico, classificação utilizada para facilitar a separação: o orgânico, por exemplo, restos de alimentos, incluindo resíduos provenientes de higiene íntima, entre outros, e o reciclável, como papel, papelão, plástico e caixas.
- » **Lixo comercial** – Gerado pelo setor comercial; é composto por papéis, plásticos, papelões etc.
- » **Lixo industrial** – Derivado do setor secundário, refere-se a resíduos industriais, como restos de alimentos e de carvão mineral, tecidos, couros, metais, madeiras, produtos químicos etc.

- » **Lixo hospitalar** – Composto pelo lixo proveniente de hospitais, postos de saúde, clínicas, hospitais veterinários e farmácias. Consiste no despejo de seringas, agulhas, luvas, fraldas, sondas, algodão, gaze, vidros de remédios, entre outros. Lembramos que esse tipo de lixo deve passar por um tratamento adequado para sua eliminação em razão do seu alto risco de contaminação.
- » **Limpeza pública** – É o lixo proveniente da cidade, por exemplo, folhas, galhos, papéis, plástico, bitucas de cigarro, entulhos de construção e madeira.
- » **Lixo nuclear** – Trata-se do lixo radioativo despejado por usinas nucleares e outros aparelhos, como vazamento radioativo de aparelhos de raios X.
- » **Lixo eletrônico** – Composto por equipamentos eletrônicos, como celulares, telefones, computadores, baterias, TVs, entre outros, em cuja composição há ouro, cobre, metais, alumínio, entre outros materiais.

Tipos de destinos

Independentemente de sua origem, o lixo proveniente precisa ter um destino apropriado para sua eliminação, o que dependerá do seu conteúdo. No entanto, a localização do despejo geralmente é inapropriada, pois se joga lixo em terrenos e rios, sem qualquer cuidado e preparação. Conheceremos a seguir os diferentes destinos aos quais o lixo é submetido, de acordo com Talamoni e Sampaio (2003):

- » **Depósitos clandestinos** – Qualquer lugar não autorizado onde um indivíduo ou uma empresa joga seu lixo. Esses depósitos implicam graves riscos para a saúde pública, devendo ser denunciados.

» **Lixões** – São depósitos afastados da cidade, autorizados pela prefeitura, nos quais o lixo permanece a céu aberto, sem o tratamento adequado ou medidas de proteção ao meio ambiente. O depósito feito de forma incorreta acarreta danos à natureza e à saúde humana, pois gera poluição do solo, da atmosfera e da água, atingindo grandes extensões territoriais, considerando que a água e o vento favorecem a dispersão de poluentes no ambiente. Além disso, tais lugares intensificam a proliferação de moscas, mosquitos, ratos e vermes, além de atraírem "catadores de lixo", na medida em que são fonte de alimentação e renda, gerando riscos para a saúde dessas desses indivíduos. A decomposição do lixo desencadeia também o chorume, líquido proveniente do lixo, com baixa capacidade de degradação, que polui o solo e a água.

» **Incineradores** – Trata-se de grandes fornos nos quais o lixo é queimado de forma controlada, com a utilização de filtros para reduzir a emissão de gases poluentes. São vantajosos por propiciar uma redução no volume do lixo, contudo ainda deixam restos de dejetos, que são encaminhados a aterros sanitários. Seu custo de manutenção e de operação é alto, e a segurança do seu sistema de filtragem é alvo de críticas, pois há indícios de que algumas falhas podem gerar a liberação de gases tóxicos, altamente poluentes. Essa forma de destinação do lixo é indicada mais especificamente para lixo hospitalar e resíduos tóxicos. Convém saber também que os países desenvolvidos têm reduzido o uso de incineradores em decorrência dos problemas industriais causados, conforme demonstrado na Figura 3.6.

Figura 3.6 – Exemplo de incinerador de resíduos sólidos

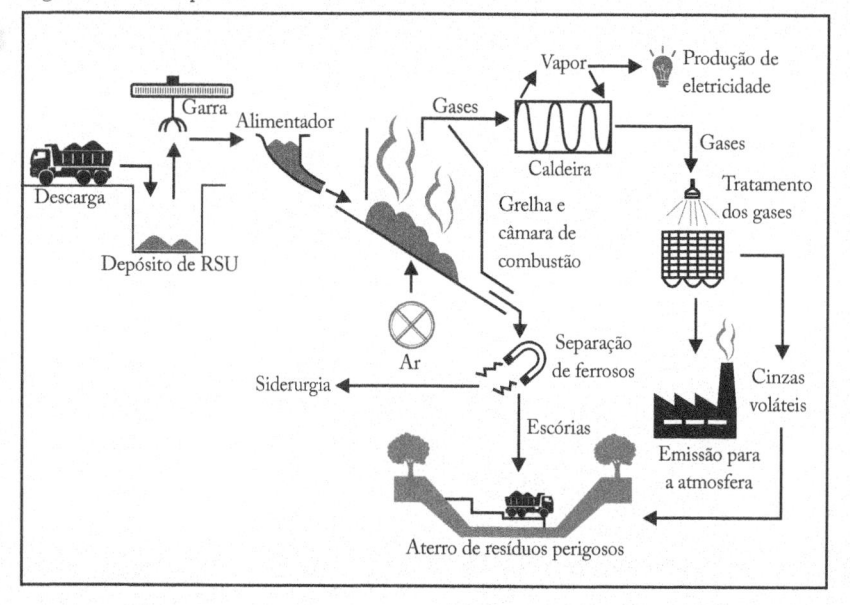

» **Aterros sanitários** – São áreas tratadas para receber o lixo. Apresentam tratamento para gases e líquidos, oriundos da decomposição do lixo, de modo que protegem o solo, o ar e a água, adotando como método de trabalho a alternância entre camadas de lixo e argila, para impermeabilizar o solo. Grande parte do lixo depositado nos aterros é formada por material não reciclável. Atualmente já existem normas que regularizam a implantação dos aterros sanitários, as quais exigem controle de quantidade e tipo de lixo. Veja o esquema explicativo do funcionamento de um aterro na Figura 3.7:

Figura 3.7 – Esquema representativo de aterro sanitário

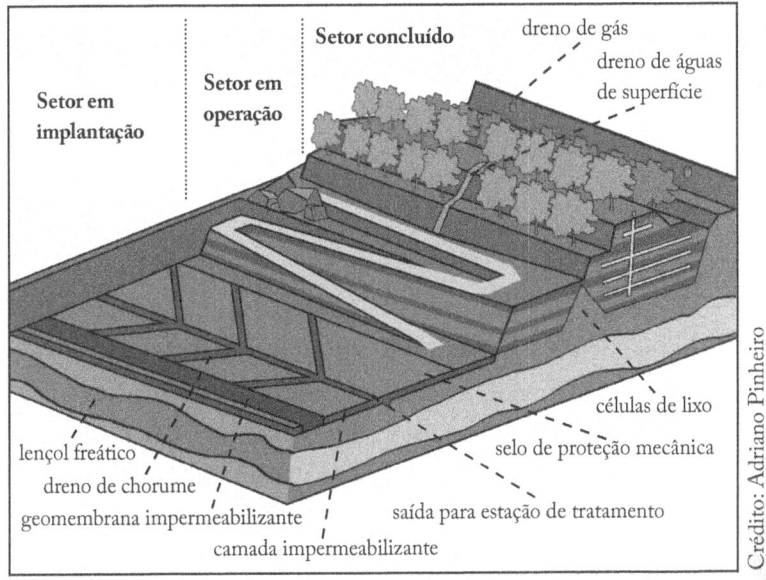

- Setor em implantação
- Setor em operação
- Setor concluído
- dreno de gás
- dreno de águas de superfície
- células de lixo
- selo de proteção mecânica
- lençol freático
- dreno de chorume
- geomembrana impermeabilizante
- saída para estação de tratamento
- camada impermeabilizante

Crédito: Adriano Pinheiro

PARA SABER MAIS

Você sabia que os aterros sanitários também devem passar por uma recuperação ambiental? Cabe ao gestor ambiental preparar e executar um plano de recuperação ambiental e de resgate da biodiversidade do local.

Um exemplo desse processo foi apresentado em Mauren Lucrecia (2013/2014): o Aterro do Caximba, localizado em Curitiba, foi alvo de pesquisas científicas que transformaram sua realidade de degradação ambiental. Segundo a autora, o aterro recebeu 12 milhões de toneladas de resíduos sólidos de 1989 até 2010, quando foi fechado para passar por um delicado e intenso processo de recuperação ambiental. Luiz Censo Coelho da Silva, chefe de divisão do Departamento de

Limpeza Pública da Secretaria Municipal do Meio Ambiente (SMMA) entrevistado por Lucrecia, diz que

> o controle do aterro passa pelo tratamento do chorume utilizando a fitorremediação ou plantas e, além disso, são utilizadas análises que medem o deslocamento do material orgânico, o nível de toxicidade e a presença de metais pesados, a pressão do gás e a altura da água dentro do aterro, a demanda bioquímica de oxigênio (DBO), demanda química de oxigênio (DQO) e outros quarenta testes.

Além disso, em cavas de areia e argila antigas, é utilizado na recuperação do aterro o sistema de *wetlands*, que consiste em áreas naturais alagadas, as quais reproduzem um ecossistema de organismos aquáticos para a remoção de matéria orgânica, o que possibilita a remoção final de matéria orgânica do efluente do aterro antes de lançar no Rio Iguaçu, importante para todo o Estado do Paraná.

Leia a reportagem completa na Revista *BioParaná*:

LUCRECIA, M. Pesquisas científicas transformam o Aterro do Caximba. **Revista BioParaná**, Curitiba, ano 5, n. 18, p. 10-11, dez./jan./fev. 2013/2014. Disponível em: <http://crbio7.gov.br/component/flippingbook/book/38.html?tmpl=component>. Acesso: 4 jun. 2014.

3.1.3.2 Poluição nos agrossistemas

Na zona rural, o principal responsável pela ação poluidora é, sobretudo, o uso indevido de agrotóxicos utilizados para eliminar ervas daninhas e destruir pragas que causam estragos ambientais terríveis, alterando o equilíbrio do solo e envenenando animais por meio das cadeias alimentares. Acrescenta-se a isso a utilização de técnicas arcaicas de produção agrícola, como a queima da vegetação realizada antes do início do plantio, o que faz com que o terreno fique exposto ao sol e ao vento, ocasionando a perda de nutrientes e a erosão. Lembramos ainda a deposição inadequada de subprodutos da atividade agropecuária, a exemplo dos subprodutos da cana-de-açúcar, dos curtumes e da criação de porcos e outros animais. Os agrotóxicos, ao se acumularem nos solos, contaminam a cobertura vegetal, e consequentemente os animais se alimentam da vegetação contaminada, em um processo em que as substâncias tóxicas se acumulam em sua carne e no leite que servirão de alimento para o homem.

Com as chuvas, os produtos químicos usados, como os pesticidas, infiltram-se no solo contaminando os lençóis freáticos e acabam por escorrer para os rios, difundindo a contaminação. Apesar de não ser possível abolir o uso dos agrotóxicos a curto prazo, em virtude da necessária manutenção da produção de alimentos para a crescente população mundial, é essencial limitá-lo ao totalmente indispensável, além de procurar eliminar os resíduos poluidores gerados por eles e empregar nas lavouras produtos ambientalmente mais seguros.

Além da atividade agrícola, destacamos como atividades potencialmente poluidoras do ambiente terrestre no campo a pecuária e a avicultura, uma vez que ambas produzem dejetos, substâncias químicas componentes das rações, do sangue e dos pedaços de vísceras vindos dos matadouros, principalmente os clandestinos, e detergentes utilizados na lavagem dos estábulos e dos aviários. Essas substâncias são lançadas nas águas dos rios e lagos sem qualquer tratamento, contaminando as águas superficiais e subterrâneas, o que gera mau cheiro nas áreas no entorno da criação.

A ampla utilização de defensivos agrícolas e o uso de fertilizantes na agricultura moderna têm como consequência, mais do que a poluição dos solos, a degradação dos recursos hídricos superficiais e subterrâneos, uma vez que as águas das chuvas e de irrigação carregam resíduos desses produtos para os rios e lagos. O resultado final envolve desequilíbrios ecológicos, morte de muitos seres vivos, ou, ainda, quando esses compostos se infiltram no solo, temos a degradação das águas subterrâneas.

No que se refere às consequências do uso de resíduos orgânicos usados nas lavouras agrícolas, devemos levar em consideração a capacidade do solo de decompor a matéria orgânica que está recebendo e impedir sua lixiviação* (especialmente o nitrato) ou carreamento pela erosão de compostos inorgânicos e orgânicos para os mananciais de água.

Mesmo em países desenvolvidos, existe uma dificuldade na aplicação de normas para a disposição final dos resíduos poluentes utilizados na agricultura, uma vez que os critérios estabelecidos para uso de resíduos orgânicos nos solos são variáveis, muito embora nessas nações haja legislações específicas para a correta eliminação de material poluente.

No Brasil, é cada vez mais necessária a criação de uma legislação eficiente para o uso de certos resíduos no solo. Alguns estados adotaram leis regionais para regulamentar o uso de tais substâncias, como Paraná e São Paulo, que regulamentaram o uso de lodo de esgoto em campos agrícolas. Nesse sentido, o Estado nacional, por meio dos ministérios do Meio Ambiente e da Agricultura, Pecuária e Abastecimento, procura estabelecer normas de legislação brasileira para o emprego de lodo de esgoto nas atividades dos agrossistemas, com uso restrito ou livre, como fertilizante de lavouras.

No entanto, nos casos de ausência de normas de utilização, deve-se contar com a taxa de aplicação de esgoto pelo critério de nitrogênio, visto que a lixiviação do nitrato é o principal fator poluente em curto prazo, além de considerar o pH do solo após aplicação de determinado resíduo (5,5 a 7,0). É necessário ainda que se pondere a análise química

---

* Lixiviação é o processo pelo qual os elementos químicos do solo migram, de forma passiva, das camadas mais superficiais de um solo para as camadas mais profundas, em decorrência de um processo de lavagem pela ação da água da chuva ou de irrigação, tornando-se indisponíveis para as plantas. (Embrapa, 2014)

de solo, a idade das plantas e a produtividade esperada para o uso de calcário e adubos contendo micronutrientes ou nitrogênio, fósforo e potássio. Após determinada a taxa máxima aceita pela legislação para o uso de resíduo orgânico e as doses de calcário e nutrientes em certa cultura, é possível determinar a diferença entre o total imprescindível e o provido pelo resíduo dessas substâncias que serão complementadas, no manejo químico, com adubos minerais.

Abreu Junior et al. (2005) fizeram uma análise sobre resíduos orgânicos e quantidade de metais na composição de tais resíduos, e o teor de metais tóxicos nos resíduos orgânicos é uma preocupação por meio dos agricultores, pois os mesmos estão envolvidos em um complicado sistema de reações que acontecem no solo, levando à contaminação do ambiente e à entrada dos metais na cadeia alimentar, contaminando os animais e o homem. Todavia, há também o risco inseparável de contaminação do solo pelo emprego de fertilizantes e corretivos que contenham altos teores de metais pesados em sua composição. A utilização destes resíduos orgânicos na atividade agrícola poderá existir se nestes compostos existirem concentrações consideráveis de cádmio, cobre, cromo, níquel, zinco e chumbo, uma vez que estes metais são absorvidos pelas plantas e, por sua vez, para os alimentos.

Poluentes orgânicos persistentes

Alguns poluentes orgânicos persistentes (POPs) são utilizados na composição de fertilizantes e pesticidas. Como a lista é extensa, conheça as três categorias de produtos químicos de tais compostos, de acordo com Flores et al. (2004), a saber:

» **Pesticidas** – Propositalmente lavrados no meio ambiente como instrumento de controle de pragas e aumento da produção de alimentos (diclorodifeniltricloroetano, aldrin, clordano, dieldrin, endrin, heptacloro, mirex, toxafeno). A utilização de alguns deles já foi banida em muitos países, contudo, ainda há registros de uso clandestino em determinados locais, sem que a fiscalização consiga ser efetiva na identificação dos usuários.

» **Produtos industriais lançados no meio ambiente de forma não intencional** – Nesse caso, podemos destacar as bifenilas policloradas (PCBs), que são uma classe de compostos químicos sintéticos com variado grau de cloração em suas moléculas, relatando-se a existência de 209 delas descritas para uso comercial. Começaram a ser utilizadas em 1929 e, em virtude de suas propriedades isolantes, eram ideais como fluidos refrigerantes e isolantes nos transformadores e capacitores, além de serem usadas em sistemas hidráulicos e em plastificantes, borrachas, tintas, ceras etc. Posteriormente, sua produção foi interrompida na maioria dos países, ainda que uma grande quantidade desses compostos ainda seja usada em transformadores e capacitores. Além das bifenilas policloradas, destacamos o hexaclorobenzeno: originado em processos industriais como a fabricação de manganês e a produção e incineração de alguns pesticidas e solventes, ele é um produto emitido durante a incineração de materiais com cloro, sendo desenvolvido sob as mesmas condições em que ocorre a emissão de dioxinas cloradas e furanos. Lembramos também que é empregado como solvente e como pesticida.

» **Subprodutos da produção, uso, ou combustão de produtos clorados** – As para-dibenzodioxinas policloradas e os dibenzofuranos policlorados (dioxinas e furanos) acontecem na forma de misturas nos procedimentos de incineração, siderurgia e combustão da madeira. Como são subprodutos de processos, a tática para tornar mínima a sua emissão é a realização de inventários que visam identificar as fontes de emissão e a intervenção nos processos causadores.

CONSULTANDO A LEGISLAÇÃO

O Brasil, por meio do Decreto n. 5.472, de 20 de junho de 2005 (Brasil, 2005a), promulgou o texto da Convenção de Estocolmo sobre Poluentes Orgânicos Persistentes (Brasil, 2014d), o qual leva em consideração

> a Decisão 19/13C, de 7 de fevereiro de 1997, do Conselho de Administração do Programa das Nações Unidas para o Meio Ambiente, de iniciar ações internacionais para proteger a saúde humana e o meio ambiente com medidas que irão reduzir ou eliminar as liberações e despejos de poluentes orgânicos persistentes.

Leia o decreto completo no *site* do Ministério do Meio Ambiente (MMA), disponível em:

BRASIL. Decreto n. 5.472, de 20 de junho de 2005. **Diário Oficial da União**, Poder Legislativo, Brasília, DF, 21 jun. 2005. Disponível em: <http://www.planalto.gov.br/ccivil_03/_Ato2004-2006/2005/Decreto/D5472.htm>. Acesso em: 3 ago. 2014.

PARA SABER MAIS

Você sabe o que é a Convenção de Estocolmo? Segundo o Ministério do Meio Ambiente (Brasil, 2014d):

> A Convenção de Estocolmo sobre os Poluentes Orgânicos Persistentes – Convenção POPs é, indubitavelmente, um dos mais importantes instrumentos de promoção da segurança química global. Esta Convenção destaca-se por incluir no seu escopo a determinação de obrigação dos Países-Parte de adotarem medidas de controle relacionadas a todas as etapas do ciclo de vida – produção, importação, exportação, disposição e uso das substâncias classificadas como poluentes orgânicas persistentes – POPs. Numa posição preventiva, a Convenção determina que os governos promovam as melhores tecnologias e práticas no seu campo tecnológico e previnam o desenvolvimento de novos POPs em suas plantas industriais.

Indo mais além, define como seu objetivo final a eliminação total dos POPs. (Brasil, 2014d)

Leia o texto completo no *site* do Ministério do Meio Ambiente, disponível em:

BRASIL. Ministério do Meio Ambiente. **Convenção de Estocolmo**: sobre poluentes orgânicos persistentes. 2014. Disponível em: <http://www.mma.gov.br/estruturas/smcq_seguranca/_publicacao/143_publicacao16092009113044.pdf>. Acesso em: 3 ago. 2014.

Fertilizantes sintéticos

Segundo Lopes e Guilherme (1989), os fertilizantes servem de nutrientes nas plantações, aumentando a produção de alimentos, e são formados por cerca de 16 elementos divididos em:

- » macronutrientes principais (nitrogênio, fósforo e potássio);
- » macroelementos secundários (cálcio, magnésio e enxofre);
- » micronutrientes, entre eles ferro, manganês, cobre, zinco, boro, molibdênio e cloro.

CONSULTANDO A LEGISLAÇÃO

Segundo o art. 3º, inciso I, do Decreto n. 86.955, de 18 de fevereiro de 1982 (Brasil, 1982), o fertilizante é a "substância minerais ou orgânicas, naturais ou sintéticas, fornecedoras de um ou mais nutrientes das plantas".

BRASIL. Decreto n. 86.955, de 18 de fevereiro de 1982. **Diário Oficial da União**, Poder Executivo, Brasília, DF, 24 fev. 1982. Disponível em: <http://www2.camara.leg.br/legin/fed/decret/1980-1987/decreto-86955-18-fevereiro-1982-436919-publicacaooriginal-1-pe.html>. Acesso em: 4 maio 2014.

Antes da industrialização, os fertilizantes eram produtos naturais e biodegradáveis e, naturalmente incorporados às cadeias alimentares dos ecossistemas associados, não causavam desequilíbrios ambientais ao solo. A forma de obtê-los advinha, em sua maioria, de produtores locais, por meio de restos de vegetais decompostos e de excrementos de animais. No entanto, após a Revolução Industrial, com a criação dos adubos artificiais, a disponibilidade desses produtos tornou-se cada vez maior, assim como os riscos de acumulação ambiental.

PARA SABER MAIS

Caso você queira saber mais sobre o mercado agrícola, aspectos estruturais da indústria de fertilizantes e cadeia produtiva, acesse o seguinte material:

DIAS, V. P.; FERNANDES, E. Fertilizantes: uma visão global sintética. **BNDES Setorial**, Rio de Janeiro, n. 24, p. 97-138, set. 2006. Disponível em: <http://www.bndes.gov.br/SiteBNDES/export/sites/default/bndes_pt/Galerias/Arquivos/conhecimento/bnset/set2404.pdf>. Acesso em: 4 jun. 2014.

A assimilação do fertilizante pelo vegetal nunca é plena, provocando um excedente que se incorpora ao solo; além disso, para a redução de pragas nas culturas, é necessária uma ação conjunta de vários desses elementos, o que pode provocar diversas consequências, conforme afirmam Lopes e Guilherme (1989):

- » superfertilização das águas, que leva à produção de quantidades enormes de algas e, em decorrência, acarreta a eliminação de espécies aquáticas por competição;
- » acumulação contínua de tais substâncias no solo, até mesmo tornando-o impróprio à agricultura;
- » em aspecto global e a longo prazo, modificação da distribuição dos nutrientes na biosfera.

CONSULTANDO A LEGISLAÇÃO

Leia mais sobre a legislação referente aos fertilizantes no país:

Decreto n. 4.954 (Brasil, 2004a), de 14 de janeiro de 2004 – "Aprova o Regulamento da Lei n. 6.894 [Brasil, 1980b], de 16 de dezembro de 1980, que dispõe sobre a inspeção e a fiscalização da produção e do comércio de fertilizantes, corretivos, inoculantes ou biofertilizantes destinados à agricultura, e dá outras providências".

BRASIL. Decreto n. 4.954, de 14 de janeiro de 2004. **Diário Oficial da União**, Poder Executivo, Brasília, DF, 15 jan. 2004b. Disponível em: <http://www.planalto.gov.br/ccivil_03/_ato2004-2006/2004/decreto/d4954.htm>. Acesso em: 4 jun. 2014.

Decreto n. 86.955, de fevereiro de 1982 (Brasil, 1982) – Regulamenta a Lei n. 6.894/1980 (Brasil, 1980b): "Dispõe sobre a inspeção e a fiscalização da produção e do comércio de fertilizantes, corretivos, inoculantes, estimulantes ou biofertilizantes destinados a agricultura, e pelo Decreto-Lei 1.899, de 1981, que institui taxas relativas às atividades do ministério da agricultura".

Lei n. 6.894, de 16 de dezembro de 1980 (Brasil, 1980b), que "Dispõe sobre a inspeção e a fiscalização da produção e do comércio de fertilizantes, corretivos, inoculantes, estimulantes ou biofertilizantes, remineralizadores e substratos para plantas, destinados à agricultura, e dá outras providências".

BRASIL. Lei n. 6.894, de 16 de dezembro de 1980. **Diário Oficial da União**, Poder Legislativo, Brasília, DF, 17 dez. 1980. Disponível em: <http://www.planalto.gov.br/ccivil_03/leis/1980-1988/L6894.htm>. Acesso em: 4 jun. 2014.

Consulte ainda as instruções normativas do Ministério do Meio Ambiente referentes às leis citadas:

Instrução Normativa n. 10, de 6 de maio de 2004 (Brasil, 2004c) –, de acordo com seu art. 1º, tem a função de aprovar as disposições sobre a classificação e os registros de estabelecimentos e produtos, as exigências e critérios de embalagem, rotulagem, propaganda e para a prestação de serviço, bem como os procedimentos a serem adotados na inspeção e fiscalização da produção, importação, exportação e comércio de fertilizantes, corretivos, inoculantes e biofertilizantes, destinados à agricultura.

BRASIL. Ministério da Agricultura, Pecuária e Abastecimento. Instrução Normativa n. 10, de 6 de maio de 2004c. **Diário Oficial da União**, 7 maio 2004. Disponível em: <http://www.agrolink.com.br/fertilizantes/arquivos/instrucoes_normativas/in_10_06_MAIO_2004.pdf>. Acesso em: 4 jun. 2014.

Instrução Normativa n. 23, de 31 de agosto de 2005 (Brasil, 2005b) cuja atribuição é "Aprovar as definições e normas sobre as especificações e as garantias, as tolerâncias, o registro, a embalagem e a rotulagem dos fertilizantes orgânicos simples, mistos, compostos, organominerais e biofertilizantes destinados à agricultura".

BRASIL. Ministério da Agricultura, Pecuária e Abastecimento. Secretaria de Defesa Agropecuária. Instrução Normativa n. 23, de 31 de agosto de 2005. **Diário Oficial da União**, 8 set. 2005. Disponível em: <http://www.agrolink.com.br/fertilizantes/arquivos/instrucoes_normativas/in_23_05[1].pdf>. Acesso em: 3 ago. 2014.

Defensivos agrícolas

São classificados de acordo com o tipo de praga que combatem, denominando-se, assim, *inseticidas*, *fungicidas* e *herbicidas*. Quando foram desenvolvidos, o efeito desejado era de durabilidade na sua aplicação em culturas vegetais, visando impedir o desenvolvimento de organismos indesejados e contribuir para o aumento da produção agrícola de alimentos mundial. Os primeiros defensivos agrícolas utilizados comercialmente datam do ano de 1939, mais especificamente o uso de DDT (diclorodifeniltricloroetano), considerado o primeiro inseticida organoclorado de elevada resistência, o qual preconizou a produção de outros inseticidas. Esses compostos foram sintetizados em busca de um efeito mais duradouro da aplicação, contudo, como se mostraram mais resistentes à decomposição no meio ambiente, surgiu a preocupação de transformá-los em substâncias mais específicas do ponto de vista dos organismos afetados e menos duradouros no ambiente (Galli et al., 2006; Santos et al., 2007b).

Os principais grupos de praguicidas sintéticos são apresentados a seguir.

1. **Inseticidas**
    - » **Organoclorados** – DDT, aldrin, dieldrin, heptacloro etc. São, como dito anteriormente, persistentes no meio ambiente, como no caso do DDT, que, após sua aplicação, se mantém em níveis de mais de 40% após 15 anos, razão pela qual seu uso já foi banido em diversos países.
    - » **Organofosforados** – Na aplicação em lavouras, apresentam certa seletividade à toxicidade em insetos, caracterizando-se pela degradação bem mais veloz que a dos organoclorados. Exemplos: parathion, malathion e phosdrin.
    - » **Carbamatos** – São pesticidas específicos para combater insetos em plantações de vegetais, apresentando baixa ação tóxica em vertebrados de sangue quente. (Galli et al., 2006; Santos et al., 2007).

2. **Fungicidas**
    - » **Sais de cobre** – Apresentam baixa toxicidade e são amplamente utilizados, como o sulfato de cobre penta-hidratado, um dos elementos da Calda Bordalesa[*], empregada principalmente em cultura de frutos.

---

[*] Trata-se de um insumo usado em plantações como pomares, para impedir o ataque de fungos nas plantas. Para maiores informações sobre esse produto, acesse o *link*: <http://www.cpao.embrapa.br/publicacoes/online/zip/FOL200837.pdf>.

» **Organomercuriais** – O metilmercúrio utilizado na prevenção de doenças em grãos e sementes de vegetais é um exemplo desse composto (Carraro, 1997).

3. **Herbicidas**
   » **Pré-plantio** – São aplicados antes da semeadura (Cobucci et al., 1999).
   » **Pré-emergentes** – Usados no solo antes do aparecimento de ervas daninhas (Concenço et al., 2006).
   » **Pós-emergentes** – Aplicados no solo ou em folhagens depois da germinação das culturas ou das ervas daninhas (Vieira; Silva; Santos, 2003).

4. **Neumatócidos** – São aqueles que controlam parasitas neumatoides.

CONSULTANDO A LEGISLAÇÃO

Leia mais sobre a legislação referente aos fertilizantes em nosso país:
Lei n. 7.802, de 11 de julho de 1989 (Brasil, 1989a):

> Dispõe sobre a pesquisa, a experimentação, a produção, a embalagem e rotulagem, o transporte, o armazenamento, a comercialização, a propaganda comercial, a utilização, a importação, a exportação, o destino final dos resíduos e embalagens, o registro, a classificação, o controle, a inspeção e a fiscalização de agrotóxicos, seus componentes e afins, e dá outras providências.

BRASIL. Lei n. 7.802, de 11 de julho de 1989. **Diário Oficial da União**, Poder Legislativo, Brasília, DF, 12 jul. 1989. Disponível em: <http://www.planalto.gov.br/ccivil_03/leis/l7802.htm>. Acesso em: 4 jun. 2014.

Decreto n. 4.074, de 4 de janeiro de 2002 (Brasil, 2002b):

Regulamenta a Lei n. 7.802 [Brasil, 1989a], de 11 de julho de 1989, que dispõe sobre a pesquisa, a experimentação, a produção, a embalagem e rotulagem, o transporte, o armazenamento, a comercialização, a propaganda comercial, a utilização, a importação, a exportação, o destino final dos resíduos e embalagens, o registro, a classificação, o controle, a inspeção e a fiscalização de agrotóxicos, seus componentes e afins, e dá outras providências.

BRASIL. Decreto n. 4.074, de 4 de janeiro de 2002. **Diário Oficial da União**, Poder Executivo, Brasília, DF, 8 jan. 2002. Disponível em: <http://www.planalto.gov.br/ccivil_03/decreto/2002/D4074.htm>. Acesso em: 4 jun. 2014.

Como são substâncias que se mantêm no ambiente por longos períodos após sua aplicação, os defensivos disseminam-se pelos ecossistemas por meio de fenômenos físicos relativos à movimentação das águas e do ar e entram nas cadeias alimentares, passando entre diversos grupos animais que transitam pelos locais onde esses compostos são utilizados. Concentrações elevadas de defensivos que entram nas cadeias alimentares causam a biomagnificação ou amplificação biológica (aumento na concentração de um contaminante a cada nível da cadeia alimentar).

Tal fenômeno ocorre quando substâncias persistentes ou cumulativas, como no caso dos organoclorados, que servem de fonte de alimento para organismos de um nível superior na cadeia alimentar, são progressivamente mais concentradas, aumentando assim a bioacumulação no topo da cadeia alimentar.

Os possíveis resultados envolvem a mortandade inespecífica de determinados grupos de seres e a redução da natalidade e fecundidade de espécies que sejam afetadas pela cadeia trófica, mesmo distantemente. Hoje, uma série de pragas pode ser controlada pelo uso de um predador natural, ou seja, por meio do manejo integrado e planejado de pragas, que as controla sem matá-las completamente, minimizando o uso de pesticidas.

Uma alternativa ao manejo de pragas é o uso da manipulação genética como meio alternativo de obtenção de plantas mais resistentes. Nesse processo, manipula-se o cruzamento artificial de uma planta com outra qualquer para obter características desejáveis à nova variedade, processo conhecido como *melhoramento tradicional*, pois há troca de genes desejados. Mais moderna e específica, desenvolveu-se a técnica modificada da engenharia genética, ou biotecnologia, na qual há a inserção de um ou mais genes específicos, cujas características são conhecidas com antecedência para determinada necessidade nas culturas vegetais.

Salinização

O processo de salinização consiste, basicamente, na acumulação no solo de sais solúveis em água que contenham os íons potássio (K^+), magnésio (Mg^{2+}), cálcio (Ca^{2+}), cloreto (Cl), sulfato (SO_4^{2-}), carbonato (CO_3^{2-}), bicarbonato (HCO_3) e sódio (Na^+), os quais se dissolvem com a circulação da água, que, depois de evaporada, propicia que os sais se depositem na forma de resíduos.

Há dois tipos de salinização: **primária** e **secundária**. Define-se a primária como o acúmulo de um elevado teor de sais, em razão de processos naturais, nos materiais de origem ou nas águas subterrâneas. A secundária, por sua vez, é ocasionada por atividades humanas, como práticas de irrigação inadequadas, as quais envolvem águas com elevado teor de sais ou acompanhadas de uma drenagem escassa.

A acumulação de sais compõe uma das principais ameaças fisiológicas aos ecossistemas, pois altera o desenvolvimento das plantas, restringindo a absorção de nutrientes e diminuindo a qualidade de água disponível para a planta. Além disso, afeta o metabolismo dos organismos presentes no solo, que terá sua fertilidade diminuída. Uma elevada salinidade dos solos provoca o enfraquecimento das plantas, devido ao aumento da pressão osmótica e ao efeito tóxico dos sais. O excesso de sódio destrói a estrutura do solo, tornando-o incapaz de garantir o crescimento das plantas e a vida animal em razão da falta de oxigênio. Portanto, é correto afirmar que a salinização aumenta a impermeabilidade das camadas mais profundas do solo, impedindo o uso das terras para cultivo.

Os fatores que levam à acumulação excessiva de sais no solo podem ser **naturais** ou **ambientais** e **antropogênicos** ou **humanos**. Os naturais são causados por fenômenos geológicos que aumentam a concentração de sais nas águas subterrâneas e, por conseguinte, no solo; por fenômenos naturais que trazem as águas subterrâneas com grande quantidade de sais para a superfície, para junto desta ou para áreas acima do nível do lençol freático; por infiltração de águas subterrâneas em locais situados abaixo do nível do mar e escoamento de águas de zonas com substratos geológicos passíveis de liberação de grandes quantidades de sais; ação do vento, que pode transportar quantidades de sais de zonas costeiras para o interior. Destacamos ainda os materiais de origem do solo, o clima, o tipo de cobertura, o tipo de vegetação e a topografia como fatores naturais que influenciam na salinidade dos solos.

Podemos citar como fatores humanos ou antropogênicos ligados à salinização do solo: a irrigação com águas com alto teor de sais; a subida do nível do lençol freático pelas atividades humanas (infiltrações de água causadas por canais e reservatórios não revestidos corretamente, distribuição irregular da água de irrigação, práticas de irrigação deficientes, drenagem inadequada); o uso de fertilizantes, sobretudo na agricultura intensiva em terrenos com baixa permeabilidade e possibilidade de lixiviação reduzida; a irrigação com águas residuais com alto teor de sais; a eliminação de águas residuais com alto teor de sais em solos; e a contaminação dos solos com efluentes e subprodutos da indústria com elevado teor de sais.

Resumindo, os fatores antropogênicos que mais influenciam a salinização referem-se à utilização imprópria dos solos, aos sistemas de exploração agrícola, à gestão inadequada das terras e à degradação destas. A salinização ocorre comumente em zonas irrigadas onde há baixa pluviosidade, elevadas taxas de evaporação e estrutura do solo que impede a lixiviação dos sais, os quais se acumulam nas camadas superficiais da Terra. Nas zonas costeiras, esse processo pode associar-se à sobre-exploração das águas subterrâneas em virtude do crescimento da urbanização, da indústria e da agricultura.

PARA SABER MAIS

Você sabia que os sistemas agroflorestais (SAFs) auxiliam na conservação da natureza? Mas o que eles são? São sistemas de produção de culturas que procuram reproduzir os processos que ocorrem na natureza, classificando-se em diferentes tipos. O gestor ambiental pode escolher entre quatro tipos de agrossistemas florestais para implementá-los em determinada região, a saber: **agrossilviculturais** (combinam árvores e culturas anuais), **agrossilvipastoris** (combinam árvores, culturas e animais), **silvipastoris** (combinam árvores, pastagens e animais) e **sistemas de enriquecimento de capoeiras com espécies economicamente expressivas e descanso da terra melhorado**. Esses processos estão baseados na sucessão vegetal natural da floresta tropical e geram o fornecimento de uma série de produtos que levam à certificação orgânica, tema muito discutido atualmente.

A Embrapa Florestas, em conjunto com a Universidade Federal do Paraná (UFPR), o Instituto Chico Mendes de Conservação da Biodiversidade (ICMBio), a Cooperativa dos Produtores Florestais Comunitários (Cooperfloresta) e a Empresa de Assistência e Extensão

Rural (Emater), implementou um projeto que procura a integração entre o meio ambiente e as famílias de agricultores no litoral do Paraná e no Vale do Paraíba. Esse projeto visa ao uso sustentável dos solos, desenvolvendo tecnologias em implantação, manejo, pós-produção e construção em SAFs, ou seja, visa à utilização do conhecimento e da tecnologia para redesenhar os sistemas de plantações e a área de transição agroecológica para a Mata Atlântica. Segundo a reportagem de Mauren Lucrecia (2014, p. 11), na revista *BioParaná*, os SAFs "fazem parte das diretrizes centrais de desenvolvimento rural sustentável, pois podem ser implantados em áreas alteradas por atividades agrícolas malsucedidas, contribuindo para a redução do desmatamento e de novas áreas de floresta".

Existem vantagens na adoção dos SAFs em relação aos sistemas convencionais, tais como:

» Conservação e restauração da fertilidade do solo em nível maior – Uma vez que a presença de árvores evita a erosão pluvial e retém água e nutrientes no solo por um período maior.
» Diversidade de produtos maior – Visto que são cultivadas diversas espécies em sistema de consórcio com os produtores, o que leva à segurança econômica e à autonomia do agricultor.

Caso você queira entender melhor o que são os SAFs, acesse:

LUCRECIA, M. Sistemas agroflorestais auxiliam na conservação da natureza. **Revista BioParaná**, Curitiba, ano 6, n. 19, p. 10-11, mar./abr./maio 2014. Disponível em: <http://crbio7.gov.br/component/flippingbook/book/39.html?tmpl=component>. Acesso em: 4 jun. 2014.

3.1.3.3 Poluição industrial

Neste tópico, abordaremos o fenômeno da poluição industrial, bem como seus efeitos e avanços. As causas da poluição industrial estão associadas a diversos fatores. Sendo assim, explicaremos nesta seção as mais relevantes para a compreensão desse tipo de poluição. Convém lembrarmos que a periculosidade das emissões industriais varia de acordo com o tipo de indústria, as matérias-primas usadas, os processos de fabricação, os produtos fabricados ou as substâncias produzidas, pois contêm componentes que comprometem os ecossistemas.

De modo geral, as principais origens da poluição industrial são:

- » as tecnologias utilizadas, muitas vezes sucateadas, altamente poluentes e que demandam consumos energéticos e de água elevados, sem tratamento adequado dos efluentes e rara valorização de resíduos;
- » a falta de sistemas de tratamento adequado dos efluentes liberados pela atividade industrial;
- » a inexistência de redes de eliminação adequadas dos resíduos, em particular daqueles de alta periculosidade;
- » a localização das unidades fabris, próximas às áreas urbanas, causando incômodos e aumentando os riscos de contaminação tanto do solo quanto das águas e da atmosfera;
- » a localização das unidades fabris em solos agrícolas, causando contaminação e prejudicando plantações;
- » a localização das unidades em zonas ecologicamente sensíveis, próximas a áreas de conservação ou parques ambientais, alterando e danificando a fauna e a flora locais;
- » a realização das descargas de efluentes em águas subterrâneas ou superficiais, com risco de contaminação do lençol freático e das águas de consumo humano e animal;
- » os depósitos indevidos de resíduos sem manutenção, cuja lixiviação é fonte de poluição do solo e do ambiente aquático.

A localização das indústrias é outro ponto que não deve ser ignorado. Geralmente, suas estruturas estão situadas próximo a áreas urbanas e zonas ecologicamente sensíveis e demandam grande desmatamento para sua instalação, fato que prejudica a fauna e a flora circundante; além desses usos inadequados dos ecossistemas, vemos a crescente emissão de agentes poluentes e compostos químicos orgânicos e inorgânicos que prejudicam a atmosfera, os recursos hídricos e o solo.

Alguns elementos, embora necessários para a manutenção da saúde dos seres vivos, são considerados deletérios e poluentes altamente potentes do ecossistema quando em altas quantidades. Os metais pesados, por exemplo, encaixam-se na presente descrição, a presença de substâncias o zinco, ferro e cobre é natural e essencial para a sobrevivência dos seres vivos por participarem da formação de enzimas, proteínas e vitaminas. No entanto, a atividade industrial acarreta a concentração desses metais, que, em excesso, expõe os ecossistemas a um alto grau de periculosidade.

Dessa forma, concluímos que o acúmulo de metais e de outros poluentes resultantes da industrialização desencadeia diversos efeitos para a saúde dos seres vivos, que estão expostos à contaminação por meio do ar, da cadeia alimentar, entre outras formas.

Em virtude de todo esse ciclo vicioso, é urgente o direcionamento de forças dos governos e da sociedade privada para a correta manipulação do denominado *lixo industrial*, que se apresenta de diversas formas – líquido, sólido e gasoso, como cinzas, óleos e metais. Por consequência, conforme já afirmamos, também variam as formas de descarte desse tipo de lixo. Algumas indústrias reutilizam alguns de seus resíduos: a indústria alimentícia, por exemplo, o transforma em ração animal.

Contudo, resíduos químicos de alto grau de toxicidade não podem ser reaproveitados, e o descarte deve ser realizado com extrema cautela, com tratamento especial que requer tecnologias avançadas e de alto custo. Existem, por exemplo, os resíduos nucleares, que permanecem em atividade no meio ambiente por extenso período, e, portanto, é obrigação prevista e expressa por lei que as indústrias se encarreguem do gerenciamento, do tratamento e da destinação final dos seus resíduos. Entretanto, algumas indústrias infelizmente não cumprem suas obrigações e enterram os resíduos sólidos, despejam líquidos tóxicos em rios e mares e lançam gases ao ar, comprometendo a saúde do ambiente e dos seres que nele habitam. Desse modo, a atividade industrial está inevitavelmente associada a um nível de degradação do ambiente, uma vez que não existem processos de fabricação totalmente limpos.

Com base no exposto sobre as várias causas da poluição gerada pela atividade industrial, salientamos as medidas para controle da emissão dos poluentes decorrentes dessa atividade no meio ambiente: atuação no processo de licenciamento de novos estabelecimentos referidos na legislação, na sua ampliação ou modificação, dando especial atenção à avaliação do impacto ambiental, privilegiando o emprego de tecnologias menos poluentes e medidas que permitam o tratamento dos efluentes líquidos, das emissões gasosas e dos resíduos e o seu efetivo controle, além de se reforço à competência fiscalizadora dos órgãos governamentais responsáveis por cumprir a legislação sobre a atividade industrial.

CONSULTANDO A LEGISLAÇÃO

Leia mais sobre a legislação referente à poluição industrial no país consultando:

Lei n. 6.803, de 2 de julho de 1980 (Brasil, 1980a), que "dispõe sobre as diretrizes básicas para o zoneamento industrial nas áreas críticas de poluição, e dá outras providências".

BRASIL. Lei n. 6.803, de 2 de julho de 1980. **Diário Oficial da União**, Poder Legislativo, Brasília, DF, 2 jul. 1980. Disponível em: <http://www.planalto.gov.br/ccivil_03/leis/L6803.htm>. Acesso em: 4 jun. 2014.

Lei n. 7.804, de 18 de julho de 1989 (Brasil, 1990a), que "estabelece a Política Nacional do Meio Ambiente, seus fins e mecanismos de formulação e aplicação, constitui o Sistema Nacional do Meio Ambiente – Sisnama, cria o Conselho Superior do Meio Ambiente – CSMA, e institui o Cadastro de Defesa Ambiental".

BRASIL. Lei n. 7.804, de 18 de julho de 1989. **Diário Oficial da União**, Brasília, DF, 4 jan. 1990. Disponível em: <http://www.planalto.gov.br/ccivil_03/leis/l7804.htm>. Acesso em: 3 ago. 2014.

Lei n. 1.817, 27 de outubro de 1978 (São Paulo, 1978), que "estabelece os objetivos e as diretrizes para o desenvolvimento industrial metropolitano e disciplina o zoneamento industrial, a localização, a classificação e o licenciamento de estabelecimentos industriais".

SÃO PAULO (Estado). Lei n. 1.817, de 27 de outubro de 1978. **Diário Oficial [do] Estado de São Paulo**, Poder Legislativo, 27 out. 1978. Disponível em: <http://licenciamento.cetesb.sp.gov.br/legislacao/estadual/leis/1978_Lei_Est_1817.pdf>. Acesso em: 4 jun. 2014.

Embora avanços nas técnicas de controle da poluição para diversos campos da indústria de extração e de transformação sejam registrados, é preciso reconhecer que não há mecanismos que controlem completamente a poluição industrial. As considerações econômicas, até certo ponto influenciadas por fatores relativamente dissociados das necessidades de controle da poluição, desempenham um papel importante no processo de definição do melhor procedimento disponível. Existem indícios, por exemplo, de que muitas empresas de grande porte tendem a se transferir para áreas sem padrões rigorosos de controle legislativo ambiental, alojando-se em países em desenvolvimento que, na busca por investimentos econômicos, aceitam a poluição como um mal necessário. Portanto, os grandes problemas ambientais ultrapassam as fronteiras territoriais e devem ser tratados de forma global, pois afetam a vida humana e a animal no planeta. Em relação à citada política adotada por países em desenvolvimento, explica-se porque países mais desenvolvidos colocam barreiras à importação de produtos oriundos de tecnologias prejudiciais ao meio ambiente.

3.1.4 Poluições sonora e visual

A poluição sonora é aquela causada pelo excesso de ruídos de carros, máquinas e outros sons bastante comuns nos grandes centros urbanos. Segundo dados da Organização Mundial da Saúde (OMS) (Brasil, 2002a), trata-se da terceira maior variedade de poluição ambiental existente, perdendo apenas para a poluição do ar e da água. Ela está associada a uma série de males que afetam o ser humano, tais como distúrbios durante o sono, estresse, perda da capacidade auditiva, labirintite e dores de cabeça, cuja intensidade varia em função do nível e do tempo de exposição ao ruído.

CONSULTANDO A LEGISLAÇÃO

Leia mais sobre a legislação referente à poluição sonora no país:

Norma Brasileira NBR 10151, da ABNT (2000), que, segundo a **Resolução do Conama n. 1, de 8 de março de 1990** (Brasil, 1990b), dispõe sobre "critérios para avaliação de ruídos em áreas habitadas e estabelece os níveis de tolerância em conformidade com os tipos de áreas onde ocorre o ruído".

ABNT – Associação Brasileira de Normas Técnicas. **NBR 10151**: acústica – avaliação do ruído em áreas habitadas, visando o conforto da comunidade: procedimento. Rio de Janeiro, 2000. Disponível em: <http://www.abntcatalogo.com.br/norma.aspx?ID=2206. Acesso em: 4 jun. 2014.

BRASIL. Ministério do Meio Ambiente. Conselho Nacional do Meio Ambiente. Resolução n. 1, de 8 de março de 1990. **Diário Oficial da União**,

Poder Legislativo, Brasília, DF, 2 abr. 1990. Disponível em: <http://www.mma.gov.br/port/conama/legiabre.cfm?codlegi=98>. Acesso em: 4 jun. 2014.

Código de Trânsito Brasileiro, instituído pela a **Lei n. 9.503, de setembro de 1997** (Brasil, 1997b), que trata de determinações especiais referentes ao som automotivo, regulamentadas pela Resolução Contran n. 204, de 20 de outubro de 2006 (Brasil, 2006), que "regulamenta o volume, frequência e metodologia para medição de sons produzidos por veículos, permitindo a imposição das sanções previstas no referido dispositivo legal".

BRASIL. Lei n. 9.503, de 23 de setembro de 1997. **Diário Oficial da União**, Poder Legislativo, Brasília, DF, 24 set. 1997b. Disponível em: <http://www.planalto.gov.br/ccivil_03/leis/l9503.htm>. Acesso em: 4 jun. 2014.

BRASIL. Ministério das Cidades. Conselho Nacional de Trânsito. Resolução n. 204, de 20 de outubro de 2006. **Diário Oficial da União**, Brasília, DF, 10 nov. 2006. Disponível em: <http://www.denatran.gov.br/download/Resolucoes/Resolucao204_06.pdf>. Acesso em: 4 jun. 2014.

Leia também a legislação sobre poluição visual no país:

PEREIRA JUNIOR, J. de S.. **Legislação federal sobre "poluição visual" urbana**. Brasília. Disponível em: <http://bd.camara.gov.br/bd/handle/bdcamara/1601>. Acesso em: 4 jun. 2014.

Ainda segundo a OMS, o limite máximo tolerável para a saúde humana é de 65 dB (decibéis); equipamentos simples, como um secador de cabelos, entretanto, alcançam a marca de 90 dB. O efeito sobre a saúde humana dependerá, contudo, do nível de ruído e do tempo de exposição. Por exemplo: uma pessoa que trabalhe oito horas por dia, todos os dias, com ruídos do nível de 85 dB, apresentará, após dois anos, problemas auditivos causados pela poluição sonora. Uma forma de amenizar a poluição sonora refere-se à utilização de equipamentos de segurança (fones de ouvido, por exemplo) e à aplicação de tecnologias menos ruidosas ou que abafem os ruídos.

PARA SABER MAIS

Visando-se à amenização do problema da poluição sonora, o Instituto Brasileiro do Meio Ambiente e dos Recursos Naturais Renováveis (Ibama) criou no Brasil, em 8 de março de 1990, o Programa Nacional de Educação e Controle da Poluição Sonora, conhecido como *Programa Silêncio*, o qual estipula, por meio da regulamentação do Selo Ruído, o nível de potência sonora, em decibel (dB), liberado por aparelhos eletrodomésticos, brinquedos, máquinas e motores, a fim de permitir ao consumidor a escolha do produto mais silencioso, incentivando dessa forma as empresas a desenvolverem produtos com menor nível de ruído. Para maiores informações, acesse:

BRASIL. Instituto Brasileiro do Meio Ambiente e dos Recursos Renováveis. **Progama Nacional de Educação e Controle da Poluição Sonora:** Silêncio. Disponível em: <http://www.ibama.gov.br/areas-tematicas-qa/programa-silencio>. Acesso em: 18 dez. 2014.

Aparentemente de menor importância, porém com efeitos nocivos muito representativos, principalmente nos grandes centros urbanos, temos a poluição visual. Destacamos como exemplo as imagens de *outdoors*, cartazes e diversos outros meios de comunicação que visam transmitir informações, embora o uso excessivo de tais recursos seja considerado poluição. O tema ainda é bastante novo e, talvez por isso, muito controverso. De um lado estão os que defendem o fato de o excesso de propagandas e informações causar inúmeros problemas à saúde, como estresse, desconforto visual, distração para os motoristas e até alteração do tempo de sono. de outro estão aqueles que acreditam que todas essas afirmações não passam de um "policiamento estético" do meio urbano. O relevante é que devemos considerar todos os fatores para melhorar a qualidade de vida das pessoas nas cidades, incluindo aí os problemas gerados pelas poluições sonora e visual.

3.1.5 Poluição física

A poluição física é definida principalmente pelo arrasto e carregamento de solo ou sólidos em suspensão pelas águas dos rios, causando turbidez e limitando a penetração dos raios solares na água, restringindo assim o desenvolvimento de algas e comprometendo o processo da fotossíntese. Outro problema se refere ao fato de as partículas envolverem os organismos aquáticos, formando uma camada que impede a respiração deles e seus intercâmbios com o meio. Nos casos extremos, peixes morrem asfixiados por obstrução de suas brânquias.

Essa forma de poluição, por ser permanente, está diretamente associada com o processo de erosão agrícola, em virtude da parcela de adubos e matéria orgânica que acompanham a terra deslocada, que ocorre nos leitos dos rios, causando impacto nos ecossistemas aquáticos ao provocar o assoreamento do leito do rio e agravando a qualidade das águas. No entanto, tal poluição não se dá somente em decorrência da atividade agrícola, na medida em que os rios fortemente poluídos por esgotos que contêm partículas em suspensão também são atingidos.

3.1.6 Poluição térmica

Conforme explicam Fiorucci e Benedetti Filho (2005), a poluição térmica ocorre frequentemente pelo descarte, nos rios e mares, de grandes volumes de água aquecida usada no processo de refrigeração de refinarias, siderúrgicas e usinas termoelétricas, produzindo um gradiente térmico e causando diversos efeitos, como:

» prejuízo da atividade bioquímica celular pela aceleração do metabolismo;
» diminuição da solubilidade dos gases na água, que provoca um decréscimo na quantidade de oxigênio dissolvido, prejudicando a respiração dos peixes e de outros animais aquáticos;
» diminuição do tempo de vida de certas espécies aquáticas, afetando os ciclos de reprodução;
» potencialização da ação dos poluentes já presentes na água, o que aumenta a velocidade das reações e a solubilidade deles.

Como vimos, esse processo envolve a alteração na solubilidade dos gases da água. Para que você entenda melhor como essa dinâmica funciona, pense em uma garrafa de refrigerante na qual há grande quantidade de gás carbônico (CO_2) dissolvido no líquido; assim, quando você abre a garrafa em temperatura ambiente, forma-se muita espuma, diferentemente de quando você a abre gelada, pois há pouco desprendimento de gás. Concluímos, dessa forma, que a solubilidade dos gases é inversamente proporcional à sua temperatura.

Com o oxigênio (O_2) dissolvido na água ocorre o mesmo. Ao nível do mar, a água de um rio pode conter até 11,3 miligramas por litro (mg/L) de oxigênio dissolvido à temperatura de 10 °C; a 35 °C, a concentração se reduz para valores inferiores a 7,0 mg/L. Para ilustrar, citamos o exemplo de larvas aquáticas de certos insetos, que necessitam de um aporte maior de oxigênio para seu metabolismo. Elas são encontradas exclusivamente em regiões frias, em razão do teor elevado de oxigênio nas águas. Uma pequena elevação dessa temperatura, portanto, causaria um verdadeiro desastre ecológico.

3.1.7 Poluições química e nuclear

A poluição química, assim como outras formas de poluição, está relacionada aos despejos industriais em rios e mares. Os produtos químicos nocivos ou indesejáveis derivados desses despejos não sofrem decomposição ou se decompõem muito lentamente. Exemplos: minerais, sulfatos, fosfatos, metais pesados, compostos orgânicos naturais ou sintéticos; os dois últimos representam sérios riscos à saúde humana.

Os efeitos da poluição química são nocivos e prejudiciais, apesar de sutis, e muitas vezes demora muito tempo para que os resultados da ação desses produtos químicos sejam sentidos, dependendo, ainda, do tipo de poluente. Os tipos de poluentes responsáveis pela poluição química são classificados em **biodegradáveis**, como detergentes, inseticidas, fertilizantes, entre outros, e **persistentes**, como DDT (diclorodifeniltricloroetano), mercúrio e outros.

CONSULTANDO A LEGISLAÇÃO

Consulte a NBR relacionada aos produtos químicos instituída pela Associação Brasileira de Normas Técnicas (ABNT):

ABNT – Associação Brasileira de Normas Técnicas, **NBR 14725**: produtos químicos: informações sobre segurança, saúde e meio ambiente. (parte 4 – ficha de informações de segurança de produtos químicos (FISPQ)). Disponível em: <http://www.abntcatalogo.com.br/abiquim/java/viewnorma.aspx?Q =F48BE09D7355F2BB5E22AA29606729DDF7E6ABAE928C635B>. Acesso em: 4 nov. 2014.

Leia mais sobre produtos químicos perigosos no Plano Nacional de Prevenção, Preparação e Resposta Rápida a Emergências Ambientais com Produtos Químicos Perigosos (P2R2) (Brasil, 2007c), divulgado pelo Ministério do Meio Ambiente em seu *site*, disponível em:

BRASIL. Ministério do Meio Ambiente. **Plano nacional de prevenção, preparação e resposta rápida a emergências ambientais com produtos químicos perigosos – P2R2**. Brasília: , 2007c. Disponível em: <http://www.mma.gov.br/estruturas/sqa_p2r2_1/_publicacao/106_publicacao06102009024951.pdf>. Acesso em: 4 jun. 2014.

Esse documento foi elaborado com base no Decreto n. 5.098, de 3 de junho de 2004 (Brasil, 2004a). Para mais detalhes, acesse:

BRASIL. Decreto n. 5.098, de 3 de junho de 2004. **Diário Oficial da União**, Poder Executivo, Brasília, DF, 4 jun. 2004a. Disponível em: <http://www.planalto.gov.br/ccivil_03/_ato2004-2006/2004/decreto/d5098.htm>. Acesso em: 4 jun. 2014.

3.1.7.1 Substâncias químicas tóxicas e metais

Ao longo desta obra, discutimos por diversas vezes sobre aspectos referentes às substâncias químicas tóxicas. Neste tópico, abordaremos as características dos compostos químicos sintéticos, a maioria elaborada com base em substâncias orgânicas, como petróleo e gás natural (que funcionam como fontes de átomos de carbono).

Iniciaremos a abordagem introduzindo o conceito de compostos tóxicos e, em seguida, apresentando as diferenças entre toxicidade aguda e crônica; na sequência, discutiremos os efeitos tóxicos que os compostos organoclorados, os organoalogenados e os metais provocam no meio ambiente e na saúde humana.

A toxicidade aguda decorre, basicamente, de um único contato ou múltiplos contatos (efeitos cumulativos) com o agente tóxico num período de tempo curto. Os efeitos surgem de imediato ou no decorrer de alguns dias, como no caso de solventes orgânicos que, quando absorvidos pela pele, podem ocasionar tontura e náusea, enquanto a inalação de certas poeiras pode produzir irritação no trato respiratório e tosse. Já a intoxicação crônica resulta de um efeito tóxico após exposição prolongada a doses cumulativas do agente tóxico em baixas concentrações.

Ao abordarmos o conceito de *dose-resposta*, veremos que este relaciona as características de exposição a um agente tóxico e seu efeito no organismo. Tal conceito é fundamental e amplamente utilizado em toxicologia, uma vez que toda a análise depende da resposta do sistema biológico do organismo afetado e da quantidade de agente tóxico com o qual o organismo entrou em contato.

3.1.7.2 Conceito de compostos tóxicos e relação dose-resposta

A **toxicologia** é a área que estuda os efeitos nocivos que determinado composto exerce nos seres vivos. Nossa abordagem, entretanto, estará centrada em especial no ser humano e nos ecossistemas, abrangendo um espectro de substâncias que passa por aquelas existentes naturalmente no meio ambiente até os compostos sintetizados pela indústria. Em geral, os efeitos toxicológicos são determinados pela ingestão de uma substância por animais ou pelo ser humano, e suas consequências são determinadas por meio da observação dos efeitos na saúde.

A solução para determinadas sequelas, contudo, depende de uma série de fatores relacionados à complexa bioquímica do organismo, que se modifica conforme o ser vivo entra em estresse e de acordo com seus hábitos alimentares e os fatores ambientais que o envolvem. Por esse motivo, existe dificuldade em estudar a toxicidade tanto em populações humanas (geralmente realizadas nos casos de acidente de trabalho) quanto em populações animais (experiências com animais em estudos de exposição a determinado elemento ou composto tóxico).

De acordo com Klaassen e Watkins III (2012), um **agente tóxico**, **toxicante** ou **xenobiótico** é uma entidade química, ou seja, uma substância capaz de produzir um dano ou efeito nocivo (tóxico) por meio de sua ação tóxica (modo de ação pelo qual exerce sua atividade sobre as células-alvo) a um sistema biológico. Um agente tóxico altera funções vitais em um organismo, até mesmo levando-o à morte, sob certas condições de exposição. A capacidade inseparável e potencial do agente tóxico de gerar efeitos danosos em organismos vivos é comumente dita *toxicidade*, sendo esta proporcional à concentração do agente tóxico no sítio de ação do organismo-alvo. Diversamente, o conceito de intoxicação apresenta-se como um processo patológico ocasionado por substâncias endógenas ou exógenas, marcado por desequilíbrio fisiológico, natural das alterações bioquímicas em determinado organismo, processo demonstrado por sintomas ou dados laboratoriais.

Considera-se que os **efeitos tóxicos** em um organismo só devem ocorrer caso alguns aspectos sejam suficientemente observados, a saber, a concentração do agente químico e o tempo de exposição a ele, ou seja, o órgão-alvo deve ser atingido e o organismo, suscetível. Por outro lado, a resposta sempre depende de outros fatores relacionados às propriedades físicas e químicas do agente, às condições de exposição, à forma de metabolização do agente pelo organismo atingido e à resistência do sistema imunológico do indivíduo afetado. Quando pensamos na fisiologia de um organismo quanto às características de exposição, é importante considerarmos, como dito anteriormente, que o efeito tóxico ocorre somente se a concentração e o tempo de exposição ao agente forem suficientes para causar danos à saúde.

É necessário conhecermos **as vias e os locais de exposição** para entendermos esses mecanismos. Se levarmos em consideração as vias de exposição pelas quais um agente atinge o organismo, podemos citar: ingestão através do sistema gastrointestinal, inalação pela via pulmonar, cutânea e outras vias parenterais, e o veículo que dissolve o agente tóxico pode modificar o nível de absorção, às vezes também afetando a toxicidade dos produtos químicos. A **tolerância** pode ser definida como um estado de resposta atenuada ao efeito tóxico de uma substância, pois o alvo já sofreu exposição anterior de substância igual ou semelhante. Destacamos aqui dois dispositivos que levam à tolerância: diminuição do nível de tóxico ao atingir seu alvo, chamada *tolerância disposicional*, e uma redução da resposta do organismo ao produto químico tóxico.

Com relação à duração e à frequência de exposição ao agente tóxico, Baird (2002) as divide em quatro classes, a saber:

» **Aguda** – É a exposição ao produto tóxico em um período curto (por menos de 24 horas por uma única vez, ou mais de uma em casos de toxígenos de baixa expressão), mas em dose alta;
» **Subaguda** – Considerada exposição repetida, que ocorre ao longo de várias semanas ou mesmo meses;
» **Subcrônica** – Também considerada repetida, porém de curta duração.
» **Crônica** – Ocorre por diversas vezes em períodos de meses ou anos, sendo a dose de ingestão relativamente baixa. Os sintomas não surgem imediatamente após a intoxicação.

A exposição aguda pode ocorrer, como dito, pela inalação e, nesse caso, inalação contínua de determinado material tóxico por um período inferior a 24 horas, frequentemente observada a duração de apenas 4 horas. De acordo com Baird (2002), a toxicidade aguda é relativamente fácil de se avaliar, pois os níveis de exposição, por serem altos e consistentes, facilitam a identificação dos efeitos que as toxinas causam no organismo de espécies e indivíduos. O mesmo não ocorre com exposição crônica, que é mais difícil de ser detectada, justamente pelo acúmulo de doses baixas do elementos ou composto tóxico. A diferença entre as toxicidades subaguda e subcrônica, em linhas práticas, refere-se ao tempo de exposição do organismo-alvo à toxina. Contudo, Azevedo e Chasin (2004), citados por Ramsdorf (2011, p. 3), afirmam que

> As definições de toxicidade subaguda e subcrônica são controversas por conta do intervalo de tempo que as caracteriza. Geralmente, envolvem o estudo dos efeitos adversos decorrentes da exposição à dose/concentrações múltiplas do agente tóxico durante períodos que não excedem 10% da vida do animal. Esses estudos devem fornecer informações sobre os principais efeitos tóxicos dos compostos, os órgãos-alvo afetados e a severidade dos efeitos após exposições repetidas, além de permitir a inferência das doses a serem utilizadas nos estudos de toxicidade crônica.

Conforme Klaassen e Watkins III (2012), um índice utilizado para indicar a toxicidade aguda é o DL50, ou dose letal 50%, o que significa que a dose letal média de uma substância indica o grau de toxicidade aguda de toxinas. Tal valor é computado estatisticamente a partir de informações obtidas por meio de experiências, alcançando-se, assim, as doses que possivelmente levam à morte 50% dos animais de um lote empregados para experiência, por exemplo. Baseando-se nas DL50 de várias substâncias, estabelecem-se categorias toxicológicas de produtos químicos e farmacológicos; entretanto, para dizermos se uma substância é tóxica ou inócua, devemos preferir critérios que estimem se ela apresenta risco ou perigo a um sistema biológico, a um indivíduo ou à saúde pública.

Para fins didáticos, a ação tóxica de um elemento ou composto apresenta quatro fases, a saber: **exposição, toxicocinética, toxicodinâmica** e **clínica**, cujas características conheceremos a seguir.

Ainda nas palavras de Klaassen e Watkins III (2012), na fase inicial, chamada de *exposição*, as superfícies externas ou internas do organismo entram em contato com o xenobionte. Deve-se, então, considerar a via de introdução (por exemplo, para o DDT, o índice DL50 na pele é de 2.500 mg/kg, e pela via oral é de 118 mg/kg; consideramos ainda vias com maior rapidez de absorção, como a respiratória em primeiro lugar, e em seguida a via oral), a frequência e a duração da exposição (para exposição aguda, a dose é única ou no prazo de 24 horas; a subaguda geralmente ocorre em 24 horas ou em uma semana; e a crônica caracteriza-se por mais de uma semana, por exemplo), as propriedades físico-químicas que irão interferir nas propriedades toxicocinéticas (são identificadas quanto à solubilidade, dividindo-se em *solúveis*, *hidrossolúveis* ou *lipossolúveis*), assim como a dose ou a concentração do xenobiótico (por exemplo, ação tóxica do fenobarbital de 100 mg causa sonolência, e de 500 mg, sono profundo) e a susceptibilidade individual (organismo hiporreativo, hiper-reativo).

A fase dois, segundo o Quadro 3.3, é a fase chamada *toxicocinética*, a qual inclui todos os processos abrangidos na relação entre a disponibilidade química e a concentração do agente tóxico nos diversos tecidos de um organismo, ou seja, a circulação do agente tóxico em um organismo. É relevante que destaquemos alguns aspectos dessa fase, de acordo com Seizi (2003):

- » **Absorção** – Entrada da substância no sistema biológico ou na corrente sanguínea, o que ocorre pela via transcutânea, respiratória, digestiva e pelas vias parenterais.
- » **Distribuição** – Caracteriza-se pelo transporte da substância para os tecidos, tendo como foco o sítio de ação, podendo encontrar barreiras como a hematoencefálica ou a placentária.
- » **Armazenamento** – Local onde é depositado no organismo, por exemplo, em certos órgãos.
- » **Biotransformação** – Conceituada como qualquer alteração que ocorra na estrutura química da substância já no organismo atingido e em determinados órgãos, como no caso

do fígado, aumentando a hidrossolubilidade do toxicante. Os produtos dessa transformação no organismo podem ser ativos ou inativos.

» **Excreção das substâncias químicas** – A eliminação é realizada por órgãos específicos, como os rins, via por onde ocorre filtração, reabsorção e secreção tubular; no caso da via digestiva, o processo se dá pela bile e no trato gastrointestinal, ou seja, do bolo fecal; e pelos pulmões – no caso de substâncias voláteis, a passagem do agente tóxico ocorre através dos alvéolos).

Ademais, as propriedades físico-químicas dos toxicantes definem o grau de acesso aos órgãos-alvos, assim como a velocidade de sua excreção do organismo.

De acordo com Klaassen e Watkins III (2012), na terceira fase, denominada *toxicodinâmica*, ocorre a interação entre as moléculas do agente tóxico e os sítios de ação no organismo-alvo, os quais são específicos ou não aos órgãos de destino, e, por conseguinte, verifica-se a constatação do desequilíbrio homeostático.

A última fase, chamada *clínica*, é caracterizada pelo surgimento de sinais e sintomas, ou, ainda, de alterações patológicas detectáveis por testes diagnósticos, caracterizando os efeitos prejudiciais provocados pela interação do agente tóxico ou xenobionte com o organismo atingido. O efeito tóxico provoca uma alteração biológica nociva, que pode ser local (ocorre no sítio do contato inicial entre o organismo e o agente tóxico), sistêmica (demanda absorção e distribuição do xenobionte para um sítio distante da sua via de penetração, no qual causará o efeito nocivo), reversível e irreversível (além da dose, o tempo e a frequência da exposição são condicionados à capacidade de regeneração do tecido, órgão ou sistema biológico afetado).

O Quadro 3.3 resume as fases aqui explicadas e as principais características que detectadas em cada uma delas.

Quadro 3.2 – Fases da ação tóxica e principais características de cada uma delas a ser considerada quando da presença de um toxicante em um organismo

Fases da ação tóxica	Características consideradas e consequências
I – Exposição	Vias de introdução Dose/concentração Tempo/frequência Propriedades físico-químicas Suscetibilidade individual Disponibilidade química
II – Toxicocinética	Absorção Distribuição Biotransformação Excreção Biodisponibilidade
III – Toxicodinâmica	Ação tóxica Interação com o sítio de ação no órgão-alvo
IV – Clínica	Sinais e sintomas Efeito nocivo causado ao organismo

Relação dose-resposta

A avaliação de risco ou da toxicidade é realizada pela utilização de técnicas e métodos empregados nas diversas fases da intoxicação. Usualmente, o processo clássico de avaliação da toxicidade é dividido em quatro partes, a saber: a **identificação do perigo ou do risco**, ou seja, a toxicidade em si, a **avaliação da dose-resposta**, a **avaliação da exposição ao xenobiótico** e a **caracterização da toxicidade**. Essas fases são utilizadas nas principais técnicas e métodos empregados nas diferentes fases de um estudo de avaliação de risco tanto em seres humanos quanto no meio ambiente.

Explicando melhor, como demonstram Klaassen e Watkins III (2012), na primeira fase se realiza a identificação da toxicidade ou do risco, o que inclui, basicamente, dados epidemiológicos, de bioensaios experimentais com animais e de efeitos obtidos em organismos *in vitro*, além de comparações entre estruturas moleculares semelhantes. Os resultados obtidos de experimentos com animais são os mais usuais no campo de análise de risco, sendo extrapolados para a comparação com a espécie humana e estendendo-se para as conclusões relacionadas aos efeitos carcinogênicos.

Por sua vez, os dados epidemiológicos, apesar de apresentarem uma resposta positiva e convincente entre um agente toxicante e uma doença na saúde humana, não são de fácil obtenção, posto ser reduzido o número de pessoas expostas ao agente, longo o período entre a exposição e os primeiros sinais, baixa, geralmente, a toxicidade, além de ser identificado mais de um agente toxicante ao qual o organismo é exposto. Citamos como exemplo estudos científicos com bactérias e cultivo celular (testes rápidos e de relativo baixo custo) que mostram a potencialidade de produtos químicos para sua mutagenicidade e carcinogenicidade, os quais seriam descartados caso não houvesse a comprovação de tal fato por meio de bioensaios positivos realizados com animais.

Contudo, sendo comprovados, esses estudos podem ser utilizados em conjunto para a resposta em testes epidemiológicos. Para a caracterização das fontes de risco, importante elemento na fase de identificação do risco, várias metodologias podem ser usadas, como as árvores de eventos ou árvores de falhas (identificadoras dos impactos de possíveis interesses), as de modelos matemáticos (usadas para distinguir a condução e as modificações de poluentes particulares), as técnicas de *ranking* (usadas para a classificação e benéficas para propiciar comparações referentes ao potencial do risco). Quando comparamos as propriedades químicas ou físicas de um carcinogênico conhecido, obtemos a indicação sobre o potencial carcinogênico desse agente toxicológico.

Para a identificação da toxicidade, o uso do estudo de caso de *clusters* o qual se define pela obtenção do número total de casos de uma doença rara, ou uma concentração anormal de doenças comuns, também pode ser utilizado para a obtenção de dados, permitindo que se encontre intuitivamente a possível causa de toxicidade em determinado grupo de indivíduos.

Na segunda fase, realizam-se estudos de dose-resposta, geralmente obtidos de experimentos com animais (ratos e camundongos), como o teste de produtos químicos, uma vez que não há quantidade suficiente de dados epidemiológicos sobre a carcinogenicidade humana. Ainda nessa fase, desenvolvem-se os estudos nos quais um grupo de animais recebe do agente testado a dose mais alta a ser tolerada por eles; um segundo grupo é exposto à metade da dose do primeiro grupo, e um terceiro grupo, chamado de *grupo controle negativo*, não recebe a dose do produto químico tóxico a ser testado. Em busca de uma resposta mais parecida com aquela que se verificaria na exposição de humanos a determinado agente tóxico, alguns estudos são realizados de modo que a quantidade da substância tóxica administrada seja bem menor que em testes de dosagem alta, condizendo com a realidade de exposição normalmente verificada em humanos. Na avaliação da dose que o animal em experimento receberá e da resposta dos efeitos causados a ele, é indispensável na maioria das vezes extrapolar, usando um ou dois dados pontuais atualizados, uma curva de exposição esperada a partir de um espectro de doses aplicadas.

Cabe registrarmos que, ao se analisar os dados obtidos em experimentos com animais e realizar a extrapolação para humanos, é necessário ajustar as doses conforme a quantidade correta para o estudo em humanos, em razão de as taxas metabólicas serem diferentes. Contudo, mesmo com a equiparação dos dados, um estudo realista de avaliação de dose-resposta deve procurar não só os dados laboratoriais ligados aos efeitos causados à saúde humana, mas também conjuntamente o estudo com os efeitos ambientais, ou seja, ecológicos. Então, é possível observarmos que, apesar de alguns estudos de avaliação de toxicidade enfocarem aspectos ambientais (danos à agricultura ou distúrbios em ecossistemas), a maioria dos trabalhos científicos avalia os efeitos à saúde humana (câncer, modificações genéticas e mudanças neurológicas).

Na terceira fase, avalia-se a exposição propriamente dita, utilizando-se uma série de modelos de estudos a fim de determinar a concentração de agentes tóxicos aos quais os seres humanos ou os ecossistemas estão predispostos, análise que engloba o estudo de processos de condução e de transformação que os xenobióticos suportam no meio ambiente. Durante a avaliação, identifica-se o grupo, no total da população, que está sendo exposto a um ou mais agentes tóxicos; é importante lembrarmos que alguns grupos são suscetíveis a efeitos adversos de saúde (mulheres grávidas, crianças, idosos e enfermos). Outro fator importante se refere à mistura de agentes xenobióticos à qual o grupo pode estar exposto, uma vez que tais dados são escassos na literatura.

Na última fase, ocorrem a caracterização (estimativa da amplitude do problema de saúde gerado) e a avaliação propriamente dita do risco. São utilizadas três técnicas para avaliar a aceitabilidade de uma taxa de toxicidade, segundo Brilhante e Caldas (1999):

- análise contextual: compara o risco com um ou mais aspectos, podendo ser outro risco (níveis naturais), riscos alternativos e aqueles não diretamente relacionados; além disso, compara os benefícios de um produto ou de uma atividade (análise de custo-benefício); e compara, ainda, os custos de redução do risco (redução custo/efetividade);

- análise de preferência do público: compara o risco percebido com a comparação com produtos existentes e aceitos, ou com atividades que possuam um benefício idêntico (preferências reveladas), e o que as pessoas dizem acerca da aceitabilidade do risco (preferências expressas);

- análise de equidade: analisa as iniquidades na classificação do risco, custos e benefícios relacionados aos diferentes grupos sociais, diferentes regiões e gerações.

3.1.7.3 Compostos organoalogenados e organoclorados

Dentro da área da toxicologia, destacamos o estudo de dois componentes ou substâncias importantes quanto aos efeitos que causam à saúde de humanos e quando entram em contato com o meio ambiente – os compostos organoclorados e os organoalogenados (observe a estrutura das moléculas na Figura 3.8). No entanto, antes de abordarmos especificamente a estrutura desses compostos e seus efeitos, faremos uma breve revisão de alguns conceitos químicos citados ao longo do texto.

Os compostos orgânicos são formados por átomos de carbono em sua composição, ligados entre si por ligação simples, dupla e tripla entre outros átomos de hidrogênio, oxigênio e nitrogênio, podendo formar cadeias simples, ramificadas ou cíclicas (aromáticas). Vejamos tal estrutura na Figura 3.8 a seguir.

Figura 3.8 – Estrutura de alguns compostos organoalogenados: diclorodifeniltricloroetano (DDT), bifenilas policloradas (PCB126) e dioxinas

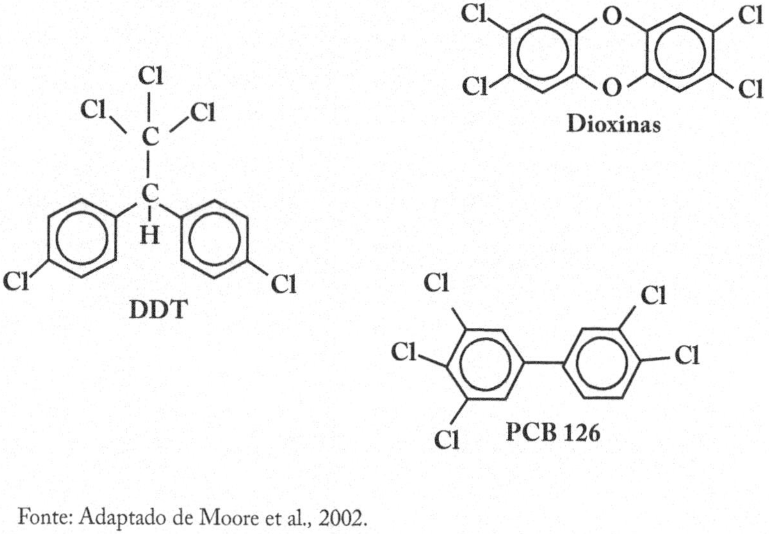

Fonte: Adaptado de Moore et al., 2002.

Um íon é um átomo ou parte de uma molécula (HCO_3^-) que apresenta carga elétrica positiva (nesse caso, chama-se *cátion*) ou negativa (denominado *ânion*). Nas águas superficiais continentais e nos solos, a maioria dos compostos químicos inorgânicos encontrados são compostos iônicos, conforme indicado na Figura 3.9 a seguir.

Figura 3.9 – Relação de compostos iônicos

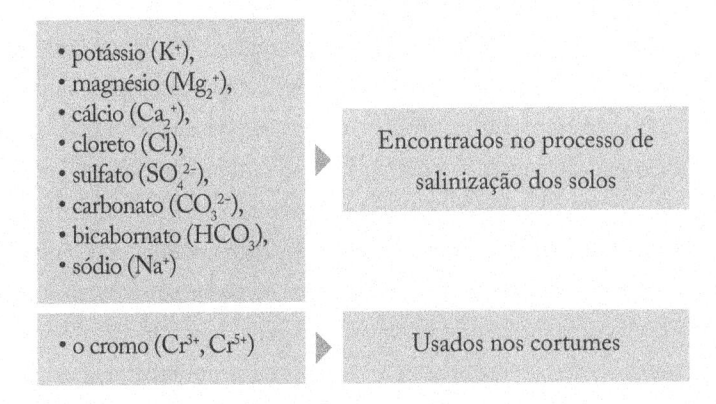

- potássio (K^+),
- magnésio (Mg_2^+),
- cálcio (Ca_2^+),
- cloreto (Cl),
- sulfato (SO_4^{2-}),
- carbonato (CO_3^{2-}),
- bicabornato (HCO_3),
- sódio (Na^+)

▷ Encontrados no processo de salinização dos solos

- o cromo (Cr^{3+}, Cr^{5+})

▷ Usados nos cortumes

Quando há o compartilhamento de elétrons entre átomos, dizemos que ocorre uma *ligação covalente*. Todos os compostos orgânicos apresentam ligações covalentes entre seus átomos, assim como cloro (Cl), água (H_2O), hidrogênio (H^+) e amônia (NH_3), que se ligam a esses compostos formando vários outros, por exemplo, os organoclorados, que podem ser formados da adição de cloro para desinfecção do efluente de estações de tratamento de esgoto.

Os compostos químicos podem ser atraídos para uma superfície sólida, gerando o fenômeno da adsorção, ou penetrar em um sólido, quando ocorre a absorção de uma substância química. Alguns desses compostos (sólidos ou líquidos) apresentam a tendência de se tornarem gases, cuja volatilidade está relacionada ao tamanho da molécula orgânica; assim, as moléculas de maior peso molecular apresentam menor volatilidade (o DDT, por exemplo, é menos volátil que a 1,4 – dioxina).

As reações químicas mais comuns compreendem a oxidação, na qual ocorre a perda de elétrons, a redução, com ganho de elétrons e a precipitação coma produção de um sólido a partir de duas substâncias dissolvidas. A água, meio de reação de muitas reações químicas, apresenta uma única fase em que todas as propriedades são as mesmas; compostos com densidades diferentes, por sua vez, formam mistura de duas fases, por exemplo, água e óleo.

Em relação aos produtos químicos que agem como contaminantes dos ecossistemas e de seres vivos, reiterando o enfoque especial neste capítulo para humanos, utiliza-se uma série de classificações para agrupá-los, destacando-se como principais a classificação em função do meio receptor (poluentes emitidos para a atmosfera ou depositados em rios, lagos e riachos ou no solo), das propriedades físicas (poluentes na fase líquida, podendo ser inorgânicos ou orgânicos, como no caso dos fertilizantes e pesticidas utilizados na agroindústria, além de substâncias nas fases sólida e de vapor), das propriedades químicas (poluentes ácidos – fornecem íons H^+ em solução aquosa; alcalinos – fornecem íons OH^- em solução aquosa, polares ou apolares etc.) e também do risco associado (combustíveis fósseis inflamáveis, reativos, inertes, tóxicos, corrosivos etc.).

Já os tipos de contaminantes são agrupados em:

» **Microrganismos patógenos** – Bactérias e vírus que ocasionam diversas patologias e problemas gastrointestinais.

» **Material particulado** – Partículas finas de minerais como argilominerais; alguns deles absorvem elementos radioativos e transportam a radioatividade, ^{137}Cs (césio), e fibras de asbesto; algumas delas potencialmente causadoras de câncer.

» **Radionucleotídeos ou isótopos radioativos** – Formas com alta instabilidade de diversos elementos químicos provenientes de fontes naturais, como no caso dos minerais ou de reatores de fissão nuclear etc.).

» **Compostos inorgânicos** – Cloretos, metais pesados que podem ser tóxicos em determinadas concentrações e em certas espécies-alvo.

» **Compostos orgânicos** – Substâncias sintetizadas industrialmente, como os pesticidas e os fertilizantes, medicamentos etc., podendo alguns deles ser tóxicos e altamente carcinogênicos.

Vejamos o Quadro 3.3 com os principais isótopos radioativos, poluentes orgânicos e minerais.

Quadro 3.3 – Exemplos de poluentes orgânicos, minerais e de isótopos radioativos

Poluentes orgânicos (Martins, 2009)	Pesticidas (DDT, eldrin, dioxinas) Hidrocarbonetos (tricloro-etileno) Solventes (benzeno) Fertilizantes (bifenilas policloradas)
Poluentes minerais (Martins, 2006)	Nitratos (NO_3^-) Fosfatos (PO_4^{3-}) Radionucleídeos (^{40}K – potássio, ^{238}U – urânio empobrecido e ^{232}Th – tório)
	Metais pesados (Pb – chumbo, Hg – mercúrio, Cd – cádmio, Cr – cromo)
Isótopos radioativos (Naime et al., 2004)	Césio (^{137}Cs) Estrôncio (^{90}Sr) Urânio (^{237}U e ^{238}U) Plutônio (^{239}Pu) Iodo (^{131}I) Rodônio (^{222}Rn) Criptônio (^{85}Kr) Trítio (^{3}H)

Câncer e efeitos de hormônios

Várias substâncias químicas apresentam potencial cancerígeno, e a discussão a esse respeito levou órgãos governamentais, como o Ministério da Agricultura, Pecuária e Abastecimento (Mapa) a adotarem medidas relacionadas ao estabelecimento de níveis baixos de tolerância a certos compostos químicos referentes ao fenômeno.

PARA SABER MAIS

Caso você queira ler mais a respeito do trabalho do Mapa, acesse:

BRASIL. Ministério da Agricultura, Pecuária e Abastecimento. Instrução Normativa n. 42, de 31 de dezembro de 2008. **Diário Oficial da União**, 5 jan. 2009. Disponível em: <http://www.agricultura.gov.br/arq_editor/IN%2042_2008%20-%20PNCRC%20Vegetal.pdf>. Acesso em: 18 jan. 2014.

_____. Instrução Normativa n. 1, de 4 de janeiro de 2013. **Diário Oficial da União**, 4 jan. 2013. Disponível em: <http://www.agricultura.gov.br/arq_editor/file/CRC/IN%20de%20Resultados%20ano%20safra%202011-2012%20.pdf>. Acesso em: 18 jan. 2014.

_____. Instrução Normativa n. 18, de 25 de junho de 2013. **Diário Oficial da União**, 26 jun. 2013. Disponível em: <http://www.agricultura.gov.br/arq_editor/file/CRC/IN%2018%20%20Final.pdf>. Acesso em: 18 jan. 2014.

O mecanismo de ação da doença ocorre, basicamente, em virtude de uma divisão descontrolada das células que acabam por consumir tecidos em um organismo, o que acontece em razão de uma perturbação na homeostase dos mecanismos moleculares. De uma maneira geral, Baird (2002) afirma que as mutações ocorrem no DNA, perturbando a síntese de proteínas vitais para o controle da bioquímica celular. Quando o material genético sofre uma mutação, durante a divisão celular, o DNA é transcrito e traduzido de forma diferente do normal, perpetuando o erro sucessivamente durante as próximas gerações, mesmo a célula possuindo uma série de mecanismos de proteção nos casos de troca de bases nitrogenadas no processo de multiplicação celular.

O surgimento do câncer relaciona-se a uma série de fatores, entre eles: predisposição genética (transmitida pelo DNA de pais para filhos); exposição a substâncias químicas indutoras de câncer como os hormônios, por exemplo. Os hormônios são excretados por glândulas e, por meio da corrente sanguínea, agem em células específicas, em uma ligação proteica (receptor em determinada célula). De acordo com Baird (2002), certas substâncias químicas que não são produzidas pelo corpo humano, como no caso de agentes tóxicos, podem entrar no organismo e agir da mesma forma que alguns hormônios, se tiverem a mesma conformação química das moléculas sintetizadas pelo corpo. O problema é que essas moléculas podem alterar a síntese de proteínas importantes para as células, como no caso de xenobióticos lipofílicos, que têm afinidade por esteroides, como o colesterol, os quais agem como um anti-hormônio, bloqueando a ação do hormônio humano. Os hormônios sexuais são exemplos de moléculas esteroides, que induzem e mantêm os sistemas sexuais feminino e masculino, podendo sofrer a ação de xenobióticos como o DDT em diversas espécies animais.

Compostos halogenados

Os compostos halogenados se formam a partir de reações (substituição e adição de átomos) de halogenação, as quais resultam na formação de ligações químicas entre um átomo de um elemento da camada 7A da tabela periódica (F, Cl, Br e I) e outro átomo, o carbono, por exemplo. Alguns exemplos de compostos halogenados formados por esse tipo de reação são os trialometanos, os acetonitrilos halogenados, as cetonas halogenadas, as cloropicrinas, o cloreto de cianogênio, entre outros – a maioria deles apresentando efeitos adversos para a saúde pública, pois muitos são classificados como cancerígenos para os animais e para o ser humano.

É importante salientarmos que grande parte dos compostos organoalogenados são poluentes orgânicos persistentes (POPs) em razão de sua não biodegradabilidade (no caso das PCBs que não são processadas por nenhum microrganismo da natureza e, como têm alta estabilidade química, permanecem no meio ambiente por períodos de tempo extremamente longos), bacteriostaticidade e bioacumulação (acumulam-se nas células dos seres vivos, compondo sério risco para a estabilidade do ecossistema terrestre e para a saúde dos seres humanos). Além disso, caracterizam-se também por serem lipofílicos e hidrofóbicos, refletindo a sua tendência em acumulá-los nos tecidos lipossolúveis do organismo, e semivoláteis, consequentemente transportados para a atmosfera antes da sua deposição.

Segundo o Ministério do Meio Ambiente, as bifenilas policloradas constituem compostos orgânicos aromáticos (cíclicos) ligados artificialmente a átomos de cloro, cuja família é constituída por cerca de 709 compostos diferentes, na forma líquida ou sólida, e caracteristicamente inodoros e sem gosto. Quanto à sua utilização, as bifenilas policloradas podem ser verificadas em várias áreas, como em fluidos dielétricos em capacitores e transformadores elétricos, turbinas de transmissão de gás, fluidos hidráulicos, resinas plastificantes, adesivos, sistemas de transferência de calor, aditivos antichama, óleos de corte e lubrificantes. Os produtos comerciais fabricados à base de PCBs empregavam misturas de compostos nas quais prevalecem desde as tricloro-bifenilas até as heptacloro-bifenilas. No entanto, por causarem uma série de efeitos à saúde e ao meio ambiente, esses compostos foram abolidos em vários países, e no Brasil desde 1981 não é mais liberado seu uso.

A Convenção de Estocolmo sobre Poluentes Orgânicos Persistentes (Brasil, 2014d), da qual o Brasil é signatário, propõe a redução significativa do uso de PCBs e apresenta diretrizes para a adoção de medidas que visam reduzir ou eliminar a liberação não propositada desses elementos. Em humanos, a intoxicação por bifenilas policloradas ocorre de três formas: via oral (principal via de introdução), respiratória e dérmica. As PCBs exibem uma vasta gama de mecanismos de ação para o efeito tóxico, variando conforme o grau de halogenação e conformação molecular.

Estudos epidemiológicos da exposição crônica às PCBs descobriram alterações hepáticas, imunológicas, oculares, dérmicas e na tireoide, além de efeitos neurocomportamentais, redução do peso em recém-nascidos, toxicidade reprodutiva e aumento na incidência de tumores. No meio ambiente, esses compostos são extremamente persistentes, podendo armazenar-se nos organismos vivos por bioacumulação e por biomagnificação ao longo da cadeia alimentar. Dessa forma, predadores em nível trófico alto apresentam as maiores concentrações de PCB.

A presença das bifenilas policloradas já foi observada em espécies da fauna marinha espalhadas por todo o globo terrestre, em aves migratórias e na flora das regiões de maior contaminação. Por apresentarem alta estabilidade térmica e química e propriedades bacteriostáticas, compostos à base de PCBs foram largamente aproveitados para usos dispersivos (o produto fica armazenado em equipamentos selados, sem contato direto com o meio ambiente) e não dispersivos (o produto é usado em contato direto com o ambiente).

Penteado e Vaz (2001) complementam a definição para os usos dispersivo e não dispersivo das bifenilas policloradas:

» **Dispersivos** – Produtos de limpeza e desinfecção hospitalar, como sabonetes cirúrgicos, produtos de limpeza de salas de cirurgia e outras instalações hospitalares; diluentes para pulverização de produtos agrícolas; produtos para preservação de madeiras como proteção contra cupins; estabilizante de diversas formulações de plásticos e borrachas especiais, principalmente PVC e borracha clorada.

» **Não dispersivos** – Isolamento elétrico em instalações, fluidos de troca térmica em trocadores de calor. Esse tipo de aplicação possibilitou que, depois de interrompida a utilização do produto, os estoques de bifenilas policloradas existentes pudessem ser controlados.

3.1.7.4 Metais tóxicos e seus efeitos

Em se tratando do meio ambiente, os metais que apresentam maior risco são o mercúrio, o chumbo, o cádmio e o arsênio em virtude de seu uso extensivo, ao seu grau de toxicidade e à sua ampla distribuição. Diferentemente dos compostos orgânicos, vistos anteriormente, os metais não são degradáveis e, portanto, acumulam-se nos sistemas ambientais (principalmente no solo) e nos organismos vivos. Os metais pesados, apesar da alta densidade, são transportados pelo ar, como gases ou espécies adsorvidas pelas partículas materiais suspensas na atmosfera.

Quanto à sua toxicidade, os metais pesados, como o vapor de mercúrio (altamente tóxico), não são tóxicos na sua forma livre. Todos os metais estudados aqui (chumbo, mercúrio, cádmio e arsênio) apresentam toxicidade em níveis elevados em sua forma catiônica e quando ligados a átomos de carbono. O mecanismo de ação tóxica relaciona-se à forte afinidade de seus cátions por moléculas no organismo-alvo, ou seja, os grupos sulfidrilos que controlam a velocidade das reações metabólicas no organismo humano se ligam fortemente aos cátions de metais pesados introduzidos no organismo, ocorrendo, então, um bloqueio da ação enzimática e, como consequência, as vias metabólicas não funcionam normalmente.

CONSULTANDO A LEGISLAÇÃO

Saiba mais sobre a legislação referente aos metais tóxicos:

Portaria do Ministério da Saúde (MS) n. 2.914, de 12 de dezembro de 2011 (Brasil, 2011b), que, entre outros assuntos, dispõe sobre o "padrão de valor máximo permitido para metais pesados em água potável".

BRASIL. Ministério da Saúde. Portaria n. 2.914, de 12 de dezembro de 2011. **Diário Oficial da União**, Brasília, DF, 14 dez. 2011. Disponível em: <http://bvsms.saude.gov.br/bvs/saudelegis/gm/2011/prt2914_12_12_2011.html>. Acesso em: 4 jun. 2014.

Decreto n. 8.468, de 8 de setembro de 1976 (Brasil, 1976a), que dispõe sobre: "valor máximo permitido para metais pesados em efluentes de despejos".

SÃO PAULO (Estado). Decreto n. 8.468, de 8 de setembro de 1976. **Diário Oficial [do] Estado de São Paulo**, Poder Executivo, 8 set. 1976a. Disponível em: <http://governo-sp.jusbrasil.com.br/legislacao/213741/decreto-8468-76>. Acesso em: 4 jun. 2014.

Como dito anteriormente, algumas substâncias apresentam o fenômeno da biomagnificação, ou seja, a concentração de uma substância, geralmente um agente tóxico, ao longo da cadeia trófica. Esse é o caso do mercúrio e de outros metais pesados que se acumulam em organismos vivos, em especial os aquáticos, como ostras e mexilhões, os quais podem conter níveis de mercúrio e cádmio 100 mil vezes superiores aos organismos que vivem em águas não contaminadas.

De acordo com Baird (2002), a quantidade de metais ingerida na alimentação humana é de extrema preocupação, uma vez que são mais altas que as quantidades encontradas na água de consumo. A extensão dos danos causados por acumulação de metais pesados no organismo humano é medida em função da velocidade a que o metal pesado é ingerido (desde a ingestão de um alimento até sua saída completa do organismo).

Ainda conforme Baird (2002), o arsênio é um semimetal pesado tóxico que pode formar compostos inorgânicos trivalentes e pentavalentes, compostos orgânicos e diversas formas metiladas. A exposição ao arsênio advém principalmente de pesticidas, herbicidas e outros produtos agrícolas, pela queima de carvão mineral com concentrações desse metal e pela alimentação com base em frutos do mar; além disso, a exposição a elevadas taxas desse elemento ocorre em indústrias de fundição, por meio da ingestão de água contaminada. Destacamos que o consumo de doses entre 70 a 180 mg de arsênio pode ser letal, e alguns dos sintomas que certas vezes surgem em decorrência da intoxicação são febre, anorexia, hepatomegalia, melanose e arritmia cardíaca.

A exposição ao cádmio, metal altamente tóxico, advém da ingestão de alimentos, especialmente plantas que acumulam o metal no solo, destacando-se como fontes de contaminação os detritos orgânicos de emissões industriais, fertilizantes, remediações do solo (discutidas no Capítulo 4) e o uso da água para irrigação. Além disso, a intoxicação também pode ocorrer pelo ar e em virtude do tabagismo. O cádmio obtido da fundição do zinco e do chumbo é usado para fabricação de baterias de níquel-cádmio; em decorrência de suas propriedades químicas não corrosivas, esse metal pode ser usado na galvanoplastia e como pigmento de cor para tintas plásticas.

Klaassen e Watkins (2012, p. 443) tratam de algumas características do chumbo: facilmente encontrado em todos os ambientes inertes e em todos os sistemas biológicos, o chumbo é um metal tóxico ubíquo e sua exposição principal é através de tintas contendo este metal pesado, especialmente em crianças. Sua eliminação gradual da utilização na gasolina aditivada e eliminação das tintas, soldas e encanamento de água diminui expressivamente a quantidade de chumbo no sangue da população, mas a exposição infantil ainda é um problema de saúde pública.

Baird (2002) tece algumas considerações sobre o mercúrio: é um metal tóxico encontrado principalmente em peixes, sendo esta 94% da exposição em humanos. Isto ocorre porque as bactérias que realizam a redução do sulfato em sedimentos geram metilmercúrio, liberando-o na água que é usada como alimento para o peixe, que por sua vez serve de alimento para animais maiores, caracterizando o aspecto biocumulativo do mercúrio na cadeia trófica (acumulando-se na musculatura dos animais).

Devemos levar em consideração que a metilação* que ocorre nas águas é um processo natural, pois esse fenômeno pode ser encontrado em qualquer lugar e sedimento. Entretanto, a quantidade de mercúrio aumenta em locais que recebem resíduos de indústria, causando desequilíbrios e, consequentemente, efeitos danosos ao ecossistema local e à população que se alimenta dos animais que vivem em tais ambientes.

3.1.7.5 Influência de fatores ecológicos na poluição química e seus efeitos

Os fatores ecológicos são todos os elementos do meio que agem diretamente sobre os seres vivos, pelo menos em uma fase de seu ciclo vital, atuando sobre a densidade de uma população, uma vez que interferem no índice de natalidade, mortalidade, imigração e emigração. Também podem ocasionar modificações adaptativas, uma vez que os fatores ecológicos favorecem o surgimento delas, destacando-se a hibernação, a estivação, o fotoperiodismo, entre outros. Tais fatores podem ser divididos em: bióticos, que envolvem a ação do predatismo, do parasitismo e a competição entre espécies; e abióticos, que compreendem os fatores climáticos e a composição química da água, por exemplo.

A formação de substâncias na natureza possivelmente ocorre por meio de fontes bióticas (organismos vivos) e abióticas (fenômenos naturais). No caso dos organoalogenados, a maior fonte biótica é o ambiente marinho, em virtude da grande concentração de íons cloreto e brometo nesse nicho, como o bromofórmio, bromometano, iodometano, os quais são utilizados também pela indústria química

---

* Reação química que ocorre na presença de microrganismos presentes na água. Para maiores esclarecimentos, acesse o link: <http://www.mma.gov.br/segurança-química/mercurio>.

como intermediários de síntese de pesticidas. Um exemplo muito característico de compostos dessa natureza usados pela indústria e que resultaram em efeitos catastróficos ao ser humano foi o composto 2,4 diclorofenol, um herbicida de amplo espectro, que veio a ser conhecido mundialmente como "agente laranja", usado na Guerra do Vietnã.

PARA SABER MAIS

Sobre a química verde, Adélio Machado (2012), professor da Faculdade de Ciências da Universidade do Porto, afirma que

> [ela] passa pela identificação prioritária dos problemas mais críticos para o ambiente e a saúde humana cuja resolução seja exequível por reformatação da Química – e por um esforço persistente de invenção de novas moléculas e respectivos processos de fabrico industrial, no âmbito da QV [química verde], que possam ir substituindo com a "vantagem verde" os usados atualmente.

A partir dessa nova abordagem da química industrial, foi criada uma série de princípios, denominada "síntese verde", a serem levados em consideração durante a síntese de produtos menos nocivos ao meio ambiente e à saúde. São eles: reações com elevada economia atômica, maximizando a utilização dos reagentes; utilização de catalisadores não metálicos e biocatálise; não utilização de solventes orgânicos como meio de reação; utilização de tecnologias mais eficientes do ponto de vista energético (irradiação fotoquímica, ultrassons, microrreatores); evitação do uso de agentes tóxicos por meio de vias sintéticas alternativas; diminuição do número de passos sintéticos.

Nesse sentido, várias entidades e governos lançaram incentivos aos estudos e à utilização de tecnologia para a obtenção de produtos menos nocivos, como os exemplos citados na reportagem:

No início dos anos 90, a agência de proteção ambiental dos Estados Unidos (EPA) criou uma linha de financiamento específica para projetos científicos e industriais destinados ao desenvolvimento de novas alternativas sintéticas ambientalmente mais aceitáveis, caracterizando o nascimento da química verde. Em 1996, por iniciativa da Administração de Bill Clinton, foi criado o *Presidential Green Chemistry Challenge*, com o objetivo de premiar inovações tecnológicas que permitam reduzir o impacto ambiental dos processos químicos, focando-se em três áreas-chave: vias sintéticas, condições de reação e desenvolvimento de produtos ambientalmente mais aceitáveis.

[...]

Na Europa e noutros países desenvolvidos, foram criados organizações científicas e incentivos similares. Em [sic] Inglaterra, por exemplo, a *Royal Society of Chemistry* (RSC), com o apoio de setores industriais e governamentais, instituiu em 2001 os *UK Green Chemistry Awards*, para premiar empresas e jovens investigadores que desenvolvam processos, produtos e serviços que levem a um ambiente mais sustentável, limpo e saudável.

[...]

Em 2008, foi criado o prémio Solvay & Hovione Innovation Challenge (SHIC), sob o patrocínio da Solvay Portugal e da Hovione, empresas do setor químico e químico-farmacêutico, respetivamente, em parceria com vários parceiros institucionais. O objetivo é distinguir ideias inovadoras nas áreas de engenharia química, química, materiais, ambiente e desenvolvimento farmacêutico.

(A química..., 2012)

Caso você queira saber mais sobre o trabalho do Professor Adélio machado, acesse dois artigos do estudioso a respeito da química verde:

MACHADO, A. S. C. Da gênese ao ensino da química verde. **Química Nova**, São Paulo, v. 34, n. 3, p. 535-543, 2011. Disponível em: <http://

quimicanova.sbq.org.br/imagebank/pdf/Vol34No3_535_28-ED10549.pdf>. Acesso em: 6 nov. 2014.

_____. Dos primeiros aos segundos doze princípio da química verde. **Química Nova,** São Paulo, v. 35, n. 6, p. 1250-1259, 2012. Disponível em: <http://www.scielo.br/pdf/qn/v35n6/a34v35n6.pdf>. Acesso em: 6 nov. 2014.

Leia também a reportagem completa sobre o assunto na *Superinteressante*, disponível em:

A QUÍMICA verde. **Superinteressante**, n. 165, jan. 2012. Disponível em: <http://www.superinteressante.pt/index.php?option=com_content&view=article&id=1222%3Aa-quimica-verde&catid=18%3Aartigos&Itemid=98>. Acesso em: 4 jun. 2014.

Nos agrossistemas, a contaminação química é mais evidente em razão do uso de insumos agrícolas como fertilizantes, inseticidas, herbicidas e fungicidas. A utilização de certas substâncias químicas na produção agropecuária difundiu-se há poucas décadas, com o objetivo de aumentar não só a produção de alimentos, mas também a qualidade, visando conquistar uma melhor aceitação no mercado consumidor. A contaminação causada por essas substâncias ocorre através do solo e das águas – superficiais ou subterrâneas –; quando os fertilizantes e os agrotóxicos são transportados pelas águas da chuva, uma parte adentra no solo, que alcança o lençol freático e contamina o aquífero. Nesse processo, a outra parte é conduzida pela enxurrada até os mananciais, como córregos, rios e lagos que se localizam nas partes mais baixas do relevo. Consequentemente, os animais silvestres e domésticos consomem sementes e frutos das plantações e água contaminados.

A contaminação humana, por sua vez, também é preocupante, uma vez que o homem aproveita a água que ficou sujeita à poluição provocada pela produção agrícola. A poluição química também pode acarretar a quebra da cadeia de microfauna, atingindo minhocas, formigas, besouros, fungos e bactérias presentes no solo, os quais favorecem a fertilidade da terra por meio da interatividade entre os organismos. Em decorrência dessa dinâmica, torna-se indispensável uma aplicação cada vez maior de insumos agrícolas, fato que só agrava esse ciclo vicioso.

Como vimos na seção dos tipos de poluentes, os componentes que geram a poluição química são basicamente os compostos orgânicos sintéticos e inorgânicos, e muitos deles, em virtude de sua estrutura química, são resistentes à biodegradação. No entanto, eles continuam sendo empregados largamente na produção de plásticos, fibras e borrachas sintéticas, solventes, pesticidas, agentes preservativos de madeira, entre uma centena de outros produtos. Como grande parte dessas substâncias não faz parte da cadeia alimentar da biota aquática, os efeitos desses compostos sobre os organismos aquáticos não são ainda totalmente conhecidos. Sabemos alguns dos efeitos causados no homem, como cânceres de vários tipos, efeitos mutagênicos em várias gerações, aumentando ainda os riscos de doenças, como difusões nos rins, no fígado, esterilidade e problemas neurológicos.

Poluição nuclear

Desde o início da era atômica, com a Segunda Guerra Mundial, centenas de experiências com isótopos radioativos (material nuclear) têm liberado quantidades enormes de resíduos radioativos no meio ambiente, o que pode ocorrer através das correntes de ar, que distribuem o material para todas as regiões da Terra. Os elementos radioativos, com o passar do tempo, entram em contato com o solo, com os mares e oceanos, onde são absorvidos e incorporados pelos seres vivos, acarretando uma série de graves consequências, como doenças, malformações etc.

Devemos, ainda, salientar o grave problema do lixo atômico produzido pelas usinas nucleares, cujo armazenamento é extremamente difícil (questão que abordaremos em seção específica). Vale destacarmos que a discussão em torno da utilização de energia nuclear é de extrema importância na atualidade e se encontra dividida em dois polos: de um lado, estão os governos de várias potências mundiais que afirmam ser a alternativa nuclear é segura e eficiente para a obtenção de energia, além de ser não poluente; de outro, encontram-se os grupos ambientalistas que alertam sobre o perigo da poluição nuclear e o problema de descarte do lixo obtido na manipulação de processos radioativos, incluindo-se aí os possíveis desvios dos materiais físseis por parte de grupos terroristas, além dos acidentes com o transporte de materiais radioativos.

A poluição nuclear surge, entre diversas atividades, da destinação incorreta ou do vazamento de resíduos radioativos originários de diferentes fontes que utilizam a energia nuclear, como as usinas nucleares ou os aparelhos de raios X de clínicas médicas e odontológicas e em hospitais. Caracterizam-se pelo elevado grau de periculosidade em virtude da possibilidade de ocasionarem alterações nas estruturas das células e no DNA (material genético), provocando alterações no organismo. Na prática, entretanto, o lixo nuclear polui menos quando comparado ao lixo comum produzido pelas indústrias e residências, pois a destinação e o gerenciamento dos resíduos radioativos demanda um rigoroso processo de controle, enquanto o lixo urbano e o industrial encontram-se de forma difusa, ou seja, muitas vezes não há critério para seu despejo, pois a fiscalização relacionada é deficitária. A diferença é que o lixo nuclear permanece ativo por muitos anos no meio ambiente, demandando um monitoramento constante e, no caso de acidentes, as consequências são muito piores.

PARA SABER MAIS

De acordo com Portal do Meio Ambiente (2014),

> A Comissão de Minas e Energia da Câmara dos Deputados rejeitou o Projeto de Lei n. 4.709/04, que proíbe a construção de novas usinas nucleares no Brasil até que o país disponha de um depósito definitivo de rejeitos radioativos. A proposta define como "novas usinas nucleoelétricas" aquelas projetadas depois das usinas de Angra 1, 2 e 3.

Quer saber mais a respeito do projeto de lei sobre usinas nucleares no Brasil? Leia a reportagem completa no Portal do Meio Ambiente, disponível em:

PORTAL DO MEIO AMBIENTE. **Câmara rejeita exigência de depósito definitivo de rejeitos radioativos para construção de futuras usinas nucleares.** 21 maio 2014. Disponível em: <http://www.portaldomeioambiente.org.br/energia/8585-camara-rejeita-exigencia-de-deposito-definitivo-de-rejeitos-radioativos-para-construcao-de-futuras-usinas-nucleares>. Acesso em: 6 nov. 2014.

A criação de novas usinas termonucleares para geração de energia desperta sempre a preocupação sobre o consequente aumento de resíduos, que não provêm apenas das usinas termonucleares, mas também são formados durante todo o processo, desde a fase de mineração, inclusive na etapa final de reprocessamento do combustível nuclear, quando o urânio não queimado do reator e o plutônio originado são separados dos produtos desenvolvidos na fissão. A classificação da atividade desses resíduos obedece ao nível de radioatividade: baixa, média ou alta e retidos, segundo as normas da Comissão Nacional de Energia Nuclear (Cnen, 2014) no Brasil.

A grande resistência atual quanto à utilização da energia nuclear centra-se na produção e no gerenciamento dos resíduos radioativos gerados pelas usinas. A França, por exemplo, que atualmente apresenta cerca de 80% de suas necessidades energéticas abastecidas por usinas nucleares, conta com a desaprovação de 55% da população quanto à forma como os resíduos são fiscalizados, e quase 80% da população europeia concordam que não há um modo seguro de descartá-los. Destacamos, no entanto, que um dos argumentos da parcela da população favorável à implementação de um programa energético fundamentado na energia nuclear apoia-se no fato de que a tecnologia nesse aspecto evoluiu muito nos últimos anos, tornando as usinas termonucleares muito mais seguras (Resk, 2007).

Adiantando-se às iniciativas da comunidade europeia de antecipar as discussões a respeito do uso da energia nuclear, a França oferece incentivos fiscais para as cidades que receberem os resíduos gerados por suas usinas nucleares, além de aprovar uma legislação que determina o local de destino e armazenagem para esses rejeitos, a saber, em abrigos subterrâneos, por meio da apresentação de um cronograma para implementar seu objetivo até o ano de 2015 (Resk, 2007).

CONSULTANDO A LEGISLAÇÃO

De acordo com a Lei n. 10.308, de 20 de novembro de 2001 (Brasil, 2001), a Cnen é a responsável legal pelo destino final dos rejeitos radioativos produzidos em território nacional. Outro ponto relevante sobre o tema do uso da energia nuclear no Brasil são os objetivos do Sistema de Proteção ao Programa Nuclear Brasileiro (Sipron), instituído pelo Decreto-Lei n. 1.809, de 7 de outubro de 1980, revogado pela Lei n. 12.731, de 21 de novembro de 2012 (Brasil, 2012).

Para saber mais sobre os conteúdos citados, acesse:

BRASIL. Lei n. 10.308, de 20 de novembro de 2001. **Diário Oficial da União**, Brasília, DF, Poder Legislativo, 21 nov. 2001. Disponível em: <http://www.planalto.gov.br/ccivil_03/leis/LEIS_2001/L10308.htm>. Acesso em: 6 nov. 2014.

_____. Lei n. 12.371, de 21 de novembro de 2012. **Diário Oficial da União**, Brasília, DF, Poder Legislativo, 22 nov. 2012. Disponível em: <http://www.planalto.gov.br/ccivil_03/_Ato2011-2014/2012/Lei/L12731.htm#art6>. Acesso em: 6 nov. 2014.

Existe uma comparação plausível quanto ao uso de usinas termoelétricas movidas à energia nuclear com aquelas movidas a carvão. A primeira apresenta um menor índice de poluição, uma vez que a segunda emite níveis de CO_2 (dióxido de carbono) altíssimos, sendo apontada como um dos principais fatores responsáveis pelo efeito estufa. No entanto, na atualidade, a discussão deve estar ligada às formas de energia alternativas (tratadas em seção específica nesta obra) – a energia eólica ou a biomassa, as quais, de fato, não poluem o ambiente.

3.1.8 Poluição biológica

A poluição biológica resulta da presença de microrganismos patogênicos originados, geralmente, de detritos orgânicos que são lançados por esgotos domésticos e industriais ao meio ambiente ou ao ar em ambientes internos – escritórios, prédios, hospitais – e externos – parques, campos. Citamos como exemplos de detritos os restos de alimentos, os sabões, os detergentes, papel, fezes humanas, e, no ar, microrganismos como bactérias e fungos. Para fácil entendimento, a degradação dos detritos ocorre quando estes atingem o curso de água, onde os agentes patogênicos começam a realizar processos aeróbicos e anaeróbicos, provocando turbidez e diminuição da quantidade de oxigênio dissolvido na água, e, consequentemente, a diminuição da atividade fotossintética, levando várias espécies aquáticas à morte. Além dos problemas citados, a poluição biológica é a origem de várias doenças graves – as mais comuns são infecções intestinais como a febre tifoide, cólera, leptospirose, hepatites, amebíase, giardíase, esquistossomose e vários outros tipos de infecções.

CONSULTANDO A LEGISLAÇÃO

As normas de qualidade do ar de interiores, imprescindíveis para o impedimento de contaminação por poluentes biológicos, foram regulamentadas pela Agência Nacional de Vigilância Sanitária (Anvisa) por meio das seguintes resoluções:

ANVISA – Agência Nacional de Vigilância Sanitária. Resolução n. 176, de 24 de outubro de 2000. **Diário Oficial da União**, 25 out. 2000. Disponível em: <http://www4.anvisa.gov.br/base/visadoc/RES/RES[136-1-0].HTM>. Acesso em: 5 set. 2014.

_____. Resolução n. 9, de 16 de janeiro de 2003. **Diário Oficial da União**, 20 jan. 2003. Disponível em: <http://portal.anvisa.gov.br/wps/wcm/connect/d094d3004e5f8dee981ddcd762e8a5ec/Resolucao_RE_n_09.pdf?MOD=AJPERES>. Acesso em: 5 set. 2014.

PERGUNTA & RESPOSTA

De que maneira a emissão de poluentes se reflete na sociedade e no meio ambiente, e quais medidas podem ser tomadas a fim de minimizar esses efeitos?

A poluição é um problema crescente, diretamente relacionado ao desenvolvimento industrial, e suas consequências afetam a saúde humana e a ambiental. Entre os principais efeitos poluidores do meio ambiente, verificamos a agressão aos recursos naturais, o desflorestamento, a desertificação, a perda da biodiversidade, as alterações climáticas e a ocorrência de fenômenos como chuva ácida, *smog* fotoquímico, redução da camada de ozônio e inversão térmica. O ser humano, por sua vez, encontra-se exposto a doenças respiratórias em razão da redução da qualidade do ar, que provoca doenças como rinite, bronquite e asma. Além disso, a contaminação da água e dos solos compromete a qualidade das plantações e a alimentação. As medidas a serem tomadas para a mitigação desses problemas variam, contudo é necessária a consciência ambiental da sociedade e das autoridades governamentais. Cabe às indústrias recorrer a novas tecnologias que reduzam a poluição, bem como ao uso de catalisadores que retenham gases, e à substituição de produtos químicos industriais, além de aderirem a projetos como *Produção mais limpa**, apoiado pela Federação das Indústrias de São Paulo (Fiep) e pelo Centro das Indústrias do Estado de São Paulo. Nesse projeto, são utilizadas estratégias para aumentar a eficiência no uso de matérias-primas, água e energia, diminuindo os impactos ambientais e melhorando o rendimento econômico. Ao governo, cabe a adoção de medidas que fiscalizem a atividade das indústrias, além do tratamento das redes fluviais e dos esgotos. À sociedade, por sua vez, cabe realizar práticas alternativas, como a redução de carros nas ruas, a reciclagem do lixo, a adoção de práticas de reaproveitamento, o uso de produtos biodegradáveis, entre outras medidas.

---

* Para saber mais, acesse os seguintes *links*:<http://srvprod.sistemafergs.org.br/portal/page/pageporta/sfiergs_senai_vos/senairs_vo697/proximos_cursos/implementaE7%E30%20Pmaisl.pdf> e <http://www.ciesp.com.br/noticias/universidade-e-industria-apostam-na-producao-mais-limpa>.

SÍNTESE

Em virtude da incidência da atividade humana sobre o meio ambiente, os níveis de degradação ambiental acentuaram-se proporcionalmente ao desenvolvimento acelerado das atividades da indústria, da agropecuária e da mineração, desse modo comprometendo os recursos naturais, a saúde ambiental e a humana. Cabe lembrarmos a diversidade dos tipos de poluição, como a atmosférica (muito observada nos grandes centros urbanos), a hídrica (tanto nos mares e oceanos quanto nos rios, nos riachos e nas lagoas), a dos solos (em âmbito urbano e rural), além da sonora, visual, industrial (envolvendo a poluição do ar, das águas e do solo, principalmente urbano), física, térmica, química (produtos químicos e metais tóxicos), nuclear (cuja maior preocupação se refere ao destino dos resíduos das usinas nucleares) e biológica (organismos patogênicos).

QUESTÕES PARA REVISÃO

1. Crie uma tabela com os tipos de poluição e os principais agentes poluidores que foram apresentados ao longo do estudo deste capítulo.

2. Indique soluções desenvolvidas para diminuir o volume de lixo nas grandes cidades citadas neste capítulo.

3. (Cespe/UnB – Sema/Inema/Saeb – 2013) O derretimento das geleiras é fenômeno que remete diretamente:
   a. à redução de gases de efeito estufa.
   b. ao achatamento das calotas polares.
   c. ao aquecimento global.
   d. à decomposição da aurora boreal.

4. (Cespe/UnB – Sema/Inema/Saeb – 2013) Os combustíveis fósseis, especialmente o petróleo, ainda respondem por mais de 80% da matriz energética mundial. Cresce a consciência acerca da necessidade de se encontrarem alternativas ao seu uso, justamente em razão de seu principal efeito, a emissão de gases poluentes. O grande problema a dificultar a ampla adoção da energia solar ou eólica, por exemplo, é o seu elevado custo. Para alterar esse quadro, é preciso:

   a. transformar radicalmente a matriz energética brasileira, hoje concentrada no petróleo e em seus derivados, diferentemente do que ocorre em outras grandes economias.
   b. abandonar o conceito de eficiência energética, inalcançável concretamente, e apostar na energia hidrelétrica, malgrado seu elevado potencial poluidor.
   c. incentivar permanentemente a pesquisa em ciência e tecnologia para a geração de energia limpa a custos inferiores, de modo a possibilitar seu uso geral.
   d. vencer a resistência ainda existente aos biocombustíveis, os quais, embora emitam menos poluentes, apresentam a grande desvantagem de não ser renováveis.

5. (Cesgranrio – EPE-RJ – 2007) O princípio básico no controle da erosão é planejar o uso e a ocupação do solo em comum acordo com a preservação das características topográficas de solo, de drenagem de água e da vegetação natural do local. Diante disso, qual das alternativas abaixo não são medidas para o controle de erosão?

   a. Proteção do escoamento das águas.
   b. Reflorestamento de áreas degradadas.
   c. Proteção da vegetação.
   d. Desmatamento.

QUESTÃO PARA REFLEXÃO

Pensando em alguns tipos de poluição abordados neste capítulo, reflita sobre a situação proposta a seguir: uma grande indústria siderúrgica instalou-se às margens de um lago na região do ABC, na Grande São Paulo. A fábrica, em razão de sua atividade constituinte, passou a usar a água do referido lago para resfriar suas caldeiras. Como resultado dessa ação, a água que estava sendo retirada do lago na temperatura ambiente retornava com uma temperatura aproximada de 60 °C. Avalie as consequências ecológicas dessa alteração.

CAPÍTULO 4 REMEDIAÇÃO E BIORREMEDIAÇÃO DE AMBIENTES POLUÍDOS

CONTEÚDOS DO CAPÍTULO

» Concepção de *remediação* e *biorremediação*.
» Metodologias utilizadas na remediação e na biorremediação.
» Fases de gerenciamento da remediação e da biorremediação.

APÓS O ESTUDO DESTE CAPÍTULO, VOCÊ SERÁ CAPAZ DE:

1. definir a necessidade da remediação e da biorremediação;
2. distinguir suas técnicas e classificações;
3. reconhecer as técnicas viáveis para essa prática em um caso concreto, avaliando condições e requisitos;
4. compreender as etapas de gerenciamento de remediação e biorremediação.

Neste capítulo, trataremos de projetos que objetivam a remediação de solos contaminados, impedindo, assim, o contato dos seres humanos com o contaminante e trabalhando para a preservação do meio ambiente. As técnicas que objetivam a recuperação de uma área infectada, por meio da remoção do agente tóxico, são conhecidas como *remediação*, constituindo-se basicamente de três processos: impedir que o contaminante atinja o solo, diminuir e eliminar a potencialidade tóxica do resíduo. Se considerarmos as formas de atuação da remediação e da biorremediação, os métodos de remediação de aquíferos subterrâneos podem: ser coligados para a remoção do solo contaminado e sua inserção em outro local; realizar a limitação mediante barreiras físicas; remover o contaminante por bombeamento para tratá-lo; empreender tratamentos químicos, físicos ou biológicos *in situ* (as técnicas de biorremediação e sistemas de extração de vapores, baseados na volatilização dos compostos orgânicos, imobilizam ou neutralizam os contaminantes).

De acordo com Gaylarde, Bellinaso e Manfio (2005), a remediação pode ser realizada de duas formas:

1. no próprio local degradado ou *in situ*;
2. pela remoção do solo contaminado para outro local, onde será tratado, ou *ex situ*, técnica não indicada para grandes áreas contaminadas, por razões econômicas.

Portanto, visando delimitar a técnica mais adequada, devem ser levados em consideração os aspectos técnicos e econômicos da disposição dos resíduos – para evitar uma contaminação da área de escoamento final –, assim como custos envolvidos no projeto.

Com o avanço da tecnologia, uma nova técnica vem sendo adotada para a recuperação de áreas degradadas. Em particular, essa metodologia utiliza microrganismos (como fungos e bactérias) para degradar e transformar substâncias perigosas em outras menos tóxicas ou não tóxicas. Os microrganismos usados podem ser endógenos (nativos) ou exógenos, e, uma vez que são aplicados ao solo por inoculação, realizam a recuperação de uma área sem exigir grandes aparatos, maquinarias e afins.

CONSULTANDO A LEGISLAÇÃO

No Estado de São Paulo, desde o ano de 2013, já existe uma legislação específica relacionada à remediação de áreas degradadas: **Decreto n. 59.263, de 5 de junho de 2013** (São Paulo, 2013a), que regulamenta a Lei n. 13.577, de 08 de julho de 2009 (São Paulo, 2009), a qual dispõe sobre "as diretrizes e procedimentos para a proteção da qualidade do solo e gerenciamento de áreas contaminadas".

SÃO PAULO (Estado). Decreto n. 59.263, de 5 de junho de 2013. **Diário Oficial [do] Estado de São Paulo,** Poder Executivo, 6 jun. 2013. Disponível em: <http://www.al.sp.gov.br/norma/?id=170437>. Acesso em: 4 jun. 2014.

A *remediação ambiental* consiste em um conjunto de técnicas e operações que podem ser utilizadas para recuperar uma área degradada graças à ação do homem, ou seja, são técnicas que visam anular ou atenuar os efeitos nocivos (seja ao ser humano, seja ao restante da biota) de elementos tóxicos em determinado local. Não devemos confundir com termos como *reabilitação*, *recuperação* ou *restauração*, os quais são muito próximos, visto que todos se referem a ações tomadas em áreas degradadas.

4.1 Técnicas e classificação de remediação

O primeiro passo para a realização da remediação é a escolha da técnica a ser utilizada em uma área contaminada. Essa escolha depende de diversos fatores, tais como:

» localização e extensão da área contaminada;
» condições geotécnicas locais;

- » condições hidrogeológicas;
- » forma de ocorrência da contaminação (fases dos compostos, concentração);
- » ocorrência em áreas saturadas e não saturadas;
- » características químicas e físicas dos contaminantes;
- » identificação dos riscos abrangidos para a população local fundamentada em um sistema de análise de riscos;
- » viabilidade técnica e econômica;
- » aspectos legais para implantação de um sistema de remediação.

Devemos ainda levar em consideração a localização e a extensão da área contaminada, chamadas *pluma de contaminação*, para a escolha da técnica, uma vez que definem a área a ser tratada, fator limitante a várias técnicas de descontaminação.

A caracterização do local contaminado abrange ensaios e verificações realizados nos solos não contaminados e caracterização de parâmetros inerentes à contaminação. Já um programa de caracterização da contaminação envolve os ensaios de caracterização de solo (granulometria, parâmetros físicos, limite de liquidez e plasticidade, presença de matéria orgânica) para a classificação das camadas de solo de acordo com os sistemas existentes. No momento da correta escolha da técnica a ser utilizada em um processo de remediação, o tipo do contaminante é utilizado no estabelecimento dos seguintes parâmetros:

- » concentração e composição química;
- » biodegradabilidade do composto;
- » densidade e viscosidade do líquido;
- » demais propriedades físico-químicas do contaminante, como pH, condutividade elétrica, solubilidade em água, ponto de ebulição, pressão de vapor e constante dielétrica.

4.1.1 Classificação das técnicas de remediação

Reiteramos que as técnicas de remediação podem ser de dois tipos, conforme apresentados na introdução deste capítulo, de acordo com Schmidt (2010):

1. *in situ* (realizada no próprio local poluído);
2. *ex situ* (realizada fora do local degradado).

A remediação *in situ* pode ser realizada por meio da remoção ou degradação do poluente (recorrendo-se à imobilização física, química ou termal ou a mecanismos de isolamento hidrogeológico). Quanto à classificação, elas podem ser passivas ou ativas e apresentam estruturas funcionais múltiplas, dependendo de suas características estabelecidas no estudo do local a ser remediado.

4.1.1.1 Bombeamento (*pump and treat*)

No processo de remediação por bombeamento, a água subterrânea contaminada é bombeada para um sistema aparente de coleta (localizado na superfície do local degradado), por meio de poços que adentram a zona saturada do solo. O material bombeado será posteriormente tratado por técnicas *ex situ*, tecnologia muito utilizada, principalmente, nos Estados Unidos na década de 1980, mas que começou a cair em desuso, alguns anos mais tarde, em razão de sua baixa eficiência na redução dos níveis de contaminação a taxas aceitáveis. Além disso, nessa metodologia, o tempo necessário para a remediação é muito longo e às vezes indefinido, com custos muito altos para que se realize um bombeamento contínuo e mais efetivo, somando-se a isso o fato de tal técnica não possibilitar a recuperação satisfatória de aquíferos contaminados.

4.1.1.2 Técnicas de extração de vapores do solo (SVE/Air sparging)

Essa metodologia consiste na geração de circulação do ar através do subsolo para assim promover a retirada dos compostos volatilizados. Fazem parte desse processo os sistemas de extração de vapores do solo propriamente ditos, ou SVE (*Soil Vapor Extraction*), e o *air sparging*, os quais, por meio da injeção de oxigênio, promovem a volatilização (processo pelo qual o composto evapora do local para a atmosfera) e também a biodegradação. Indica-se tal técnica para o uso em solos saturados de média a alta permeabilidade, contaminados por compostos voláteis (Vocs) e semivoláteis (Svocs) ou não voláteis aerobicamente biodegradáveis. Essa metodologia é utilizada em áreas atingidas por produtos como o petróleo e seus derivados contaminantes, os quais apresentam alta volatilidade e enorme capacidade regenerativa biodegradativa.

Esse processo todo conta com uma série de estágios, mas é no final de remoção dos contaminantes que ocorre a fase de biodegradação e adsorvição de compostos com volatilidade menor. As taxas de remoção por extração de vapores e por biorremediação estarão sujeitas a análises geotécnicas (permeabilidade, heterogeneidades) e hidrogeológicas, bem como às propriedades do contaminante e do projeto de remediação específico. Para que o processo seja seguro e de alta eficiência, é fundamental a habilidade do sistema em introduzir o ar na região afetada, o que requer, acima de tudo, minudenciadas investigações de campo, incluindo parâmetros de fluxo de ar na zona não saturada e viabilidade de biorremediação.

Extração de vapores do solo ou SVE

É um das mais importantes ferramentas de remediação para líquidos em fase não aquosa (NAPLs), sendo utilizada vastamente nos Estados Unidos e no Brasil. Como uma tecnologia simples de remediação *in situ*, adequada para a remoção de contaminantes que se volatilizarem ou evaporarem facilmente na zona não saturada do solo, ela consiste na aplicação de ar na zona não saturada do solo, o qual tornará os contaminantes gasosos, seguida da futura extração dos vapores gerados por sistema de vácuo. Entre os fatores que propiciam a utilização dessa técnica, podemos destacar a permeabilidade do solo na zona não saturada, a umidade (altas umidades inviabilizam o processo), a profundidade do lençol freático e o tipo de contaminante.

No entanto, devemos considerar que, para a adoção dessa técnica em determinado local com contaminante, é necessária a instalação de poços de extração de gases e de injeção na área infectada, formando um sistema de circulação de ar que recorre a compressores a fim de forçar a passagem do ar para fora do solo. Colocam-se os poços na posição vertical, podendo ser invertidos no caso de níveis de água mais superficiais. Uma vez que o ar entra no solo, os contaminantes evaporam, saindo dos poros do próprio solo, e são aspirados pelo ar para os poços de vazão, onde são removidos e tratados (por adsorção por carbono, incineração, oxidação catalítica ou condensação) antes do lançamento na atmosfera. O tratamento é realizado em função da observação de alguns fatores, tais como tipo e concentração do contaminante, sendo a adsorção por carbono a mais utilizada para tratamento de uma grande quantidade de compostos orgânicos voláteis (COVs).

Air sparging

Técnica *in situ* para remediação de áreas subterrâneas que engloba a injeção de gás sob pressão por meio de poços situados na zona saturada do solo, a fim de remover compostos volatilizáveis, conforme afirmado anteriormente. Essa técnica, complementarmente à extração de vapores do solo, é usada para solos saturados e águas subterrâneas, permitindo a retirada física do contaminante e acelerando a biodegradação (chamada *biosparging*) em zonas saturadas. Os fatores que influenciam emprego da biodegradação do tipo *biosparging* são a permeabilidade do solo na zona saturada, a profundidade do lençol freático e o tipo de contaminante. Nesse processo, o ar pode seguir duas vias: fluindo pelo solo como bolhas esféricas descontínuas ou fluindo continuamente em canais pelos poros, que são caminhos de menor resistência ao fluxo. Na fase residual, contudo, o processo não apresenta eficácia na remoção dos resíduos, pois há um bloqueio dos poros, o que diminui a permeabilidade para a passagem do gás, não formando bolhas na zona saturada, o que acaba por prejudicar a volatilização.

4.2 Etapas do gerenciamento

Antes de tomar uma decisão acerca de qual técnica deve ser utilizada para a remediação de um local contaminado, é imprescindível que se considere uma série de passos que irão influenciar na escolha da metodologia, no custo do procedimento e no resultado final do processo de remediação.

Conforme explica Schmidt (2010), a sequência das etapas do gerenciamento de áreas contaminadas é dividida em:

1. definição da região de interesse (estudo sobre a área);
2. identificação de áreas potencialmente contaminadas (delimitação dos locais contaminados com estudos geofísicos);
3. avaliação preliminar (verificação da possibilidade de área de interesse);
4. investigação confirmatória (caso ainda não haja certeza da contaminação);
5. avaliação de risco (apresentação de alternativas de remediação e o risco de se implementar um projeto para a população local e o meio ambiente);
6. investigação para remediação (pesquisa realizada para verificar qual é a melhor técnica a ser utilizada e avaliação do custo/ benefício da técnica para a área degradada);

7. projeto de remediação (implantação do projeto no local com gerenciamento de instalação das maquinarias selecionadas);
8. remediação propriamente dita (implementação do projeto desenvolvido, com a técnica escolhida por meio do estudo de investigação);
9. monitoramento (depois de finalizado o processo de remedição, o local deve ser constantemente monitorado para que a eficiência do processo realizado seja garantida e a área responda positivamente à remediação).

PARA SABER MAIS

Leia os artigos citados a seguir (publicações científicas e tese de doutorado) para ajudá-lo a entender melhor como funciona o processo de remediação e suas etapas:

ARAÚJO, J. C.; GÜNTNER, A.; BRONSTERT, A. Loss of Reservoir Volume by Sediment Deposition and its Impact on Water Availability in Semiarid Brazil. **Hydrological Sciences Journal**, London, v. 51, n. 1, p. 157-170, 2006. Disponível em: <http://www.tandfonline.com/doi/pdf/10.1623/hysj.51.1.157>. Acesso em: 1 set. 2014.

GUSMÃO, A. D. **Uso de barreiras reativas na remediação de aquíferos contaminados**. 251 f. Tese (Doutorado em Engenharia Civil), Pontifícia Universidade Católica do Rio de Janeiro, 1999.

4.3 Organismos utilizados na biorremediação

Conforme já citado na introdução deste capítulo, entende-se por *biorremediação* qualquer forma de tratamento de uma área degradada a qual utiliza microrganismos do solo para biodegradar qualitativa e quantitativamente os contaminantes da terra e das águas subterrâneas, alterando as substâncias contaminantes presentes nos compostos orgânicos para energia e em substâncias atóxicas ou com nível mais baixo de toxicidade. A degradação de contaminantes ocorre de duas formas: sob condições preexistentes, ou seja, biorremediação intrínseca, ou por meio de tecnologias de biorremediação, que objetivam a criação de parâmetros ideais e necessários para que ocorra a biodegradação da área. A grande qualidade no emprego de biorremediação reside no fato de ela permitir a degradação de concentrações baixíssimas de poluentes orgânicos, geralmente inferiores às máximas aceitáveis pelo organismo humano.

Quando comparamos os processos biológicos, como a biodegradação discutida aqui, com processos abióticos, concluímos que os primeiros resultam em uma completa transformação de compostos orgânicos tóxicos em produtos inorgânicos atóxicos, enquanto os segundos raramente transformam substâncias orgânicas em produtos inorgânicos. Em outras palavras, esse processo envolve uma série de reações químicas, nas quais os microrganismos metabolizam as substâncias orgânicas, nutrindo-se e obtendo energia delas, ação que promove a transformação de compostos orgânicos tóxicos em outros compostos não tóxicos (processo chamado de *mineralização*, no qual, quando realizado por respiração aeróbia, os produtos finais são CO_2 e H_2O), ou pelo menos com toxicidade menor para o ambiente (processo chamado de *detoxificação*). No primeiro processo de degradação, os microrganismos alteram a estrutura dos poluentes e produzem resíduos como dióxido de carbono, água, formas inorgânicas de nitrogênio, fósforo e enxofre, os quais utilizam o carbono presente nos compostos orgânicos como fonte de energia.

4.3.1 Requisitos para biodegradação

Para que a técnica de biorremediação seja implementada em uma área degradada, devemos considerar alguns aspectos e analisar criteriosamente a necessidade e a viabilidade da utilização de tal método. Para isso, segundo Gaylarde, Bellinaso e Manfio (2005), existem alguns requisitos básicos:

- » **Microrganismos apropriados** – No caso de aquíferos subterrâneos, a utilização de bactérias é mais apropriada. É preferível o emprego de bactérias nativas (*indogenous*) adequadas para biodegradar o poluente local.
- » **Nutrientes** – Entre eles podemos destacar o nitrogênio, o fósforo, o cálcio e o magnésio.
- » **Condições ambientais aceitáveis** – Temperatura, pH, salinidade, pressão hidrostática e radiação adequados a cada situação e projeto de biorremediação. Além disso, é importante conhecer a presença de metais pesados ou outros elementos tóxicos que inibam a ação de bactérias.
- » **Fontes de carbono** – São consumidas pelas bactérias nas reações de degradação do poluente; aproximadamente 50% do peso seco das bactérias é carbono, utilizado para compor e gerar novas células.
- » **Receptores de elétrons** – Necessários para que aconteça o processo de degradação, o qual envolve reações de oxidação dos contaminantes.
- » **Fontes de energia** – Conforme dito anteriormente, o carbono orgânico serve como fonte de energia, sendo usado para manutenção e crescimento dos microrganismos, e transformado em carbono inorgânico, energia e elétrons durante o processo.

Em virtude da utilização de organismos vivos para a recuperação de uma área, a biodegradação ocorre por meio de dois processos celulares, de acordo com Gusmão (1999):

» **Aeróbicos** – Os microrganismos necessitam de oxigênio para seu funcionamento, sendo este um receptor de elétrons.
» **Anaeróbicos** – Atividade biológica que ocorre sem oxigênio.

Esse último processo, por sua vez, divide-se em **respiração anaeróbia** (utilizam como receptores de elétrons nitratos, sulfatos e dióxido de carbono) e **fermentação** (os compostos orgânicos agem como doadores e receptores de elétrons), sendo mais lentos que os aeróbios. Assim, distinguem-se pela forma de utilização do carbono orgânico como substrato (contaminantes empregados como substratos primários são uma fonte de energia e de carbono para os microrganismos; os substratos secundários, por sua vez, não fornecem energia suficiente para amparar a população microbiana, sendo imprescindível a presença de um substrato primário, que origine enzimas capazes de biodegradar o substrato secundário – cometabolismo).

Os hidrocarbonetos de petróleo representam boas opções como substratos primários na biodegradação, bem como os compostos halogenados ou clorados (pouco clorados, com no máximo dois cloros). Ainda que o emprego de técnicas de biorremediação aeróbia *in situ* seja mais comum, a biodegradação anaeróbia é plausível para compostos orgânicos persistentes à biodegradação aeróbia, por exemplo, os hidrocarbonetos halogenados ou orgânicos clorados, os hidrocarbonetos aromáticos e os poliaromáticos (quanto mais anéis benzênicos houver na constituição dos compostos aromáticos, mais difícil é a obtenção da biodegradação aeróbia). Por outro lado, quanto mais halogenação apresentar determinado contaminante, maiores são os percentuais de biodegradação anaeróbia.

Podemos ainda indicar um outro processo responsável pela desalogenação por meio de reações de redução, utilizando para isso a fonte anaeróbica. A decloração redutiva é um exemplo, pois promove a biodegradação de compostos com altos níveis de halogenação, persistentes mesmo após a degradação aeróbica bacteriana, caracterizando-se pela substituição do cloro por um hidrogênio. Gusmão (1999) cita algumas desvantagens da biodegradação anaeróbia: "o resultado do processo é que alguns subprodutos são mais nocivos que o original, além das taxas de biodegradação anaeróbia que, por serem maiores para os orgânicos mais clorados, podem tornar os menos clorados mais persistentes no solo".

A biorremediação também pode ocorrer por meio de técnicas *in situ*, as quais não exigem escavação do solo contaminado, motivo pelo qual o custo da metodologia é mais baixo, além de causar menos perturbações e liberação do poluente no ecossistema. Destacamos que, nesse caso, é possível o tratamento de uma maior quantidade de solo, ou *ex situ* (métodos mais rápidos e de fácil controle, mas que necessitam de escavação, transporte, tratamento e disposição do solo contaminado, o que significa que demandam alto custo, impõem impacto elevado sobre o ambiente e apresentam dificuldades operacionais).

Caso os organismos nativos utilizados na biorremediação *in situ* não sejam suficientes em quantidade para a remoção do agente poluidor, microrganismos de outros locais (*exogenous*) podem ser empregados. Adiante, veremos alguns exemplos de técnicas *in situ* que podem ser utilizadas para a recuperação de áreas degradadas por contaminantes químicos.

PARA SABER MAIS

Caso você queira entender melhor como funciona o processo de remediação e suas etapas, leia a publicação científica a seguir.

ANTIQUERA, J. M.; ALMEIDA, T. L. de. Uso de vermicompostagem na biorremediação de lodo de esgoto. In: SIMPÓSIO DE TECNOLOGIA EM MEIO AMBIENTE E RECURSOS HÍDRICOS, 4., 2013, Jaú. **Anais**..., Jaú: Fatec Jahu, 2013. Disponível em: <http://www.rimaeditora.com.br/14_5SIMAR.pdf>. Acesso em: 5 out. 2014.

4.3.1.1 Biorremediação aeróbia *in situ*

A biorremediação aeróbia *in situ* é empregada geralmente na recuperação de locais contaminados com produtos derivados de petróleo, compostos fenólicos, solventes organoclorados pouco clorados, entre outros NAPLs ou líquidos em fase não aquosa. É apropriada para a utilização com hidrocarbonetos de petróleo, especialmente os do grupo Btex, que são os compostos mais degradáveis do ponto de vista aeróbico.

Assim, por meio da estimulação do crescimento de microrganismos nativos no solo, também chamada *bioestimulação*, é adicionada ao solo uma gama de nutrientes e oxigênio em temperatura adequada, os quais servem para possibilitar a degradação do contaminante. Se pensarmos no caso de cometabolismo, já citado anteriormente, deve ser adicionado ao processo de degradação por microrganismos um substrato primário. Contudo, torna-se imprescindível a compreensão de que essa técnica aceita a biodegradação de contaminantes conjuntos às partículas sólidas e dissolvidos na água subterrânea simultaneamente. Além disso, as tecnologias de remediação que usam microrganismos via processos aeróbicos variam no modo de fornecimento da fonte de oxigênio. O sistema empregado na maioria dos projetos de biorremediação utiliza o mesmo esquema de implementação descrito e patenteado por Richard Raymond em 1974, o qual é constituído por poços de injeção e de extração instalados no local a ser remediado, com a possibilidade de reinjeção da água subterrânea.

4.3.1.2 Biorremediação intrínseca*

A biorremediação intrínseca é um processo em que ocorre a ação dos microrganismos sem intervenção humana. O desenvolvimento da técnica consiste na antevisão e no monitoramento dos processos de **atenuação natural**, ou seja, do emprego de um produto novo, totalmente natural, que provoca a extração de compostos voláteis e tem o poder da oxidação lenta, sendo realizado naturalmente a seu tempo. Muitas vezes, a expressão *atenuação natural* é usada como sinônimo para *biorremediação intrínseca*, por se tratar de processos biológicos de ação natural. Contudo, a atenuação natural da probabilidade de saturação do solo, sendo ampla, aumenta a probabilidade do uso de outras substâncias conjuntas para biorremediação.

4.3.1.3 Embebição e lavagem do solo *in situ*

A embebição e lavagem do solo *in situ* consiste na injeção ou infiltração de uma solução em uma zona saturada contaminada, seguida da aplicação de um gradiente hidráulico que realiza a extração da água subterrânea e do efluente (solução com os contaminantes) para a superfície, onde ocorre o tratamento fora do terreno ou reinjeção. As soluções utilizadas no processo de biorremediação são os surfactantes, os cossolventes, os ácidos, as bases, os solventes ou até mesmo a água limpa, empregados em uma imensa gama de contaminantes orgânicos

---

* Seção elaborada com base em Schimidt (2010).

e, ainda, na remoção de alguns compostos inorgânicos. A sua utilização é adequada em locais com permeabilidade moderada a alta, e o conhecimento das condições hidrogeológicas do local a ser recuperado é de extrema valia para o sucesso do processo.

PARA SABER MAIS

Como vimos neste capítulo, a biorremediação é uma técnica utilizada para remover ou reduzir poluentes de um ambiente. O termo *remediar* provém, exatamente, dos conceitos de remoção e redução que estão atrelados a essa tecnologia, os quais já discutimos anteriormente. O processo é amplamente utilizado pela comunidade científica e, como afirma Gaylarde, Bellinaso e Manfio (2005), da Universidade Federal do Rio Grande do Sul: "o processo de biológico de remediação é uma tecnologia ecologicamente mais adequada e eficaz para o tratamento de ambientes contaminados com moléculas orgânicas de difícil degradação e metais tóxicos".

Em seu artigo para a revista científica *Biotecnologia Ciência & Desenvolvimento*, os pesquisadores descrevem os aspectos técnicos e biológicos da biorremediação de xenobióticos. Mas o que eles são? São moléculas orgânicas de difícil degradação sintetizadas tecnologicamente por processos industriais (indústria química – agrotóxicos, corantes, plásticos e outros e, por essa razão, não são comuns no ambiente natural.

Segundo os autores, o sistema microbiano apresenta maior eficácia na remoção de xenobiontes do ambiente, uma vez que estão envolvidos nos ciclos biogeoquímicos reciclando moléculas e agindo como mantenedores da vida na Terra. O diferencial da técnica consiste na utilização de seres de estrutura biológica simples, mas com uma capacidade de metabolismo evoluído integrado entre comunidades unida ao potencial genético e enzimático. Existem vários fatores que influenciam um processo de biodegradação das moléculas, como parâmetros físicos e químicos (natureza física do solo, água ou sedimento onde está o composto poluente, temperatura e luminosidade) e biológicos (existência de uma população de microrganismos capaz de degradar a molécula-alvo). Além disso, devem ser consideradas todas as etapas de biorremediação já apresentadas neste capítulo, bem como os processos moleculares de obtenção de tais microrganismos, ou seja, o uso de organismos geneticamente modificados a serem inseridos no ambiente poluído. O fato é que a implementação de um projeto dessa proporção, segundo os autores, necessita de uma "visão interdisciplinar" que envolva profissionais de várias áreas, como química, biologia molecular e microbiologia, engenharia e bioquímica.

Quer saber mais? Leia a reportagem completa na *Revista Biotecnologia Ciência & Desenvolvimento*:

GAYLARDE, C. C.; BELLINASO, M. de L.; MANFIO, G. P. Biorremediação: aspectos biotecnológicos e técnicos da biorremediação de xenobióticos. **Revista Biotecnologia Ciência & Desenvolvimento**, n. 34, p. 36-43, jan./jun. 2005. Disponível em: <http://www.cocminas.com.br/arquivos/file/Biorremediacao.pdf>. Acesso em: 2 set. 2014.

PERGUNTA & RESPOSTA

Quais são as etapas necessárias para a aplicação de um processo de biorremediação?

É importante lembrarmos que as etapas gerais de biorremediação são similares às etapas iniciais de qualquer projeto de remediação a ser implantado em uma área. O primeiro é conhecer a área contaminada, por exemplo, o solo. O segundo passo refere-se à identificação da contaminação, bem como de seus compostos e da quantidade presente na área. A partir daí, é necessária a realização de uma análise das condições biológicas, hidrológicas, geofísicas e geológicas para o delineamento do tipo de técnica necessária. O último passo em comum entre a biorremediação e a remediação consiste na definição da técnica utilizada, optando por *in situ* ou *ex situ*. A partir desse ponto, as próximas etapas são exclusivas do processo de biorremediação. Cabe lembrarmos, neste momento, a diferença entre as técnicas. A técnica *in situ* é aplicada por meio da fitorremediação, segundo a qual os instrumentos utilizados podem ser plantas naturais ou transgênicas. Por outro lado, a técnica *ex situ* consiste em utilizar microrganismos, mediante a bioestimulação (favorecem o uso os microrganismos autóctones) ou a bioaumentação (ocorre a introdução de microrganismos). A bioestimulação pode ser verificada de três formas: a introdução de microrganismos geneticamente modificados, o uso dos autóctones (isolamento e seleção de organismos que tenham as mesmas propriedades do ambiente tratado) e o uso dos alóctones (isolamento e seleção de microrganismos retirados de outras fontes). Após a definição do procedimento adotado, é realizada a implementação da técnica escolhida no ambiente. A execução do projeto no ambiente contaminado exige monitoramento, para garantir a eficácia do procedimento e a necessidade de ajustes, caso o processo responda de forma negativa.

SÍNTESE

Em razão da constante poluição que a atividade antrópica causa à terra, há a necessidade da implementação de técnicas que visem à recuperação dos solos contaminados, processo denominado *remediação*, que consiste na recuperação de áreas contaminadas a fim de amenizar os efeitos tóxicos do solo. Por sua vez, a biorremediação, outra técnica utilizada com a mesma finalidade, utiliza microrganismos para a recuperação do solo. Ambas podem ocorrer sob duas formas: *in situ* (no local contaminado) ou *ex situ* (remoção do solo contaminado para ser tratado em outro local), procedimentos que também necessitam de uma criteriosa análise antes da realização dos processos, avaliando a área contaminada a ser tratada e seus fatores externos. A implantação do procedimento deve seguir as etapas de gerenciamento, que determinam a metodologia que deve ser empregada, o custo e o resultado pretendido; após a execução da técnica, é necessário monitoramento a fim de que se garanta o resultado pretendido.

QUESTÕES PARA REVISÃO

1. Levando em consideração o estudo deste capítulo, descreva as etapas de um processo de gerenciamento de remediação.

2. Defina *biorremediação* e alguns dos organismos mais utilizados para essa técnica de tratamento de áreas degradadas.

3. (Cesgranrio – Petrobras – 2010) Há um processo de pré-tratamento para remediação de solos, aos quais são misturados aditivos com rejeitos ou solos contaminados, objetivando minimizar a taxa de migração de contaminantes no meio ambiente e promover uma transformação química ou física dos resíduos ou dos contaminantes dissolvidos no solo de maneira a diminuir sua toxicidade. Tal processo é denominado:
   a. *Soil flushing*.
   b. Estabilização.
   c. *Air sparging*.
   d. *Stripping* de vapor do solo.
   e. *Pump and treat*.

4. (Adaptado de Cesgranrio – Petrobras – 2010) A remediação de solos contaminados é realizada por meio de técnicas em que se remove ou não o solo da área contaminada, ou seja, *ex situ* ou *in situ*, respectivamente. Quais técnicas de remediação podem ser classificadas como *ex situ*?
   a. Vitrificação, incineração e biorremediação.
   b. Extração a vácuo, extração química e dessorção térmica.
   c. Lavagem do solo, extração química e incineração.
   d. Biorremediação, extração a vácuo e vitrificação.
   e. Dessorção térmica, extração a vácuo e biorremediação.

5. (Adaptada de Cespe/UnB – Ibama – 2005) A gestão, a proteção e o controle da qualidade ambiental requerem que o analista ambiental tome decisões com base em informações técnicas que envolvem aspectos como poluição do ar, do solo e da água, passivos e remediação ambientais, segurança química e do meio ambiente, dados toxicológicos e bioestatística. Nesse contexto, avalie os itens a seguir:
   I. Os níveis de emissões de material particulado por veículos automotivos são contribuições desprezíveis no que diz respeito à poluição atmosférica no Brasil.
   II. A poluição atmosférica caracteriza-se basicamente pela presença de gases tóxicos e partículas sólidas no ar.
   III. A remediação de solos contaminados envolve três principais ações, que são a retenção ou a imobilização, a mobilização e a destruição, sendo que as tecnologias envolvidas em remediação não podem ser usadas no local da contaminação.
   IV. A quantificação da atenuação natural de contaminantes no meio ambiente deve ser considerada durante o processo de remediação ambiental.

V. Segurança química é a prevenção dos efeitos adversos, para o ser humano e para o meio ambiente, decorrentes da produção, da armazenagem, do transporte, do manuseio, do uso e do descarte de produtos químicos.

Assinale a alternativa que corresponde às afirmativas verdadeiras:
a. I, III, IV.
b. II, IV, V.
c. I, II, IV.
d. I, III, IV.
e. Todas as afirmativas estão corretas.

QUESTÃO PARA REFLEXÃO

Uma indústria petrolífera se instalou em determinada região, causando diversos impactos ambientais, entre eles: degradação e poluição do solo com a retirada da vegetação e preparo da terra durante a instalação e a exploração nos poços terrestres, além de derramamentos de óleo; poluição atmosférica pelas emissões de poluentes no processo de refino; e degradação marinha ocasionada pelas perdas naturais de óleo e acidentes em poços, como vazamentos ou derramamentos de óleo. Esses impactos causam risco tanto à saúde ambiental como à segurança pública, além de desvalorizar a área ao redor da indústria. Refletindo sobre o conceito de remediação como promotor da reabilitação de áreas contaminadas, como poderemos utilizar ações tecnológicas em prol do desenvolvimento da região afetada, pautando-nos nos conceitos da sustentabilidade?

CAPÍTULO 5 DESENVOLVIMENTO SUSTENTÁVEL

CONTEÚDOS DO CAPÍTULO

» Concepção de *sustentabilidade*.
» Medidas de redução da poluição.
» Formas alternativas de energia.

APÓS O ESTUDO DESTE CAPÍTULO, VOCÊ SERÁ CAPAZ DE:

1. definir desenvolvimento sustentável, bem como a prática de medidas que visem à redução dos impactos causados pela poluição;
2. relacionar sustentabilidade com a concepção de prevenção;
3. identificar formas alternativas de geração de energia;
4. reconhecer formas de preservação das fontes naturais.

Como vimos anteriormente, todas as espécies dependem da natureza para a sobrevivência, fonte dos recursos para a satisfação de suas necessidades e local onde eliminam seus dejetos. Com os progressos industrial e tecnológico, a exploração desses recursos cresceu excessivamente e em um ritmo acelerado, visando satisfazer as necessidades humanas. O conflito entre os progressos tecnológico e industrial, a forma de organização social sob o aspecto econômico e a busca pela qualidade de vida geraram uma crise que, após ser notada, deu origem à consciência ambiental, deflagrando a atual crise ambiental que presenciamos.

Uma vez que a degradação do meio ambiente por parte das atividades antrópicas atinge a saúde humana e a regeneração dos recursos naturais, posto que são limitados, vivenciamos uma ampliação da consciência ambiental. Apesar de todas as consequências das atividades humanas sobre o meio ambiente, precisamos ainda assim garantir às próximas gerações um desenvolvimento sustentável, por meio de medidas de prevenção e redução dos danos causados pela atividade humana. Portanto, é válido lembrarmos aqui o conceito de *sustentabilidade*, ou seja, o fato de um sistema ou modelo ter a capacidade de se sustentar sem a interferência de outros setores que o levem a crises, as quais podem acabar atingindo seu todo.

CONSULTANDO A LEGISLAÇÃO

A Lei n. 9.985, de 18 de julho de 2000 (Brasil, 2000b), a qual "regulamenta o art. 225 da Constituição Federal (1988), institui o Sistema Nacional de Unidades de Conservação da Natureza e dá outras providências", está relacionada à promoção do desenvolvimento sustentável a partir dos recursos naturais. Caso você queira saber mais a respeito, acesse:

BRASIL. Lei n. 9.985, de 18 de julho de 2000. **Diário Oficial da União**, Brasília, DF, Poder Legislativo, 19 jul. 2000. Disponível em: <http://www.planalto.gov.br/ccivil_03/leis/l9985.htm>. Acesso em: 7 nov. 2014.

5.1 Prevenção e redução da poluição

Prevenção é definida como uma forma de redução da poluição (no caso desta obra), com vistas a diminuir os danos que esse fenômeno causa e tentar criar estratégias que evitem a emissão de poluentes. Esse conceito está associado à necessidade de renovação das fontes naturais de recursos e preservação dos recursos que ainda existem, redução do lançamento de poluentes e dejetos e desenvolvimento de formas alternativas de produção de energia, a fim de reduzir os danos causados pela ação humana e prevenir futuros danos.

Portanto, o conceito de prevenção da poluição consiste na adoção de práticas que reduzem a emissão de substâncias poluentes ou o lançamento delas antes da sua reciclagem, tratamento ou disposição, diminuindo dessa forma os riscos à saúde pública e ao ambiente, bem como em medidas que conservem os recursos naturais existentes. São quatro os conceitos que abordaremos sobre prevenção, controle e redução, denominandos de *prevenção e redução*, *reciclagem e reutilização*, *tratamento* e *disposição final*, conforme demonstrado na Figura 5.1 a seguir.

Figura 5.1 – Conceito de prevenção da poluição

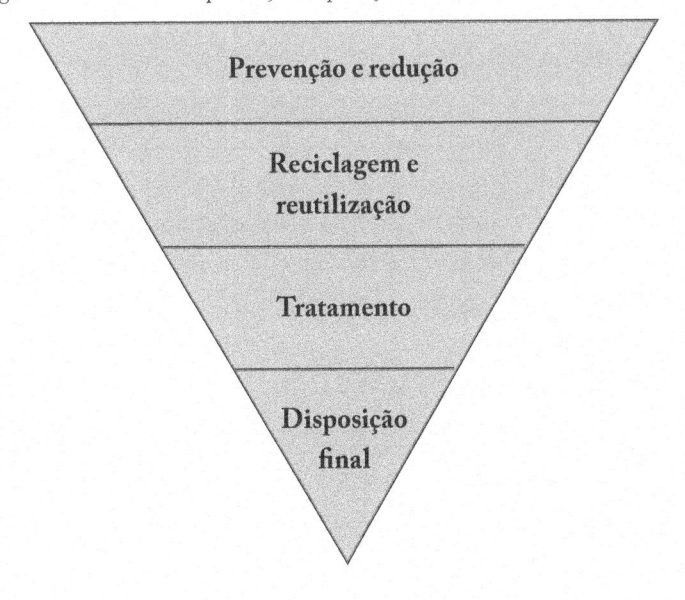

- Prevenção e redução
- Reciclagem e reutilização
- Tratamento
- Disposição final

PERGUNTA & RESPOSTA

O conceito de prevenção da poluição deve ser amplamente utilizado em todas as áreas de uma empresa. Como podemos implementá-lo em uma empresa de viação circular urbana, cujas atividades principais são manutenção mecânica total dos veículos, lavagem, limpeza interna e higiene?

A empresa deve pensar em suas atividades globais, e cabe ao profissional responsável pela gestão ambiental a implementação de projetos que visem à melhoria da qualidade ambiental, respeitando o conceito de prevenção da poluição. Assim, por exemplo, a água de lavagem dos veículos pode ser recuperada com canaletas no piso que levam a um sistema de coleta e tratamento, para ser utilizada para outras lavagens e limpeza interna; o resíduo ou lodo produzido na rampa de limpeza dos ônibus pode ser acumulado em local apropriado, com contenção de concreto, e deixado para secagem até que uma empresa especialista em soluções ambientais retire-o do local, procedendo com a descarga e a destilação dos resíduos no aterro sanitário; o óleo retirado do motor na troca periódica pode ser acondicionado em um reservatório na rampa de lubrificação; os pneus usados podem ser utilizados na construção de rodovias como elemento constituinte do asfalto, na geração de energia, na indústria civil e na regeneração da borracha. Como vimos, essas medidas utilizam o conceito da redução em primeiro lugar, utilizando menor quantidade de água, seguido pelo princípio de reciclagem da água, da borracha dos pneus, do óleo de motor e, finalmente, o tratamento e a disposição desses elementos.

A prevenção em si está associada à tentativa de eliminar a fonte de poluição, evitando que o resíduo seja gerado por meio de gases poluentes, resíduos sólidos e líquidos, mecanismo que ocorre alterando-se o processamento para seu uso e no produto, a fim de reduzir seus efeitos.

Desse modo, utilizamos a reciclagem nos casos em que é inevitável a geração de resíduos, minimizando seu potencial mediante reaproveitamento, recuperação e reutilização. Nos casos em que os rejeitos não podem ser reduzidos nem extinguidos, diminuímos seus efeitos antes do seu lançamento, tratando-o pela estabilização, neutralização, precipitação, evaporação e incineração. Por fim, ocorre a disposição final, que é a última forma de minimizar seu impacto, realizada em aterros.

O projeto Produção Mais Limpa é outra estratégia de prevenção que visa aumentar a eficácia do reaproveitamento e destinação de resíduos e reduzir seus impactos, aplicada geralmente em processos industriais, conservando matérias-primas, água e energia, e eliminando substâncias perigosas.

Além da tentativa de evitar a produção do resíduo, a reciclagem, o tratamento adequado e a disposição final, encontramos variadas alternativas para outras formas de poluição. Por exemplo: a poluição emitida pela fumaça dos carros pode ser reduzida recorrendo-se a outros meios de transporte, como ônibus, bicicletas, caronas, a fim de diminuir o número de automóveis na cidade etc.

Outro aspecto que devemos enfatizar se refere ao controle dos prejuízos ao meio ambiente praticado pelos órgãos governamentais. No Brasil, o controle da poluição teve início a partir dos anos de 1970. No referido período, iniciou-se a implantação de órgãos de controle ambiental nas cidades que apresentavam significativas concentrações industriais ou nas zonas urbanas próximas a esses polos. O primeiro deles, lançado no Rio de Janeiro, foi o Sistema de Licenciamento de Atividades Poluidoras (Slap), cuja função era exigir das empresas, ou das instalações industriais, o uso de equipamentos de controle e tecnologia que lhes permitissem realizar suas funções sem agressões ao meio ambiente. Estabeleceram-se, dessa forma, regras e procedimentos para reduzir as emissões de poluentes. Além disso, também se fizeram investimentos nas agências federais e estaduais, visando à formação de técnicos que fiscalizam e licenciam as atividades geradoras de poluição, exigindo delas que sigam os padrões estabelecidos.

No entanto, em função da diversidade de produtos transportados e manipulados que podem desencadear esses acidentes, a manutenção de equipes preparadas para cada tipo de acidente torna-se mais difícil. Por esses motivos, cabe à Defesa Civil a responsabilidade de coordenar planos de emergência para os diversos casos possíveis e convocar o especialista adequado, ou seja, aquele que melhor conhecer o produto químico exposto e, assim, puder orientar e tomar os devidos cuidados no caso específico. Resumindo, compete às entidades governamentais, à Defesa Civil e aos agentes de controle ambiental coordenar medidas que envolvam a prevenção e o controle da poluição, independentemente de sua origem, tendo a responsabilidade de elaborar planos emergenciais nos casos de acidentes, sistematizando as ações dos órgãos competentes a fim de reduzir as consequências no ambiente.

No âmbito federal, o Conselho Nacional do Meio Ambiente (Conama) é responsável pela regulamentação das emissões de poluentes e pelo estabelecimento dos limites máximos de emissões e seus padrões.

Como muitas das repercussões e vários dos acidentes ambientais noticiados têm origem nas indústrias e em suas atividades, faz-se necessário destacarmos o cuidado no processo de licenciamento de novos estabelecimentos referidos na legislação, sendo imprescindível a análise do impacto ambiental que causarão. É também fundamental que as empresas com potencial poluente prefiram o uso de tecnologias que poluam menos, diminuindo a emissão de gases poluentes, tratando dos efluentes líquidos, do destino dos resíduos e da realização de controle desses procedimentos. Uma das funções da sociedade nesse quesito é cobrar dos órgãos encarregados cuidado e atenção especiais no que se refere à atividade industrial, e cobrar ações das autoridades.

Para a prática de uma política ambiental correta, é necessária a seriedade do governo, que não deve atender apenas a interesses de grupos ruralistas, de instituições de capital financeiro e de corporações industriais. Esse discernimento se torna fundamental para que os interesses ambientais prevaleçam e sejam postos em prática, por meio da fiscalização de atividades consideradas poluidoras.

Quanto ao problema do lixo, as medidas que favorecem a redução de poluição podem ser tomadas em conjunto com a população, que precisa ser incitada a reduzir a produção de lixo, reciclando embalagens e utilizando sacolas recicláveis, por exemplo. Às prefeituras, por sua vez, cabe a responsabilidade do tratamento de todos os aterros.

Destacamos ainda a ocorrência de várias outras conferências internacionais cujo objetivo principal consiste no estabelecimento de medidas de prevenção contra danos ambientais. Em 1992, ocorreu a ECO-92, que determinou a responsabilidade pela conservação e preservação do clima seria dos próprios países, culminando na Agenda 21, principal instrumento de planejamento para a construção de sociedades sustentáveis. No referido evento foram realizadas análises da situação ambiental mundial e estabelecidos mecanismos de transferência de tecnologias não poluentes aos países subdesenvolvidos, entre outras atividades. Em 2002, o mundo observou ansioso as deliberações da Cúpula Mundial sobre Desenvolvimento Sustentável, também chamada *Rio+10*, evento que estabeleceu ações globais (novas formas de educação, preservação de recursos naturais e participação no planejamento de uma economia sustentável), visando a melhorias na qualidade de vida e na manutenção ambiental.

PARA SABER MAIS

Você encontra no *site* do Ministério do Meio Ambiente (MMA) diversas informações sobre as grandes conferências mundiais acerca do meio ambiente. Uma delas é a Agenda 21. Você já leu algo sobre esse evento? Foi uma conferência concebida pelas Organização das Nações Unidas (ONU), na cidade do Rio de Janeiro, em 1992, conhecida também como *ECO-92*, que mediou acordos entre 179 nações presentes na ocasião, as quais assinaram um documento intitulado *Agenda 21 Global* (Brasil, 2014c). A expressão de destaque na reunião foi o "desenvolvimento sustentável" como um plano de desenvolvimento para o século XXI. Conforme o MMA, esse documento representa a intenção das nações de se adequarem ao desenvolvimento sustentável, construindo sociedades voltadas para esse objetivo, o que envolve tanto a proteção do meio ambiente quanto uma postura de justiça social e eficiência na utilização da maquinaria econômica.

Quer saber mais sobre a Agenda 21 – Conferência das Nações Unidas sobre Meio Ambiente e Desenvolvimento? Leia o documento na íntegra no *site* do Ministério do Meio Ambiente, disponível em:

BRASIL. Ministério do Meio Ambiente. **Agenda 21 Global**. Disponível em: <http://www.mma.gov.br/responsabilidade-socioambiental/agenda-21/agenda-21-global>. Acesso em: 4 jun. 2014.

5.2 Novas tecnologias

Conforme vimos nos capítulos anteriores, o homem vem se apropriando da natureza, desde o início da humanidade, visando apenas à satisfação das suas necessidades e à obtenção de lucro. Com as transformações ocorridas desde a Revolução Industrial, notamos uma crescente necessidade de energia, somada ao crescimento industrial e populacional, elementos que ampliaram ainda mais a demanda por recursos naturais. Dessa forma, visualizamos a necessidade de emergência de fontes alternativas de energia, de preferência as renováveis. Logo, as tecnologias de exploração de energia têm sido elaboradas com vistas ao desenvolvimento sustentável.

Essas fontes de energia oferecem diversas vantagens, pois permitem a exploração de recursos locais, exportam energia, criam empregos e favorecem a saúde ambiental, uma vez que reduzem as emissões de poluentes. Conheça a seguir exemplos de fontes de energias renováveis, bem como seus mecanismos de geração de energia.

» **Energia hidráulica ou energia hidrelétrica** – Considerada uma fonte de energia renovável e limpa, não polui e demanda baixo custo. Seu mecanismo baseia-se em obter energia (potencial e cinética) disponível na água, transformando-a em energia elétrica por meio de turbinas. Contudo, ela apresenta desvantagens, tais como deslocamento de comunidades e a inundação de grandes áreas. No Brasil, temos a Usina Binacional de Itaipu, a Usina de Tucuruí, entre outras.

» **Energia eólica** – Obtida por meio do vento, também é considerada uma fonte limpa, renovável e sem agressões ao meio ambiente. Seu método consiste no uso de aerogeradores (grandes turbinas) em locais abertos e com alta quantidade de vento, por meio dos quais se obtém energia elétrica.

» **Energia térmica** – Emitida pelo sol e obtida pelos painéis solares compostos de células fotovoltaicas, transformando a energia solar em elétrica ou mecânica. Costuma ser utilizada em algumas residências, para luz e aquecimento de água, mas ainda de modo limitado, devido ao alto custo de instalação.

PARA SABER MAIS

Quando pensamos em novas tecnologias, lembramos de diversos tipos de energia limpa, e uma delas com certeza é a energia eólica. Pensando em um cenário global, a China deu início à expansão dos campos eólicos, ultrapassando investimentos de muitos países, como cita a reportagem da revista *on-line BBC Brasil*.

Atualmente, a China conta com uma capacidade eólica de 75 gigawatts – GW (enquanto a União Europeia tem 90 GW, e o Brasil, 2,2 GW) e quer atingir 200 GW até o ano de 2020. Para isso, o desafio chinês é criar novos parques eólicos em ritmo acelerado, como diz Jiang Bo, engenheiro de uma empresa que produz turbinas para campos eólicos: "Há sete anos, conseguíamos produzir uma turbina a cada dois dias. Agora conseguimos fazer duas em um dia" (Shukman, 2014). Como cita o autor e editor de ciência da BBC News na reportagem, David Shukman (2014),

> um dos principais desafios é integrar a cadeia produtiva da energia eólica. As regiões onde há mais vento, como Xinjiang, costumam ser muito distantes das cidades grandes, onde a demanda por energia elétrica é maior. E o valor da construção de campos eólicos costuma exceder a das conexões necessárias para ligar as turbinas na rede de distribuição.

O mercado internacional é favorecido com esse processo chinês, pois o crescimento interno da indústria eólica está levando as empresas do ramo a exportarem para mercados asiáticos, americanos e africanos.

Leia a reportagem completa e outras que complementam essa informação na revista eletrônica da BBC Brasil, de janeiro de 2014, disponível em:

SHUKMAN, D. China dá maior impulso à energia eólica já visto no mundo. **BBC Brasil**, 9 jan. 2014. Disponível em: <http://www.bbc.co.uk/portuguese/noticias/2014/01/140108_china_eolica_mdb.shtml>.

PERGUNTA & RESPOSTA

O que se entende por *Produção Mais Limpa*?

Produção mais limpa é uma forma de estratégia ambiental e econômica aplicada ao processo de produção que visa expandir a eficiência dos seus produtos e, ao mesmo tempo, reduzir os danos e riscos causados ao meio ambiente e à sociedade. A estratégia consiste em minimizar os resíduos e as emissões e reaproveitar ou reciclar o que não for possível evitar produzir. Essa prática, além de reduzir os danos e os custos, traz importantes benefícios às empresas, pois desperta a necessidade de inovação, competitividade e otimização no processo produtivo, aproximando-se cada vez mais do desenvolvimento econômico sustentável. A produção mais limpa pretende unir a responsabilidade ambiental aos processos industriais, a fim de minimizar resíduos e expandir a eficácia de sua produção (Sicsú; Silva Filho; 2003).

SÍNTESE

O conceito de *desenvolvimento sustentável* consiste na interação do desenvolvimento econômico com o meio ambiente, de forma a garantir a preservação dos recursos naturais, permitindo a satisfação das necessidades humanas atuais e a de futuras gerações. Uma das formas de alcançar o desenvolvimento sustentável refere-se à adoção de práticas de prevenção e redução da poluição mediante o uso de novas tecnologias, a renovação das fontes naturais e o emprego de estratégias que visem à eliminação de fontes de resíduos e incentivem a reciclagem e o devido tratamento de resíduos e a disposição final destes. Também é dever do governo a coordenação de medidas que controlem atividades industriais e sistematizem as ações dos órgãos fiscalizadores. Nós também devemos fazer nossa parte por meio do reaproveitamento denominado *reciclagem*, evitando o desperdício ao utilizar papéis e sacolas recicláveis, entre outras iniciativas. Por fim, é dever de todos a prática de ações que visem ao desenvolvimento sustentável, pois se trata de um assunto cujas consequências interferem nas esferas ambiental e social.

QUESTÕES PARA REVISÃO

1. Em 1997, na cidade de Kyoto, no Japão, foi assinado um protocolo prevendo a redução da emissão de gases poluentes responsáveis pelo aquecimento global. Quais foram as consequências desse tratado?

2. Após a leitura do capítulo, faça um resumo sobre algumas das novas tecnologias utilizadas para deter a destruição do meio ambiente.

3. (Adaptada de MS Concursos/Grupo Sarmento – Ifecet-ES – 2010, Adaptada) O Mecanismo de Desenvolvimento Limpo (MDL) é um dos mecanismos criados pelo Protocolo de Kyoto para auxiliar o processo de redução de emissões de gases do efeito estufa (GEE) ou de captura de carbono (ou sequestro de carbono) por parte dos países assinantes. Esses países podem programar projetos que contribuam para o desenvolvimento sustentável e que apresentem uma redução ou captura de emissões de gases causadores do efeito estufa, obtendo as reduções certificadas de emissões. Diante disso, quais projetos não são aceitos?
   a. Captura de gás em aterro sanitário.
   b. Tratamento de dejetos suínos e reaproveitamento de biogás.
   c. Geração de energia por fontes renováveis (biomassa, energia eólica, pequenas e médias hidroelétricas), energia solar.
   d. Compostagem de resíduos sólidos urbanos.
   e. Proteção de áreas de florestas ou desmatamento.

4. (MS Concursos/Grupo Sarmento – Ifecet-ES – 2010) A Agenda 21 é um documento elaborado pelas Nações Unidas que estabelece um projeto de ação global visando ao desenvolvimento sustentável, o qual foi adotado por chefes de 179 países participantes da Conferência das Nações Unidas sobre o Meio Ambiente e Desenvolvimento, conhecida como ECO-92, realizada em 1992, no Rio de Janeiro. Ela constitui um guia para ações dos indivíduos, empresas e governos, no sentido de alcançar o desenvolvimento sustentável no próximo século, garantindo a qualidade ambiental e econômica necessárias aos povos do mundo. Diante disso, o que **não** é correto afirmar?

a. O objetivo maior a ser alcançado é reverter os estados de pobreza e de degradação ambiental atuais, proporcionando à população maior acesso aos recursos que ela necessita para viver de modo sustentável.

b. Está voltada para problemas de hoje e tem o objetivo de preparar o mundo para os desafios do próximo século, garantindo-se a qualidade ambiental.

c. Reflete um consenso mundial e um compromisso político no nível mais alto no que se refere ao desenvolvimento e à cooperação ambiental.

d. Não é um plano de governo, mas um compromisso da sociedade em termos de escolha de cenários futuros.

e. A Agenda 21 promove, em escala planetária, um novo padrão de desenvolvimento – um modelo que preconiza satisfazer as necessidades presentes sem comprometer os recursos necessários ao contentamento das gerações futuras.

5. (Cesgranrio – EPE-RJ – 2007) Uma das principais razões para que o governo brasileiro incentive o uso dos biocombustíveis é o fato de:
   a. a soja, a canola e o algodão serem plantas originárias do Brasil.
   b. a cadeia produtiva do etanol não gerar resíduos.
   c. há cerca de 10 anos não serem descobertos novos campos petrolíferos no Brasil.
   d. o carbono presente nos biocombustíveis vir da atmosfera recente.
   e. o etanol ser mais energético do que a gasolina.

QUESTÃO PARA REFLEXÃO

Com o passar dos anos, o advento da globalização e o avanço de diversos campos científicos acarretaram diversas mudanças no hábito de vida das pessoas. Podemos citar algumas consequências negativas causadas pelos avanços na humanidade, como o alto uso de automóveis, o aumento do lixo urbano e a emissão de carbono das fábricas. Nesse sentido, reflita e redija um texto argumentando sobre as mudanças que podem ser implementadas para que a sustentabilidade seja alcançada.

PARA CONCLUIR...

Nossa longa jornada por meio dos princípios que envolvem a poluição nos ecossistemas atmosféricos, aquáticos e terrestres mostra que, como o conhecimento é demasiado abrangente, não há papel no mundo que seja capaz de suprir nossas necessidades de completar suas lacunas. Nesse sentido, lembramos que vocês, leitores, devem sempre procurar a atualização de seus conhecimentos e o aprofundamento nos temas apresentados neste livro. Desejamos que este material seja um fator motivador da busca pelo conhecimento e pela capacitação profissional do estudante de ciências ambientais.

Ao longo da leitura desta obra, você foi apresentado aos conceitos relacionados à poluição dos mais diversos ambientes e à estreita relação que o homem guarda com o meio ambiente em que vive. O Capítulo 1 nos mostrou a abordagem dos conceitos de poluição e poluentes, essencial para a compreensão das demais considerações e temas aqui estudados, pois o entendimento de como a poluição se apresenta nos mais diversos tipos de ambientes é fundamental para uma adequada análise das atitudes a serem tomadas na resolução de problemas nos mais variados locais degradados do planeta.

A leitura do Capítulo 2 revelou-se essencial para definirmos medidas de contenção da poluição, uma vez que seus efeitos são sentidos por nós, seres humanos, como danos que se estendem à nossa saúde e ao meio ambiente que nos cerca. Além disso, demonstramos que medidas simples podem ser tomadas para a redução do lixo nos mais diversos ambientes do nosso cotidiano. Por outro lado, também é nosso dever despertar o interesse dos governantes em desenvolver e implementar legislações para o controle do lixo e da poluição, além de fiscalizar eficientemente as leis estabelecidas para a mitigação da degradação do meio ambiente.

Para entendermos como os poluentes agem na saúde e no meio ambiente, fizemos, no Capítulo 3, uma breve descrição das substâncias químicas e dos metais pesados, relembrando conceitos importantes de química. Em decorrência disso, relacionamos a química com os efeitos de tais substâncias na saúde humana e na animal como um todo.

No Capítulo 4, empreendemos a discussão sobre a recuperação de áreas degradadas por meio das ferramentas de remediação e biorremediação.

Por fim, no Capítulo 5, apresentamos os temas mais discutidos nos congressos e conferências sobre o meio ambiente: o desenvolvimento sustentável e as medidas a serem tomadas para a redução da poluição, tais como alternativas energéticas menos poluentes e o uso consciente dos recursos naturais por meio da reciclagem, entre outras iniciativas. Tais medidas despertam nosso interesse para o cuidado do local onde vivemos e a preocupação em melhorá-lo para as próximas gerações.

Espero que esta viagem tenha sido prazerosa e despertado em você a vontade da busca pelo saber.

REFERÊNCIAS

A QUÍMICA verde. **Superinteressante**, n. 165, jan. 2012. Disponível em: <http://www.superinteressante.pt/index.php?option=com_content&view=article&id=1222%3Aa-quimica-verde&catid=18%3Aartigos&Itemid=98>. Acesso em: 4 jun. 2014.

ABNT – Associação Brasileira de Normas Técnicas. **NBR 10004**: resíduos sólidos – classificação. Rio de Janeiro, 2004. Disponível em: <http://www.aslaa.com.br/legislacoes/NBR%20n%2010004-2004.pdf>. Acesso em: 3 ago. 2014.

_____. **NBR 10151**: acústica – avaliação do ruído em áreas habitadas, visando o conforto da comunidade: procedimento. Rio de Janeiro, 2000. Disponível em: <http://www.abntcatalogo.com.br/norma.aspx?ID=2206>. Acesso em: 4 jun. 2014.

_____. **NBR 14725**: produtos químicos – informações sobre segurança, saúde e meio ambiente: parte 4 – ficha de informações de segurança de produtos químicos (FISPQ). Rio de Janeiro, 2012. 2. ed. Disponível em: <http://pt.scribd.com/doc/102176193/NBR-14725-4-2012-pdf>. Acesso em: 3 ago. 2014.

ABREU JUNIOR, C. H. et al. Uso agrícola de resíduos orgânicos potencialmente poluentes: propriedades químicas do solo e produção vegetal. **Tópicos em Ciência do Solo**, n. 4, p. 391-470, 2005. Disponível em: <http://www.malavolta.com.br/pdf/893.pdf>. Acesso em: 1 set. 2014.

AGOSTINHO, A. A.; THOMAZ, S. M.; GOMES, L. C. Conservação da biodiversidade em águas continentais do Brasil. **Megadiversidade**, Belo Horizonte, v. 1, n. 1, p. 70-78, jul. 2005. Disponível em: <http://www.conservacao.org/publicacoes/files/11_Agostinho_et_al.pdf>. Acesso em: 4 jun. 2014.

ALMEIDA, L. T. de. **Política ambiental**: uma análise econômica. Campinas: Ed. da Unesp; Papirus, 1998.

AMABIS, J. M.; MARTHO, G. R. **Fundamentos da biologia moderna**. 3. ed. São Paulo: Moderna, 2003.

AMORIM, M. C. de C. T. Ilhas de calor em Birigui/SP. **Revista Brasileira de Climatologia**, São Paulo, v. 1, n. 1, p. 121-130, dez. 2005.

ANDREOLI, C. V. et al. A crise da água e os mananciais de abastecimento. In: ANDREOLI, C. V.; **Mananciais de abastecimento**: planejamento e gestão. Curitiba: Sanepar; Finep, 2003. p. 54-55.

ARAÚJO, J. C. de. **Biorremediação vegetal do esgoto domiciliar em comunidade rurais do semiárido:** "água limpa, saúde e terra fértil". Fortaleza: UFC, 2008. (UFC – Curso de Engenharia Agrícola da Universidade Federal do Ceará). Projeto em andamento.

ARAÚJO, J. C. de; GÜNTNER, A.; BRONSTERT, A. Loss of Reservoir Volume by Sediment Deposition and its Impact on Water Availability in Semiarid Brazil. **Hydrological Sciences Journal**, London, v. 51, n. 1, p. 157-170, 2006. Disponível em: <http://www.tandfonline.com/doi/pdf/10.1623/hysj.51.1.157>. Acesso em: 1 set. 2014.

ASSUNÇÃO, J. V. de; PESQUERO, C. R. Dioxinas e furanos: origens e riscos. **Revista de Saúde Pública**, São Paulo, v. 33, n. 5, p. 523-530, out. 1999. Disponível em: <http://www.scielosp.org/pdf/rsp/v33n5/0640.pdf>. Acesso em: 4 jun. 2014.

AZEVEDO, F. A.; CHASIN, A. A. M. **As bases toxicológicas da ecotoxicologia**. São Paulo: Interfox; São Carlos: Rima, 2004.

BAIRD, C.; CANN, M. **Química ambiental**. Tradução de Maria Angeles Lobo Recio e Liz Carlos M. Carrera. 2. ed. Porto Alegre: Bookman, 2002.

BAIRROS são evacuados após explosão de fertilizantes no Porto de São Francisco do Sul. **Gazeta do Povo,** Curitiba, 25 set. 2013. Caderno Vida e Cidadania. Disponível em: <http://www.gazetadopovo.com.br/vidaecidadania/conteudo.phtml?id=1411518>. Acesso em: 2 set. 2014.

BANCO MUNDIAL. **Relatório sobre o desenvolvimento mundial de 1993**: investindo em saúde. Rio de Janeiro: FGV, 1993.

BARRY, R. G.; CHORLEY, R. J. **Atmosfera, tempo e clima**. Tradução de Ronaldo Cataldo Costa. 9. ed. Porto Alegre: Bookman, 2013.

BARSASABER. **Agentes de poluição química**. Disponível em: <http://brasil.planetasaber.com/theworld/gats/article/default.asp?pk=1410&art=59>. Acesso em: 2 set. 2014.

BASTO, J. E. **Requisitos para garantia da qualidade do ar em ambientes climatizados**: enfoque em ambientes hospitalares. 110 f. Monografia (Pós-Graduação em Engenharia de Segurança do Trabalho) – Universidade Federal de Santa Catarina, Florianópolis, 2005.

BASTOS, M. C. Poluentes orgânicos persistentes: a intoxicação química do planeta. **Informativo do Instituto Brasil Pnuma**, n. 98, jan./fev. 2005.

BILBAO, D. **Termo de referência para a confecção do manual de prevenção da poluição difusa em meio antrópico**. Trabalho de Conclusão de Curso (Graduação em Engenharia Ambiental) – Pontifícia Universidade Católica do Paraná, Curitiba, 2007.

BOSCOV, M. E. G. **Geotecnia ambiental**. São Paulo: Oficina de Textos, 2008.

BRAGA, B. et al. **Introdução à engenharia ambiental**. São Paulo: Prentice Hall, 2002.

_____. _____. 2. ed. São Paulo: Prentice Hall, 2005.

BRASIL. Constituição (1988). **Diário Oficial da União**, Brasília, DF, 5 out. 1988.

_____. Decreto n. 4.074, de 4 de janeiro de 2002. **Diário Oficial da União**, Poder Executivo, Brasília, DF, 8 jan. 2002. Disponível em: <http://www.planalto.gov.br/ccivil_03/decreto/2002/D4074.htm>. Acesso em: 4 jun. 2014.

_____. Decreto n. 4.954, de 14 de janeiro de 2004. **Diário Oficial da União**, Poder Executivo, Brasília, DF, 15 jan. 2004a. Disponível em: <http://www.planalto.gov.br/ccivil_03/_ato2004-2006/2004/decreto/d4954.htm>. Acesso em: 4 jun. 2014.

BRASIL. Decreto n. 5.098, de 3 de junho de 2004. **Diário Oficial da União**, Poder Executivo, Brasília, DF, 4 jun. 2004b. Disponível em: <http://www.planalto.gov.br/ccivil_03/_ato2004-2006/2004/decreto/d5098.htm>. Acesso em: 4 jun. 2014.

_____. Decreto n. 5.472, de 20 de junho de 2005. **Diário Oficial da União**, Poder Executivo, Brasília, DF, 21 jun. 2005a. Disponível em: <http://www.planalto.gov.br/ccivil_03/_Ato2004-2006/2005/Decreto/D5472.htm>. Acesso em: 3 ago. 2014.

_____. Decreto n. 76.389, de 3 de outubro de 1975. **Diário Oficial da União**, Poder Executivo, Brasília, DF, 6 out. 1975a. Disponível em: <http://legis.senado.gov.br/legislacao/ListaNormas.action?numero=76389&tipo_norma=DEC&data=19751003&link=s>. Acesso em: 22 out. 2014.

_____. Decreto n. 86.955, de 18 de fevereiro de 1982. **Diário Oficial da União**, Poder Executivo, Brasília, DF, 24 fev. 1982. Disponível em: <http://www2.camara.leg.br/legin/fed/decret/1980-1987/decreto-86955-18-fevereiro-1982-436919-publicacaooriginal-1-pe.html>. Acesso em: 4 maio 2014.

_____. Decreto-Lei n. 1.413, de 14 de agosto de 1975. **Diário Oficial da União**, Poder Executivo, Brasília, DF, 14 ago. 1975b. Disponível em: <http://legis.senado.gov.br/legislacao/ListaPublicacoes.action?id=122915>. Acesso em: 4 jun. 2014.

_____. Lei n. 6.766, de 19 de dezembro de 1979. **Diário Oficial da União**, Poder Legislativo, Brasília, DF, 20 dez. 1979. Disponível em: <http://www.planalto.gov.br/ccivil_03/leis/l6766.htm>. Acesso em: 4 jun. 2014.

_____. Lei n. 6.803, de 2 de julho de 1980. **Diário Oficial da União**, Poder Legislativo, Brasília, DF, 3 jul. 1980a. Disponível em: <http://www.planalto.gov.br/ccivil_03/leis/L6803.htm>. Acesso em: 4 jun. 2014.

_____. Lei n. 6.894, de 16 de dezembro de 1980. **Diário Oficial da União**, Poder Legislativo, Brasília, DF, 17 dez. 1980b. Disponível em: <http://www.planalto.gov.br/ccivil_03/leis/1980-1988/L6894.htm>. Acesso em: 4 jun. 2014.

_____. Lei n. 6.938, de 31 de agosto de 1981. **Diário Oficial da União**, Poder Legislativo, Brasília, DF, 2 set. 1981. Disponível em: <http://www.planalto.gov.br/ccivil_03/leis/l6938.htm>. Acesso em: 4 jun. 2014.

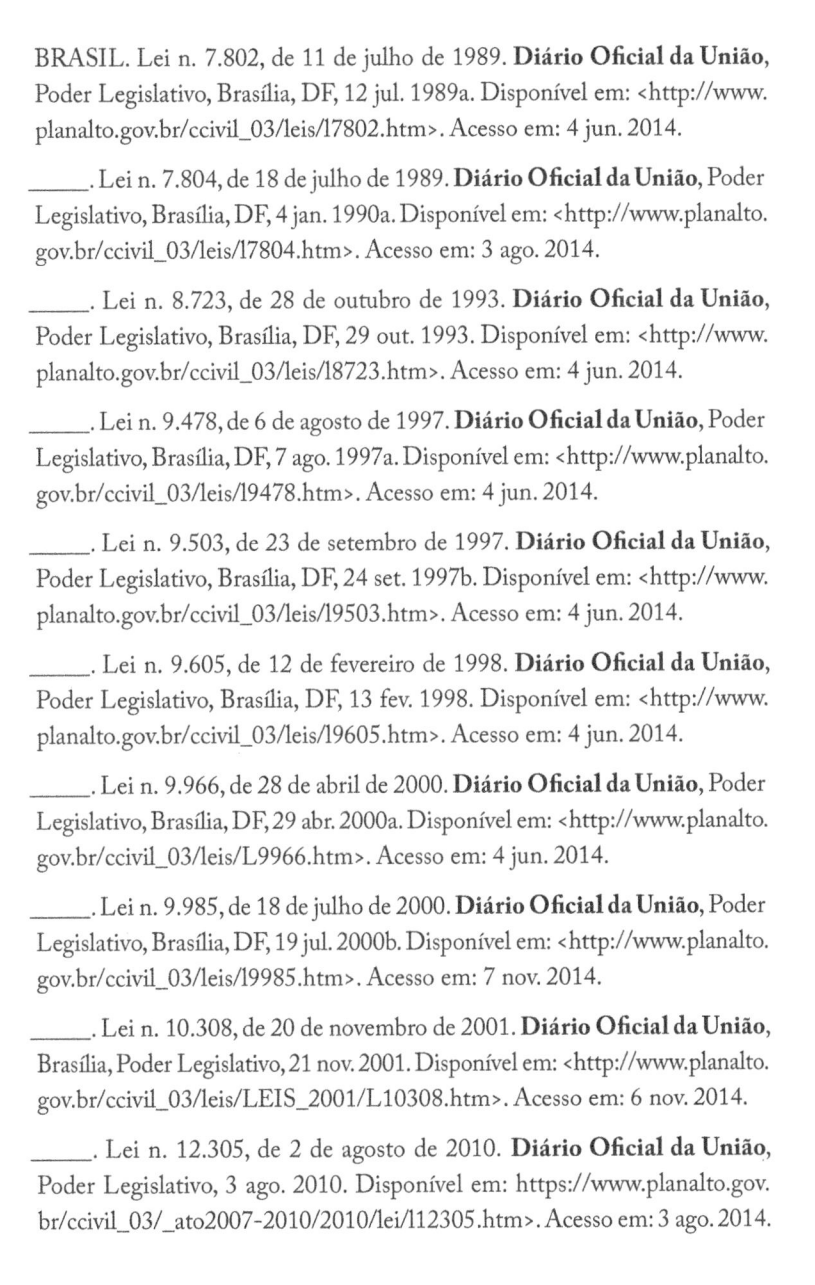

BRASIL. Lei n. 7.802, de 11 de julho de 1989. **Diário Oficial da União**, Poder Legislativo, Brasília, DF, 12 jul. 1989a. Disponível em: <http://www.planalto.gov.br/ccivil_03/leis/l7802.htm>. Acesso em: 4 jun. 2014.

_____. Lei n. 7.804, de 18 de julho de 1989. **Diário Oficial da União**, Poder Legislativo, Brasília, DF, 4 jan. 1990a. Disponível em: <http://www.planalto.gov.br/ccivil_03/leis/l7804.htm>. Acesso em: 3 ago. 2014.

_____. Lei n. 8.723, de 28 de outubro de 1993. **Diário Oficial da União**, Poder Legislativo, Brasília, DF, 29 out. 1993. Disponível em: <http://www.planalto.gov.br/ccivil_03/leis/l8723.htm>. Acesso em: 4 jun. 2014.

_____. Lei n. 9.478, de 6 de agosto de 1997. **Diário Oficial da União**, Poder Legislativo, Brasília, DF, 7 ago. 1997a. Disponível em: <http://www.planalto.gov.br/ccivil_03/leis/l9478.htm>. Acesso em: 4 jun. 2014.

_____. Lei n. 9.503, de 23 de setembro de 1997. **Diário Oficial da União**, Poder Legislativo, Brasília, DF, 24 set. 1997b. Disponível em: <http://www.planalto.gov.br/ccivil_03/leis/l9503.htm>. Acesso em: 4 jun. 2014.

_____. Lei n. 9.605, de 12 de fevereiro de 1998. **Diário Oficial da União**, Poder Legislativo, Brasília, DF, 13 fev. 1998. Disponível em: <http://www.planalto.gov.br/ccivil_03/leis/l9605.htm>. Acesso em: 4 jun. 2014.

_____. Lei n. 9.966, de 28 de abril de 2000. **Diário Oficial da União**, Poder Legislativo, Brasília, DF, 29 abr. 2000a. Disponível em: <http://www.planalto.gov.br/ccivil_03/leis/L9966.htm>. Acesso em: 4 jun. 2014.

_____. Lei n. 9.985, de 18 de julho de 2000. **Diário Oficial da União**, Poder Legislativo, Brasília, DF, 19 jul. 2000b. Disponível em: <http://www.planalto.gov.br/ccivil_03/leis/l9985.htm>. Acesso em: 7 nov. 2014.

_____. Lei n. 10.308, de 20 de novembro de 2001. **Diário Oficial da União**, Brasília, Poder Legislativo, 21 nov. 2001. Disponível em: <http://www.planalto.gov.br/ccivil_03/leis/LEIS_2001/L10308.htm>. Acesso em: 6 nov. 2014.

_____. Lei n. 12.305, de 2 de agosto de 2010. **Diário Oficial da União**, Poder Legislativo, 3 ago. 2010. Disponível em: https://www.planalto.gov.br/ccivil_03/_ato2007-2010/2010/lei/l12305.htm>. Acesso em: 3 ago. 2014.

BRASIL. Lei n. 12.371, de 21 de novembro de 2012. **Diário Oficial da União**, Poder Legislativo, Brasília, DF, 22 nov. 2012a. Disponível em: <http://www.planalto.gov.br/ccivil_03/_Ato2011-2014/2012/Lei/L12731.htm#art6>. Acesso em: 6 nov. 2014.

BRASIL. Ministério da Agricultura, Pecuária e Abastecimento. Gabinete do Ministro. Instrução Normativa n. 5, de 2 de abril de 2012. **Diário Oficial da União**, Brasília, DF, 3 abr. 2012b. Disponível em: <http://sistemasweb.agricultura.gov.br/sislegis/action/detalhaAto.do?method=visualizarAtoPortalMapa&chave=1223410756>. Acesso em: 4 maio 2014.

_____. Instrução Normativa n. 10, de 6 de maio de 2004. **Diário Oficial da União**, 7 maio 2004c. Disponível em: <http://www.agrolink.com.br/fertilizantes/arquivos/instrucoes_normativas/in_10_06_MAIO_2004.pdf>. Acesso em: 4 jun. 2014.

BRASIL. Ministério da Agricultura, Pecuária e Abastecimento. Secretaria de Defesa Agropecuária. Instrução Normativa n. 23, de 31 de agosto de 2005. **Diário Oficial da União**, Brasília, DF, 8 set. 2005b. Disponível em: <http://www.inmetro.gov.br/barreirastecnicas/pontofocal/..%5Cpontofocal%5Ctextos%5Cregulamentos%5CBRA_194.htm>. Acesso em: 3 ago. 2014.

BRASIL. Ministério das Cidades. Conselho Nacional de Trânsito. Resolução n. 204, de 20 de outubro de 2006. **Diário Oficial da União**, Brasília, DF, 10 nov. 2006. Disponível em: <http://www.denatran.gov.br/download/Resolucoes/Resolucao204_06.pdf>. Acesso em: 4 jun. 2014.

BRASIL. Ministério da Ciência e Tecnologia. Banco Nacional de Desenvolvimento Econômico e Social. **Efeito estufa e a convenção sobre mudança do clima**. Brasília, set. 1999. Disponível em: <http://www.bndes.gov.br/SiteBNDES/export/sites/default/bndes_pt/Galerias/Arquivos/conhecimento/especial/clima.pdf>. Acesso em: 4 jun. 2014.

BRASIL. Ministério da Saúde. Fundação Nacional de Saúde. **Manual de saneamento**: orientações básicas. 2007c. Disponível em: <http://www.cabo.pe.gov.br/pners/CONTE%C3%9ADO%20DIGITAL/RES%C3%8DDUOS%20DA%20SA%C3%9ADE/FUNASA%20MANUAL%20SANEAMENTO.pdf>. Acesso em: 17 dez. 2014.

BRASIL. Ministério da Saúde. Gabinete do Ministro. Portaria n. 2.914, de 12 de dezembro de 2011. **Diário Oficial da União**, Brasília, DF, 14 dez. 2011b. Disponível em: <http://bvsms.saude.gov.br/bvs/saudelegis/gm/2011/prt2914_12_12_2011.html>. Acesso em: 4 jun. 2014.

BRASIL. Ministério do Interior. Portaria n. 100, de 14 de julho de 1980. **Diário Oficial da União**, Brasília, DF, Poder Executivo, 14 jul. 1980b. Disponível em: <http://www.marconatto.com.br/conteudo/legislacao/portaria_minter_n100_1980.pdf>. Acesso em: 3 ago. 2014.

BRASIL. Ministério do Meio Ambiente. **Agenda 21 Global**. Disponível em: <http://www.mma.gov.br/responsabilidade-socioambiental/agenda-21/agenda-21-global>. Acesso em: 4 jun. 2014a.

_____. **Consumo Nacional de Substâncias que Destroem a Camada de Ozônio - CFC**. Disponível em: <http://www.mma.gov.br/estruturas/173/_arquivos/indicador_cfc.pdf>. Acesso em: 2 fev. 2015.

_____. **Convenção de Estocolmo**. Disponível em: <http://www.mma.gov.br/seguranca-quimica/convencao-de-estocolmo>. Acesso em: 3 ago. 2014c.

_____. **Convenção de Estocolmo**: sobre poluentes orgânicos persistentes. Disponível em: <http://www.mma.gov.br/estruturas/smcq_seguranca/_publicacao/143_publicacao16092009113044.pdf>. Acesso em: 3 ago. 2014d.

_____. Instrução Normativa n. 3, de 26 de maio de 2003. **Diário Oficial da União**, Brasília, DF, 27 maio 2003b. Disponível em: <http://www.icmbio.gov.br/sisbio/images/stories/instrucoes_normativas/IN_03_2003_MMA_FaunaAmeacada.pdf>. Acesso em: 4 jun. 2014.

_____. Instrução Normativa n. 5, de 21 de maio de 2004. **Diário Oficial da União**, Brasília, DF, 28 maio 2004d. Disponível em: <http://www.icmbio.gov.br/portal/images/stories/IN%2005%20-%20peixes%20e%20invertebrados.pdf>. Acesso em: 30 out. 2014.

BRASIL. **Plano nacional de prevenção, preparação e resposta rápida a emergências ambientais com produtos químicos perigosos – P2R2**. Brasília, 2007b. Disponível em: <http://www.mma.gov.br/estruturas/sqa_p2r2_1/_publicacao/106_publicacao06102009024951.pdf>. Acesso em: 4 jun. 2014.

BRASIL. Ministério da Saúde. Secretaria de Políticas de Saúde. **Relatório sobre o trabalho de campo de vistorias domiciliares em Cidade dos Meninos – Duque de Caxias, RJ** – para identificação de focos secundários de contaminação por pesticidas organoclorados. Brasília, 2003c. (Série C – Projetos, Programas e Relatórios).

BRASIL. Ministério da Saúde. Secretaria de Políticas de Saúde. Departamento de Ciência e Tecnologia em Saúde. **Atuação do Ministério da Saúde no caso de contaminação ambiental por pesticidas organoclorados, na Cidade dos Meninos, Município de Duque de Caxias, RJ**. Brasília: Ministério da Saúde, 2003d. (Série I: História da Saúde no Brasil). Disponível em: <http://bvsms.saude.gov.br/bvs/publicacoes/atuacao_MS1.pdf>. Acesso em: 1 set. 2014.

BRASIL. Ministério de Minas e Energia. **Balanço Energético Nacional**. Brasília, 2003a. Disponível em: <http://www.agg.ufba.br/ben2003/default.htm>. Acesso em: 10 nov. 2014.

BRASIL. Ministério do Meio Ambiente. Conselho Nacional do Meio Ambiente. Resolução n. 1, de 23 de janeiro de 1986. **Diário Oficial da União**, Brasília, DF, 17 fev. 1986a. Disponível em: <http://www.mma.gov.br/port/conama/legiabre.cfm?codlegi=23>. Acesso em: 4 jul. 2014.

_____. Resolução n. 1, de 8 de março de 1990. **Diário Oficial da União**, Brasília, DF, 2 abr. 1990b. Disponível em: <http://www.mma.gov.br/port/conama/legiabre.cfm?codlegi=98>. Acesso em: 4 jun. 2014.

BRASIL. Ministro do Meio Ambiente. Conselho Nacional do Meio Ambiente. Resolução n. 3, de 28 de junho de 1990. **Diário Oficial da União**, Brasília, DF, 22 ago. 1990c. Disponível em: <http://www.mma.gov.br/port/conama/legiabre.cfm?codlegi=100>. Acesso em: 3 ago. 2014.

_____. Resolução n. 5, de 15 de junho de 1989. **Diário Oficial da União**, Brasília, DF, 25 ago. 1989b. Disponível em: <http://www.mma.gov.br/port/conama/legiabre.cfm?codlegi=81>. Acesso em: 4 jun. 2014.

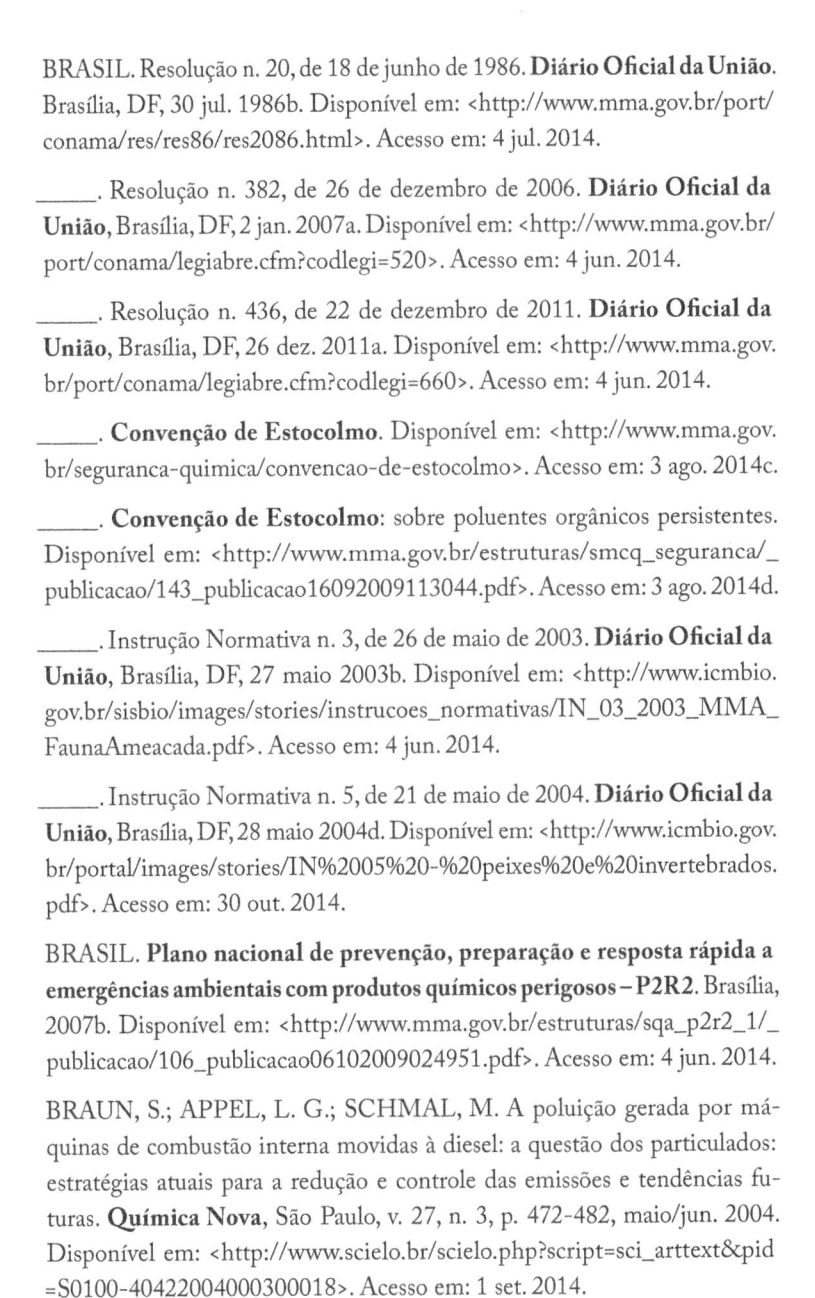

BRASIL. Resolução n. 20, de 18 de junho de 1986. **Diário Oficial da União.** Brasília, DF, 30 jul. 1986b. Disponível em: <http://www.mma.gov.br/port/conama/res/res86/res2086.html>. Acesso em: 4 jul. 2014.

_____. Resolução n. 382, de 26 de dezembro de 2006. **Diário Oficial da União**, Brasília, DF, 2 jan. 2007a. Disponível em: <http://www.mma.gov.br/port/conama/legiabre.cfm?codlegi=520>. Acesso em: 4 jun. 2014.

_____. Resolução n. 436, de 22 de dezembro de 2011. **Diário Oficial da União**, Brasília, DF, 26 dez. 2011a. Disponível em: <http://www.mma.gov.br/port/conama/legiabre.cfm?codlegi=660>. Acesso em: 4 jun. 2014.

_____. **Convenção de Estocolmo**. Disponível em: <http://www.mma.gov.br/seguranca-quimica/convencao-de-estocolmo>. Acesso em: 3 ago. 2014c.

_____. **Convenção de Estocolmo**: sobre poluentes orgânicos persistentes. Disponível em: <http://www.mma.gov.br/estruturas/smcq_seguranca/_publicacao/143_publicacao16092009113044.pdf>. Acesso em: 3 ago. 2014d.

_____. Instrução Normativa n. 3, de 26 de maio de 2003. **Diário Oficial da União**, Brasília, DF, 27 maio 2003b. Disponível em: <http://www.icmbio.gov.br/sisbio/images/stories/instrucoes_normativas/IN_03_2003_MMA_FaunaAmeacada.pdf>. Acesso em: 4 jun. 2014.

_____. Instrução Normativa n. 5, de 21 de maio de 2004. **Diário Oficial da União**, Brasília, DF, 28 maio 2004d. Disponível em: <http://www.icmbio.gov.br/portal/images/stories/IN%2005%20-%20peixes%20e%20invertebrados.pdf>. Acesso em: 30 out. 2014.

BRASIL. **Plano nacional de prevenção, preparação e resposta rápida a emergências ambientais com produtos químicos perigosos – P2R2**. Brasília, 2007b. Disponível em: <http://www.mma.gov.br/estruturas/sqa_p2r2_1/_publicacao/106_publicacao06102009024951.pdf>. Acesso em: 4 jun. 2014.

BRAUN, S.; APPEL, L. G.; SCHMAL, M. A poluição gerada por máquinas de combustão interna movidas à diesel: a questão dos particulados: estratégias atuais para a redução e controle das emissões e tendências futuras. **Química Nova**, São Paulo, v. 27, n. 3, p. 472-482, maio/jun. 2004. Disponível em: <http://www.scielo.br/scielo.php?script=sci_arttext&pid=S0100-40422004000300018>. Acesso em: 1 set. 2014.

BRAUN, S.; GONÇALVES, F. L. T. **Influências meteorotrópicas nas doenças cardiovasculares na cidade de São Paulo**: 1996 a 2000. Rio de Janeiro: SBMET, 2003. Disponível em: <http://www.cbmet.com/cbm--files/14-de68c36db83eeec3832ed47617727efa.pdf>. Acesso em: 1 set. 2014.

BREDARIOL, C. S. O aprendizado da negociação em conflitos ambientais. In: ENCONTRO DA ASSOCIAÇÃO NACIONAL DE PÓS-GRADUAÇÃO E PESQUISA EM AMBIENTE E SOCIEDADE, 2., 2004, Indaiatuba, **Anais**... Indaiatuba: ANPPAS, 2004. p. 1-19. Disponível em: <http://www.anppas.org.br/encontro_anual/encontro2/GT/GT17/gt17_celso_bredariol.pdf>. Acesso em: 1 set. 2014.

BRILHANTE, O. M.; CALDAS, L. Q. A. **Gestão e avaliação de risco em saúde ambiental**. Rio de Janeiro: Fiocruz, 1999.

BRITO, P. Número do mundo ao segundo. **DN Tv & Media**, Lisboa, 9 mar. 2009. Disponível em: <http://www.dn.pt/inicio/tv/interior.aspx?content_id=1164057>. Acesso em: 16 out. 2014.

CANIZARES, E. M. P. N.; SANTANA, E. R. R.; SANTIAGO JUNIOR, W. **Implementação de metodologia da Unep para identificação e quantificação das emissões de dioxinas e furanos no Estado do Rio Grande do Sul-Brasil**. Disponível em: <http://www.mma.gov.br/port/conama/processos/BC1C2A2A/ContribuPauloFinotti_RS.pdf>. Acesso em: 16 out. 2014.

CARNEIRO, P. C. F.; MIKOS, J. D. Frequência alimentar de alevinos de jundiá, *Rhamdia quelen*. **Ciência Rural**, Santa Maria, v. 35, n. 1, jan./fev. 2005. p. 187-191.

CARRARO, G. **Agrotóxico e meio ambiente**: uma proposta de ensino de ciências e de química. Porto Alegre: Ed. da UFRGS, 1997. (Série Química e Meio Ambiente).

CNEN – Comissão Nacional de Energia Nuclear. **Rejeitos radioativos**. Disponível em: <http://www.cnen.gov.br/seguranca/normas/normas.asp?grupo=8>. Acesso em: 2 set. 2014.

COBUCCI, T.; DI STEFANO, J. G; KLUTHCOUSKI, J. **Manejo de plantas daninhas na cultura do feijoeiro em plantio direto**. Santo Antônio de Goiás: Embrapa Arroz e Feijão, n. 35, 1999. (Embrapa Arroz e Feijão:

Circular Técnica). Disponível em: <http://www.infoteca.cnptia.embrapa.br/bitstream/doc/208254/1/circ35.pdf>. Acesso em: 2 set. 2014.

COELHO, V. M. B. **Baía da Guanabara**: uma história de agressão ambiental. Rio de Janeiro: Casa da Palavra, 2007.

CONCENÇO, G. et al. Controle de plantas daninhas em arroz irrigado em função de doses de herbicidas pré-emergentes e início da irrigação. **Planta Daninha**, v. 24, n. 2, p. 303-309, abr./jun. 2006. Disponível em: <http://www.scielo.br/scielo.php?script=sci_arttext&pid=S0100-83582006000200013>. Acesso em: 1 set. 2014.

COSTA, A. F. **Avaliação da contaminação humana por hidrocarbonetos policíclicos aromáticos**: determinação de 1-hidroxipireno urinário. 80 f. Dissertação (Mestrado em Saúde Pública) – Fundação Oswaldo Cruz, 2001.

CRAPEZ, M. A. C. et al. Distribuição e atividade enzimática de bactérias nos limites inferior e superior entre-marés na Praia de Boa Viagem, Niterói, Rio de Janeiro, Brasil. In: CRAPEZ, M. et al. (Org.) **Efeitos de poluentes em organismos marinhos**. São Paulo: Arte & Ciência Vilipress, 2001. p. 129-138.

CHRISTOPHERSON, R. W. **Geossistemas**: uma introdução à geografia física. 7.ed. Rio de Janeiro: Bookman, 2012.

CUNHA, A. C. da et al. Qualidade microbiológica da água em rios de áreas urbanas e periurbanas no baixo Amazonas: o caso do Amapá. **Eng. Sanit. Ambient.**, v. 9, n. 4, p. 322-328, 9 ago. 2004. Disponível em: <http://www.scielo.br/pdf/esa/v9n4/v9n4a08>. Acesso em: 4 jun. 2014.

DIAS, V. P.; FERNANDES, E. Fertilizantes: uma visão global sintética. BNDES Setorial, Rio de Janeiro, n. 24, p. 97-138, set. 2006. Disponível em: <http://www.bndes.gov.br/SiteBNDES/export/sites/default/bndes_pt/Galerias/Arquivos/conhecimento/bnset/set2404.pdf>. Acesso em: 4 jun. 2014.

DOCKERY, D. W.; POPE, C. A. Acute Respiratory Effects of Particulate Air Pollution. **Annual Review of Public Health**, Boston, v. 15, p. 107-132, May 1994. Disponível em: <http://www.annualreviews.org/doi/abs/10.1146/annurev.pu.15.050194.000543>. Acesso em: 4 jun. 2014.

DUCHIADE, M. P. Poluição do ar e doenças respiratórias: uma revisão. **Cadernos de Saúde Pública**, Rio de Janeiro, v. 8, n. 3, p. 311-330, jul./set. 1992. Disponível em: <http://www.scielo.br/scielo.php?script=sci_arttext&pid=S0102-311X1992000300010>. Acesso em: 1º set. 2014.

EMBRAPA – Empresa Brasileira de Pesquisa Agropecuária. **Glossário**. Disponível em: <http://sistemasdeproducao.cnptia.embrapa.br/FontesHTML/Feijao/FeijaoVarzeaTropical/glossario.htm>. Acesso em: 1º set. 2014.

FIORUCCI, A. R.; BENEDETTI FILHO, E. A importância do oxigênio dissolvido em ecossistemas aquáticos. **Química Nova na Escola**, n. 22, nov. 2005. Disponível em: <http://qnesc.sbq.org.br/online/qnesc22/a02.pdf>. Acesso em: 1 set. 2014.

FLORES, A. V. et al. Organoclorados: um problema de saúde pública. **Ambiente & Sociedade**, v. 7, n. 2, p. 111-124, jul./dez. 2004. Disponível em: <http://www.scielo.br/pdf/asoc/v7n2/24690.pdf>. Acesso em: 1 set. 2014.

FONSECA, K. Agentes poluidores do ar. In: **Brasil Escola**. Disponível em: <http://www.brasilescola.com/biologia/agentes-poluidores-do-ar.htm>. Acesso em: 2 fev. 2015.

FORTES, P. de T. F. de O. et al. Geoprocessamento aplicado ao planejamento e gestão ambiental na **Área de Proteção Ambiental de Cafuringa**, Distrito Federal: Parte 3 – risco de rebaixamento e contaminação de aquíferos na Chapada da Contagem. In: SIMPÓSIO BRASILEIRO DE SENSORIAMENTO REMOTO, 13., 2007, Florianópolis. **Anais**... Florianópolis: INPE, 2007. p. 2621-2628. Disponível em: <http://marte.sid.inpe.br/col/dpi.inpe.br/sbsr@80/2007/01.26.17.11/doc/2621-2628.pdf>. Acesso em: 3 ago. 2014.

FREITAS, C. M. de; PORTO, M. F. de S.; GOMEZ, C. M. Acidentes químicos ampliados: um desafio para a saúde pública. **Revista de Saúde Pública**, v. 29, n. 6, p. 503-514, 1995. Disponível em: <https://www.nescon.medicina.ufmg.br/biblioteca/imagem/0526.pdf>. Acesso em: 4 jun. 2014.

FREITAS, C. M. de; PORTO, M. F. de S.; MACHADO, J. M. H. **Acidentes industriais ampliados**: desafios e perspectivas para o controle e a prevenção. Rio de Janeiro: Fiocruz, 2000.

GALLI, A. et al. Utilização de técnicas eletroanalíticas na determinação de pesticidas em alimentos. **Química Nova**, São Paulo, v. 29, n. 1, p. 105-112, jan./fev. 2006. Disponível em: <http://www.scielo.br/scielo.php?script=sci_arttext&pid=S0100-40422006000100020&lng=en&nrm=iso&tlng=pt>. Acesso em: 1 set. 2014.

GARCIAS, C. M.; SOTTORIVA, E. M. Poluição difusa urbana decorrente do desgaste dos freios automotivos: estudo de caso na sub-bacia 1 do Rio Belém em Curitiba – PR. In: SEMINÁRIO INTERNACIONAL EXPERIÊNCIAS DE AGENDAS 21: OS DESAFIOS DO NOSSO TEMPO, 1., 2009, Ponta Grossa. **Anais...** Ponta Grossa: UEPG, 2009. Disponível em: <http://www.eventos.uepg.br/seminariointernacional/agenda21parana/trabalho_cientifico/TrabalhoCientifico030.pdf>. Acesso em: 1 set. 2014.

GAYLARDE, C. C.; BELLINASO, M. de L.; MANFIO, G. P. Biorremediação: aspectos biotecnológicos e técnicos da biorremediação de xenobióticos. **Revista Biotecnologia Ciência & Desenvolvimento**, n. 34, p. 36-43, jan./jun. 2005. Disponível em: <http://www.biotecnologia.com.br/revista/bio34/biorremediacao_34.pdf>. Acesso em: 2 set. 2014.

GERSTENBERG, F. 1986: catástrofe ecológica no Reno. **Deutsche Welle**, 1º nov. 2013. Disponível em: <http://www.dw.de/1986-cat%C3%A1strofe-ecol%C3%B3gica-no-reno/a-666757>. Acesso em: 22 out. 2014.

GOMES, S. L. **Engenharia ambiental e saúde coletiva**. Salvador: EDUFBA, 1995.

GREENPEACE. **Bhopal, Índia**: o pior desastre químico – 1984-2002. Disponível em: <http://www.greenpeace.org.br/bhopal/docs/Bhopal_desastre_continua.pdf>. Acesso em: 22 out. 2014.

GRUPO ISASTUR. **Poluentes biológicos**. 2010a. Disponível em: <http://www.grupoisastur.com/manual_isastur/data/pt/1/1_8_4.htm>. Acesso em: 2 set. 2014.

_____. **Poluentes físicos**. 2010b. Disponível em: <http://www.grupoisastur.com/manual_isastur/data/pt/1/1_8_3_1.htm>. Acesso em: 2 set. 2014.

GUSMÃO, A. C. F. de. **O controle e a prevenção da poluição acidental no transporte rodoviário de produtos perigosos**: ação aplicada no Estado do Rio de Janeiro. 75 p. Dissertação (Mestrado em Engenharia Ambiental) – Universidade do Estado do Rio de Janeiro, Rio de Janeiro, 2002.

GUSMÃO, A. D. **Uso de barreiras reativas na remediação de aquíferos contaminados**. 251 f. Tese (Doutorado em Engenharia Civil), Pontifícia Universidade Católica do Rio de Janeiro, 1999.

HAMMER, M. J. **Sistemas de abastecimento de água e esgotos**. Rio de Janeiro: Livros Técnicos e Científicos, 1979.

HILGEMBERG, E. M. **Quantificação e efeitos econômicos do controle de emissões de CO_2 decorrentes do uso de gás natural, álcool e derivados de petróleo no Brasil**: um modelo inter-regional de insumo-produto. Tese (Doutorado em Economia Aplicada) – Escola Superior de Agricultura Luiz de Queiroz, Universidade de São Paulo, Piracicaba, 2004. Disponível em: <http://www.teses.usp.br/teses/disponiveis/11/11132/tde-01102007-111239/pt-br.php>. Acesso em: 29 out. 2014.

HILGEMBERG, E. M.; GUILHOTO, J. J. M. Uso de combustíveis e emissões de CO_2 no Brasil: um modelo inter-regional de insumo-produto. **Nova Economia**, Belo Horizonte, v. 16, n. 1, p. 49-99, jan./abr. 2006. Disponível em: <http://www.scielo.br/pdf/neco/v16n1/v16n1a02>. Acesso em: 4 jun. 2014.

IBAMA – Instituto Brasileiro do Meio Ambiente e dos Recursos Naturais Renováveis. Disponível em: <http://www.ibama.gov.br>. Acesso em: 4 jun. 2014.

JESUS, E. F. R. de. A importância do estudo das chuvas ácidas no contexto da abordagem climatológica. **Sitientibus**, Feira de Santana, n. 14, p. 143-153, 1996. Disponível em: <http://www2.uefs.br/sitientibus/pdf/14/a_importancia_do_estudo_das_chuvas_acidas.pdf>. Acesso em: 4 jun. 2014.

JORDÃO, C. P. et al. Contaminação por crômio de águas de rios proveniente de curtumes em Minas Gerais. **Química Nova**, São Paulo, v. 22, n. 1, p. 47-52, jan./fev. 2009. Disponível em: <http://www.scielo.br/scielo.php?script=sci_arttext&pid=S0100-40421999000100010&lng=pt&nrm=iso>. Acesso em: 4 jun. 2014.

KLAASSEN, C. D.; WATKINS III, J. B. **Fundamentos em toxicologia de Casarett e Doull**. 2. ed. Porto Alegre: Artmed, 2012.

KLUMPP, A. et al. Um novo conceito de monitoramento e comunicação ambiental: a rede europeia para a avaliação da qualidade do ar usando plantas bioindicadoras (EuroBionet). **Brazilian Journal of Botany**, São Paulo, v. 24, n. 4 (suplemento), p. 511-518, dez. 2001. Disponível em: <http://www.scielo.br/scielo.php?script=sci_arttext&pid=S0100-84042001000500005>. Acesso em: 4 jun. 2014.

LABANDEIRA, X.; LABEAGA, J. M. Estimation and Control of Spanish Energy-Related CO_2 Emissions: an Input-output Approach. **Energy Policy**, v. 30, n. 7, p. 597-611, 2002.

LEMOS, R. C.; SANTOS, R. D. **Manual de descrição e coleta de solo no campo**. 3. ed. Campinas: SBCS; Embrapa-CNPS, 1996.

LENZI, F. S.; MOREIRA, I. M.; TAVARES, D. F. **Qualidade do ar em diferentes ambientes do Hospital Regional de São José**. Trabalho de Conclusão de Curso (Graduação em Engenharia Sanitária e Ambiental) – Universidade Federal de Santa Catarina, Florianópolis, 2007.

LOPES, A. S.; GUILHERME, L. R. G. Uso eficiente de fertilizantes. In: SIMPÓSIO AVANÇADO DE SOLOS E NUTRIÇÃO DE PLANTAS, 2.,1989, Piracicaba. **Anais**... Campinas: Fundação Cargil, 1989. p. 1-58.

LUCRECIA, M. Sistemas agroflorestais auxiliam na conservação da natureza. **Revista BioParaná**, Curitiba, ano 6, n. 19, p. 10-11, mar./abr./maio 2014. Disponível em: <http://crbio7.gov.br/component/flippingbook/book/39.html?tmpl=component>. Acesso em: 4 jun. 2014.

_____. Pesquisas científicas transformam o Aterro do Caximba. **Revista BioParaná**, Curitiba, ano 5, n. 18, p. 10-11, dez./jan./fev. 2013/2014. Disponível em: <http://crbio7.gov.br/component/flippingbook/book/38.html?tmpl=component>. Acesso: 4 jun. 2014.

MACHADO, R. M. G.; SILVA, P. C. da; FREIRE, V. H. Controle ambiental em indústrias de laticínios. **Brasil Alimentos**, n. 7, p. 34-36, mar./abr. 2001. Disponível em: <http://www.signuseditora.com.br/ba/pdf/07/07%20-%20Gestao.pdf>. Acesso em: 4 jun. 2014.

MAGLIO, Y. C. Acertos e desacertos do Rima. **Revista Cetesb de Tecnologia**, São Paulo, v. 2, n. 2, p. 107-110, 1988.

MARTINS, C. R.; ANDRADE, J. B. de. Química atmosférica do enxofre (IV): emissões, reações em fase aquosa e impacto ambiental. **Química Nova**, v. 25, n. 2, p. 259-272, 2002. Disponível em: <http://www.scielo.br/pdf/qn/v25n2/10454.pdf>. Acesso em: 2 set. 2014.

MARTINS, F. M. **Caracterização química e mineralógica de resíduos sólidos industriais minerais do Estado do Paraná**. Dissertação (Mestrado em Química) –, Universidade Federal do Paraná, Curitiba, 2006. Disponível em: <http://dspace.c3sl.ufpr.br/dspace/bitstream/handle/1884/5956/DISSERTA?sequence=1>. Acesso em: 2 set. 2014.

MARTINS, M. B. de O. **Avaliação do potencial de formação de AOX na indústria de detergentes**. Dissertação (Mestrado em Engenharia do Ambiente), Universidade Técnica de Lisboa, Lisboa, 2009. Disponível em: <https://www.repository.utl.pt/bitstream/10400.5/1976/1/Disserta%C3%A7%C3%A3o%20Mestrado%20Miguel%20Martins%202009.pdf>. Acesso em: 4 jun. 2014.

MOORE, M. R. et al. Trace Organic Compounds in the Marine Environment. **Marine Pollution Bulletin**, v. 45, p. 62-68, 2002.

MORAES, R. B. C. Introdução: Estudos sobre a poluição marinha: Importância e perspectivas. In: CRAPEZ, M. et al. (Org.) **Efeitos de poluentes em organismos marinhos**. São Paulo: Arte & Ciência Vilipress, 2001.

MOTA, S. **Introdução à engenharia ambiental**. 2. ed. Rio de Janeiro: Abes, 2000.

NAIME, R.; SARTOR, I.; GARCIA, A. C. Uma abordagem sobre a gestão de resíduos de serviços de saúde. **Revista Espaço para a Saúde**, v. 5, n. 2, p. 17-27, 2004.

NOVA USINA nuclear vai gerar 10 milhões de MWh por ano. **Portal Brasil**, Brasília, 12 dez. 2011. Disponível em: <http://www.brasil.gov.br/infraestrutura/2011/12/nova-usina-nuclear-vai-gerar-10-milhoes-de-mwh-por-ano>. Acesso em: 4 jun. 2014.

ONU – Organização das Nações Unidas. **Convenção das Nações Unidas sobre o Direito do Mar**. 14 out. 1997. Disponível em: <http://www.fd.uc.pt/CI/CEE/OI/ISA/convencao_NU_direito_mar-PT.htm#convencao>. Acesso em: 3 ago. 2014.

PENTEADO, J. C. P.; VAZ, J. M. O legado das bifenilas policloradas (PCBs). **Química Nova**, v. 24, n. 3, p. 390-398, 2001. Disponível em: <http://www.scielo.br/pdf/qn/v24n3/a16v24n3.pdf>. Acesso em: 2 set. 2014.

PEREIRA, E. M. Rachel Carson, ciência e coragem. **Ciência Hoje**, Rio de Janeiro, v. 50, n. 296, p. 72-73, set. 2012. Disponível em: <http://cienciahoje.uol.com.br/revista-ch/2012/296/rachel-carson-ciencia-e-coragem>. Acesso em: 4 jun 2014.

PEREIRA JUNIOR, J. de S. **Legislação brasileira sobre poluição do ar.** 2007. Disponível em: <http://bd.camara.gov.br/bd/handle/bdcamara/1542>. Acesso em: 22 out. 2014.

_____. Legislação federal sobre "poluição visual" urbana: Nota Técnica. Câmara dos Deputados: Brasília, jan. 2002a. Disponível em: <http://www2.camara.leg.br/documentos-e-pesquisa/publicacoes/estnottec/tema14/pdf/114361.pdf>. Acesso em: 4 maio 2014.

PINTO, T. dos S. Acidente de Chernobyl e a energia nuclear. **Mundo Educação**. Disponível em <http://www.mundoeducacao.com/historiageral/acidente-chernobyl.htm>. Acesso em 2-jan 2015.

PROENÇA, A. et al. Mercúrio: poluição e saúde pública. **Boletim Informativo da Escola Superior de Tecnologia e Gestão**, Guarda, ano 2, n. 12, out. 2003. Disponível em: <http://www.estg.ipg.pt/infoestg/boletim12/mercurio.htm>. Acesso em: 4 jun. 2014.

QUÍMICA AMBIENTAL. **Poluição atmosférica e chuva ácida.** Disponível em: <http://www.usp.br/qambiental/chuva_acidafront.html>. Acesso em: 4 jun. 2014.

QUINA, F. H. Nanotecnologia e o meio ambiente: perspectivas e riscos. **Química Nova**, São Paulo, v. 27, n. 6, p. 1028-1029, nov./dez. 2004. Disponível em: <http://www.scielo.br/scielo.php?pid=S0100-40422004000600031&script=sci_arttext>. Ac esso em: 4 jun. 2014.

RAMSDORF, W. **Avaliação da toxicidade dos compostos fipronil, nitrato de chumbo e naftaleno em peixes**. Tese (Doutorado em Genética), Universidade Federal do Paraná, Curitiba, 2011. Disponível em: <http://dspace.c3sl.ufpr.br/dspace/bitstream/handle/1884/27116/tese%20wanessa%20ramsdorf.pdf?sequence=1>. Acesso em: 4 jun. 2014.

RESK, S. S. da. Energia: a opção atômica. **Desafios do Desenvolvimento**, ano 4, n. 30, 11 jan. 2007a. Disponível em: <http://www.ipea.gov.br/desafios/index.php?option=com_content&view=article&id=1134:reportagens-materias&Itemid=39>. Acesso em: 4 jun. 2014.

RIO DE JANEIRO (Estado). **Sub-bacia Guandu**. 2014. Disponível em: <http://www.inea.rj.gov.br/fma/sub-bacia-guandu.asp>. Acesso em: 12 fev. 2014.

ROLIM, M. H. F. S. **A tutela jurídica dos recursos vivos do mar na zona econômica exclusiva**. São Paulo: M. Limonad, 1998.

SANTOS, E. T. A. dos. **Educação ambiental na escola**: conscientização da necessidade de proteção da camada de ozônio. Monografia (Especialização em Educação Ambiental) – Curso de Pós-Graduação em Educação Ambiental da Universidade de Santa Maria, Universidade Federal de Santa Maria, Santa Maria, 2007. Disponível em: <http://jararaca.ufsm.br/websites/unidadede apoio/download/elaine07.pdf>. Acesso em: 4 jun. 2014.

SANTOS, V. M. R. dos et al. Compostos organofosforados pentavalentes: histórico, métodos sintéticos de preparação e aplicações como inseticidas e agentes antitumorais. **Química Nova**, São Paulo, v. 30, n. 1, p. 159-170, jan./fev. 2007b. Disponível em: <http://www.scielo.br/scielo.php?script=sci_arttext&pid=S0100-40422007000100028>. Acesso em: 2 set. 2014.

SÃO PAULO (Estado). – Companhia Ambiental do Estado de São Paulo. **Glossário**. Disponível em: <http://www.cetesb.sp.gov.br/>. Acesso em: 12 fev. 2014a.

_____. **Poluentes**. Disponível em: <http://www.cetesb.sp.gov.br/ar/Informa??es-B?sicas/21-Poluentes>. Acesso em: 22 out. 2014b.

_____. **Seveso**. Disponível em: <http://www.cetesb.sp.gov.br/gerenciamento-de-riscos/analise-de-risco-tecnologico/49-seveso>. Acesso em: 22 out. 2014c.

SÃO PAULO (Estado). **Vila Socó**: Cubatão. Disponível em: <http://www.cetesb.sp.gov.br/gerenciamento-de-riscos/analise-de-risco-tecnologico/50-vila-soco>. Acesso em: 17 out. 2014d.

SÃO PAULO (Estado). Decreto n. 8.468, de 8 de setembro de 1976. **Diário Oficial [do] Estado de São Paulo**, Poder Executivo, 8 set. 1976a. Disponível em: <http://governo-sp.jusbrasil.com.br/legislacao/213741/decreto-8468-76>. Acesso em: 4 jun. 2014.

SÃO PAULO (Estado). Decreto n. 59.263, de 5 de junho de 2013. **Diário Oficial [do] Estado de São Paulo**, Poder Executivo, 6 jun. 2013. Disponível em: <http://www.al.sp.gov.br/norma/?id=170437>. Acesso em: 4 jun. 2014.

_____. Lei n. 898, de 18 de dezembro de 1975. **Diário Oficial [do] Estado de São Paulo**, Poder Legislativo, 18 dez. 1975. Disponível em: <http://www.al.sp.gov.br/repositorio/legislacao/lei/1975/lei%20n.898,%20de%2018.12.1975.htm>. Acesso em: 4 jun. 2014.

_____. Lei n. 997, de 31 de maio de 1976. **Diário Oficial [do] Estado de São Paulo**, Poder Legislativo, 31 maio 1976b. Disponível em: <http://www.cetesb.sp.gov.br/Institucional/documentos/lei_997_1976.pdf>. Acesso em: 4 jun. 2014.

_____. Lei n. 1.817, de 27 de outubro de 1978. **Diário Oficial [do] Estado de São Paulo**, Poder Legislativo, 27 out. 1978. Disponível em: <http://licenciamento.cetesb.sp.gov.br/legislacao/estadual/leis/1978_Lei_Est_1817.pdf>. Acesso em: 4 jun. 2014.

_____. Lei n. 6.134, de 2 de junho de 1988. **Diário Oficial [do] Estado de São Paulo**, Poder Legislativo, 2 jun. 1988. Disponível em: <http://www.ambiente.sp.gov.br/wp-content/uploads/lei/1988/LeiEstadual_6134_88.pdf>. Acesso em: 4 jun. 2014.

_____. Lei n. 7.663, de 30 de dezembro de 1991. **Diário Oficial [do] Estado de São Paulo**, Poder Legislativo, 30 dez. 1991. Disponível em: <http://www.sigrh.sp.gov.br/sigrh/basecon/lrh2000/LE/Leis/03_LEI_n_7663_de_30_de_dezembro_de_1991.htm>. Acesso em: 4 jun. 2014.

_____. Lei n. 7.750, de 31 de março de 1992. **Diário Oficial [do] Estado de São Paulo**, Poder Legislativo, 31 mar. 1992. Disponível em: <http://licenciamento.cetesb.sp.gov.br/legislacao/estadual/leis/1992_Lei_Est_7750.pdf>. Acesso em: 4 jun. 2014.

SÃO PAULO (Estado). Lei n. 9.999, de 9 de junho de 1998. **Diário Oficial [do] Estado de São Paulo**, Poder Executivo, 9 jun. 1998. Disponível em: <http://governo-sp.jusbrasil.com.br/legislacao/169667/lei-9999-98>. Acesso em: 4 jun. 2014.

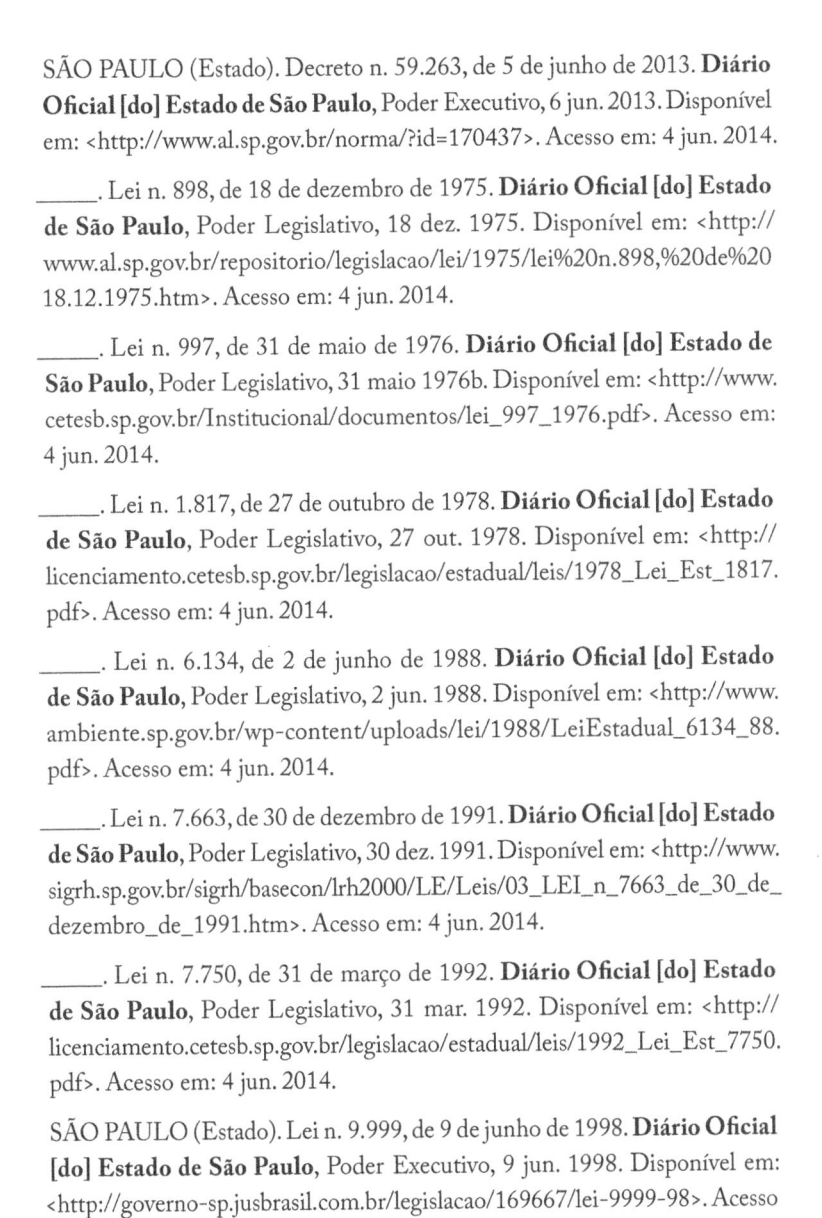

SÃO PAULO (Estado). Lei n. 13.577, de 8 de julho de 2009. **Diário Oficial [do] Estado de São Paulo**, Poder Legislativo, 8 jul. 2009. Disponível em: <http://www.al.sp.gov.br/repositorio/legislacao/lei/2009/lei-13577-80.07.2009.html>. Acesso: 20 jan. 2015.

SÃO PAULO (Estado). Secretaria de Saneamento e Recursos Hídricos. Sistema de Informações para o Gerenciamento de Recursos Hídricos do Estado de São Paulo. **Relatório n. 40.674**. 15 maio 2000. Disponível em: <http://www.sigrh.sp.gov.br/sigrh/ARQS/RELATORIO/CRH/CBH-TJ/1093/cap7pg161a206.pdf>. Acesso em: 4 jun. 2014.

SCHIRMER, W. N. et al. A poluição do ar em ambientes internos e a síndrome dos edifícios doentes. **Ciência e Saúde Coletiva**, Rio de Janeiro, v. 16, n. 8, ago. 2011. Disponível em: <http://www.scielo.br/scielo.php?script=sci_arttext&pid=S1413-81232011000900026&lng=en&nrm=iso>. Acesso em: 4 jun. 2014.

SCHMIDT, C. A. B. **Remediação in situ de solos e águas subterrâneas contaminados por líquidos orgânicos não miscíveis em água (NAPLs)**. Rio de Janeiro: Coamb; Faculdade de Engenharia da UERJ, 2010. v. 1. (Série Temática: Resíduos Sólidos e Geotecnia Ambiental, v. 1). Disponível em: <http://www.coamb.eng.uerj.br/download/coamb-RSGA-Volume-1.pdf>. Acesso em: 4 jun. 2014.

SEIZI. O. **Fundamentos de toxicologia**. 2. ed. São Paulo: Atheneu, 2003.

SELL, N. J. **Industrial Pollution Control**: Issue and Tecnhiques. 2. ed. New York: J. Wiley & Sons, 1992.

SENDÃO, M. A. de F. **Impacto da poluição atmosférica na saúde da população residente em Lisboa**. Dissertação (Mestrado em Engenharia do Ambiente), Universidade de Aveiro, Aveiro, 2008. Disponível em: <http://ria.ua.pt/bitstream/10773/566/1/2008001590.pdf>. Acesso em: 4 jun. 2014.

SHUKMAN, D. China dá maior impulso à energia eólica já visto no mundo. **BBC Brasil**, 9 jan. 2014. Disponível em: <http://www.bbc.co.uk/portuguese/noticias/2014/01/140108_china_eolica_mdb.shtml>. Acesso em: 4 jun. 2014.

SICSÚ, A. B.; SILVA FILHO, J. C. G. Produção mais limpa: uma ferramenta da gestão ambiental aplicada às empresas nacionais. In: ENCONTRO

NACIONAL DE ENGENHARIA DE PRODUÇÃO, 13., 2003, Ouro Preto: Abepro, **Anais**..., 13., Ouro Preto, 2003. p. 1-8.

SOUZA, M. Câmara rejeita exigência de depósito definitivo de rejeitos radioativos para construção de futuras usinas nucleares. **Portal do Meio Ambiente**, 21 maio 2014. Disponível em: <http://www.portaldomeioambiente.org.br/energia/8585>. Acesso em: 3 ago. 2014.

TALAMONI, J. L. B.; SAMPAIO, A. C. (Org.). **Educação ambiental**: da prática pedagógica à cidadania. São Paulo: Escrituras, 2003.

TEIXEIRA, F. P. et al. **Manual sobre vigilância ambiental**. Washington: Organización Panamericana de la Salud, 2012. v. 4.

TOMAZ, P. **Poluição difusa**. Brasil: Navegar, 2006.

TORRES, F. T. P.; MARTINS, L. A. Determinação dos fatores que influenciam na concentração do material particulado inalável na cidade de Juiz de Fora – MG. **Geoambiente**, Jataí, n. 5, jul./dez 2005. Disponível em: <https://revistas.ufg.br/index.php/geoambiente/article/view/25905/14875>. Acesso em: 2 set. 2014.

TORRES, J. P. M. Semente da ética ambiental. **Ciência Hoje**, Rio de Janeiro, v. 46, n. 275, p. 76-77, out. 2010. Disponível em: <http://cienciahoje.uol.com.br/revista-ch/2010/275/pdf_aberto/resenha275.pdf>. Acesso em: 4 jun. 2014.

TRPP – Transporte Rodoviário de Produtos Perigosos. Disponível em: <http://www.trpp.com.br>. Acesso em: 4 jun. 2014.

VARIAN, H. R. **Microeconomia**: princípios básicos. 6. ed. Rio de Janeiro: Campus, 2003.

VERSTRAETE, W.; VANDERNBERGH, E. V. Aerobic Activated Sludge. In: REHM, H. J.; REED, G. (Ed.). **Biotechnology**: a Comprehensive Treatise. Weinheim: Verlag Chemie, 1986. v. 8.

VIEIRA, R. F.; SILVA, A. A.; RAMOS, M. M. Aplicação de herbicidas pós-emergentes via irrigação por aspersão: revisão. **Planta Daninha**, Viçosa, v. 21, n. 3, p. 495-506, set./dez. 2003. Disponível em: <http://www.scielo.br/scielo.php?pid=S0100-83582003000300019&script=sci_arttext>. Acesso em: 2 set. 2014.

WEBER, R. Sistemas costeiros e oceânicos. **Química Nova,** v. 15, n. 2, p. 137-143, 1992. Disponível em: <http://submission.quimicanova.sbq.org.br/qn/qnol/1992/vol15n2/v15_n2_%20(4).pdf>. Acesso em: 4 jun. 2014.

WEEGE, M. **Técnicas de remediação**: critérios de projeto, modelos de análise e seus parâmetros. Palestra realizada na Coppe/BEM. Rio de Janeiro, nov. 1998.

WMO – World Meteorological Organization. Scientific Assessment of Ozone Depletion: 1998. **Global Ozone Research and Monitoring Project Reports,** Geneva, n. 44, 1999.

WORLDOMETERS. Countries in the World (Ranked by 2014 Population). Disponível em: <http://www.worldometers.info/world-population/population-by-country>. Acesso em: 16 out. 2014.

RESPOSTAS

Capítulo 1

1. A questão ambiental tornou-se um problema desde a Revolução Industrial, conforme visto no início da nossa leitura do capítulo. Com a expansão das indústrias na Europa, aumentaram as queixas contra o ruído ensurdecedor de máquinas e motores, e as chaminés das fábricas lançavam na atmosfera quantidades crescentes de produtos tóxicos, como cloro, amônia, monóxido de carbono e metano, ampliando a incidência de doenças pulmonares. O problema espalhou-se pela rede fluvial e, portanto, os rios receberam grande descarga de dejetos, o que provocou epidemias de doenças como cólera e febre tifoide. Já no século XX, outras fontes poluidoras foram acrescentadas a essa lista, como a radioativa e os gases lançados pela combustão incompleta dos automóveis.

2. De acordo com a Lei n. 6.938/1981, poluição é a degradação da qualidade ambiental resultante de atividades que, direta ou indiretamente, prejudiquem a saúde, a segurança e o bem-estar da população; criem condições adversas às atividades; afetem as condições estéticas ou sanitárias do meio ambiente; e lancem matérias ou energia em desacordo com os padrões ambientais estabelecidos.

3. a
4. c
5. d

Capítulo 2

1. No Capítulo 2, vimos os mais diversos tipos de poluentes e suas classificações. De maneira geral, eles são divididos em dois tipos, a saber: de acordo com sua presença na natureza, ou seja, aqueles que já existiam, mas tiveram seu teor aumentado pela atividade humana (como dióxido de carbono), e os que não existiam na natureza (como diclorodifeniltricloroetano e clorofluorcarbonos). Também podemos dividi-los conforme a sua emissão para a atmosfera: poluentes primários, emitidos diretamente pelas suas fontes para a atmosfera (os gases do escapamento dos veículos ou das chaminés das fábricas), e os secundários, formados naturalmente como resultado de reações químicas que ocorrem na atmosfera (ozônio, monóxido de carbono ou compostos orgânicos voláteis).

2. Com relação às fontes poluidoras, podemos separá-las em:
   » fontes fixas, pontuais ou localizadas, quando o foco na emissão de poluentes é identificável (águas residuais, industriais e de despejo de minas de extração de minerais);
   » fontes difusas ou dispersas, aquelas que não apresentam um foco definido de poluição (drenagem de sistemas de irrigação agrícola, escoamento da água de chuva e escorrimento de lixeiras);
   » fontes acidentais, que provêm do lançamento imprevisível de poluição, provocando dano ambiental (deslizamentos de terra em áreas de encosta e *tsunamis*);
   » fontes sistemáticas, que ocorrem de forma periódica na natureza e sob condições climáticas específicas (incêndios florestais e as tempestades tropicais).

3. a

4. a

5. d

Capítulo 3

1.

Tipo de poluição	Agentes poluidores
Poluição atmosférica	Gases como o monóxido de carbono, ozônio, óxidos de enxofre etc.
Poluição na hidrosfera	Mercúrio da atividade de garimpo, agrotóxicos agrícolas, esgotos residenciais e industriais.
Poluição marinha	Vazamento de óleo e petróleo de navios e refinarias, lixo e esgoto sem tratamento lançados nos mares e oceanos.
Poluição continental	Lixo nas áreas urbanas, atividades urbanas, agrícolas, portuárias, industriais etc.
Poluição do solo	Fabricação de tintas, processamento de borracha, produção de pneus, lixões etc.
Poluição nos agrossistemas	Uso de fertilizantes e pesticidas, atividade dos curtumes.
Poluição industrial	Lançamento de efluentes nos rios, acúmulo de metais pesados, gases tóxicos para a atmosfera.
Poluições sonora e visual	Som emitido pelas máquinas de construção civil, automóveis e uso de iluminação excessiva em letreiros nas grandes cidades.
Poluição física	Erosão devido à atividade agrícola, rios fortemente poluídos por esgotos.
Poluição térmica	Água aquecida usada no processo de refrigeração de refinarias, siderúrgicas e usinas termoelétricas.
Poluição química	Despejos industriais em rios e mares.
Poluição nuclear	Usinas nucleares e destino correto do lixo nuclear, aparelhos de raios X, atividade nuclear.
Poluição biológica	Detritos orgânicos lançados por esgotos domésticos e industriais.

2. Devemos lembrar que as soluções devem começar dentro de nossas casas, expandindo-se para ambientes maiores e mobilizando a participação do maior número de pessoas. Pensando dessa forma, podemos começar com a separação entre lixo reciclável e lixo orgânico, o posterior processamento, para reduzir custos de transporte e inconvenientes sanitários e ambientais. Além disso, o lixo urbano pode ainda ser compactado, visando reduzir o volume inicial dos resíduos em até um terço, triturado e incinerado. O destino final do lixo pode ser em aterros sanitários e controlados, ou, ainda, objetivando a compostagem (aproveitamento do material orgânico para a fabricação de adubo) e a reciclagem.

3. c

4. c

5. d

Capítulo 4

1. A sequência a ser seguida para um projeto de gerenciamento de áreas contaminadas é:
    1. definir a região de interesse e identificar as áreas potencialmente contaminadas;
    2. verificar se realmente é possível reabilitar a área de interesse e, caso ainda não haja certeza da contaminação, deve-se realizar uma investigação confirmatória;
    3. realizar uma avaliação de risco em que se propõem alternativas de remediação e o risco de se implementar um projeto para a população local e o meio ambiente. O gestor, nesta etapa, deve coordenar a investigação para remediação a fim de verificar a melhor técnica a ser utilizada e avaliar o custo/benefício da técnica para a área degradada.

4. implementar o projeto de remediação no local com o gerenciamento apropriado e o monitoramento depois de finalizado o processo.

2. Esse tipo de remediação pode ser definido como qualquer forma de tratamento de uma área degradada que utiliza microrganismos do solo para biodegradar os contaminantes de uma área. Os microrganismos utilizados são bactérias, fungos filamentosos e leveduras, sendo as bactérias as mais empregadas.

3. b
4. c
5. b

Capítulo 5

1. O acordo firmado em Kyoto, ou mais conhecidamente como o *Tratado de Kyoto*, estabelece que os países desenvolvidos reduzam suas emissões em 5,2% em relação aos níveis medidos em 1990. O prazo estipulado foi do ano de 2008 até 2012. O tratado impõe níveis diferenciados de reduções para 38 dos países considerados os principais emissores de dióxido de carbono e de outros cinco gases-estufa.

2. Produção Mais Limpa é uma estratégia de prevenção de poluição, que visa aumentar a eficácia e reduzir impactos causados ao meio ambiente. Quanto às fontes de energia para atingir o desenvolvimento sustentável, devemos considerar aquelas renováveis, visto que os recursos e as fontes naturais são limitados. Podemos citar a energia hidráulica ou energia hidrelétrica, considerada uma fonte de energia renovável e limpa, além de oferecer baixo custo;

a energia eólica, obtida pelo vento, sendo considerada uma fonte limpa, renovável e sem agressões ao meio ambiente; a energia solar, que utiliza a térmica, obtida dos painéis solares, transformando a energia solar em elétrica ou mecânica. Acrescentamos ainda a relevância de se diminuir o uso de veículos automotores e incentivar o transporte público, além de ser válido que se considerem as formas de prevenção e reciclagem, para reduzir os impactos da poluição no ecossistema.

3. e

4. d

5. d

ESTUDO DE CASO*

Com o objetivo de contextualizarmos e oferecermos exemplos práticos da aplicação dos conceitos de gestão e poluição apresentados neste livro, trouxemos as etapas de um estudo envolvendo o geoprocessamento aplicado ao planejamento e à gestão ambiental em uma área de proteção ambiental. A pesquisa, realizada na Área de Proteção Ambiental (APA) de Cafuringa, no Distrito Federal, analisou o risco de rebaixamento e contaminação de aquíferos na Chapada de Contagem.

Os resultados deste trabalho, cuja realização ocorreu em três etapas e foi desenvolvido pelas universidades de Brasília e do Espírito Santo em colaboração com o Instituto Nacional de Pesquisas Espaciais (Inpe), divisão de Sensoriamento Remoto, foram apresentados no XIII Simpósio de Sensoriamento Remoto, em Florianópolis (SC), em 2007.

Contextualização

Entende-se a técnica do geoprocessamento como um conjunto de tecnologias que coletam e tratam informações de dados georreferenciados, como o Sensoriamento Remoto (SR), o Sistema de Informação Geográfica (SIG) e o Sistema de Posicionamento Global (do inglês GPS). Para tanto, utilizam-se programas de computador que usam as informações cartográficas (mapas, cartas topográficas e plantas)

---

* Este estudo de caso foi elaborado com base em Fortes et al. (2007).

e informações a que se possam associar coordenadas desses mapas, cartas ou plantas. O profissional tecnólogo apto em geoprocessamento trabalha com a medição e a caracterização de terrenos.

Portanto, um estudo envolvendo tal técnica requer, além de amplo conhecimento sobre a área a ser estudada, um *software* para delimitá-la. Para tanto, faz-se necessário um estudo com o histórico da área. A Chapada da Contagem (CC) situa-se na porção sul da APA de Cafuringa e exibe ocupação por meio de condomínios horizontais, agrovila, núcleo rural descaracterizado e assentamento, respectivamente denominados *Condomínios do Grande Colorado* (CGC), *Vila Basevi* (VB), *Núcleo Rural Lago Oeste* (NRLO) e *Chapadinha* (Figura 1); todas as ocupações apresentam serviços públicos de abastecimento de água e esgoto sanitário.

Figura 1 – Localização das ocupações, sobre imagem do programa SPOT/2003, na Chapada de Contagem

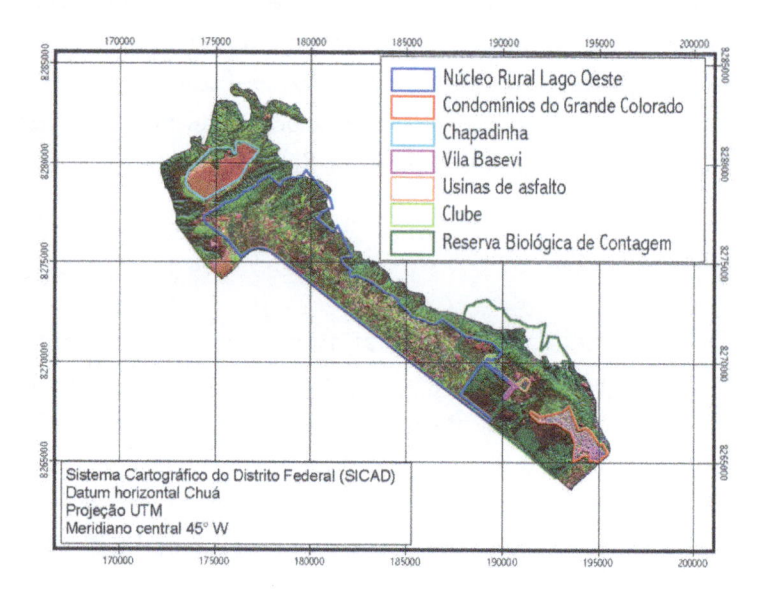

Fonte: Fortes et al., 2007, p. 2621.

Segundo a delimitação da região, os Condomínios do Grande Colorado apresentam cerca de 14 mil moradores e são compostos de 9 condomínios horizontais (Figura 2), a saber: Bela Vista; Lago Azul; Colorado I; Colorado II; Solar de Athenas; Mansões do Colorado; Friburgo; Jardim Europa I; e Jardim Europa II. O Núcleo Rural Lago Oeste apresenta aproximadamente 3 mil moradores, sendo constituído por 1.211 chácaras (Figura 2), e exibe crescente ocupação residencial e de lazer. Na Vila Basevi há em torno de 2.700 moradores; nela existem usinas de asfalto e clube de lazer (Figura 2). A Chapadinha (Figura 2) apresenta a uma característica de anterior monocultura de soja e atual ocupação por aproximadamente 250 famílias de trabalhadores rurais sem-terra.

Figura 2 – Detalhe das ocupações na Chapada da Contagem

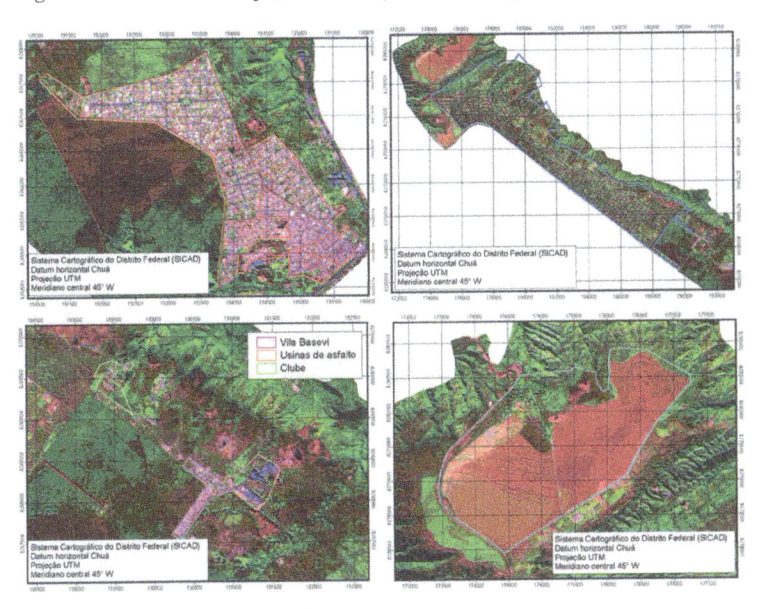

Fonte: Fortes et al., 2007, p. 2623.

A impermeabilização, entendida como o nível de parcelamento do solo, e o potencial de poluição (uso de agrotóxicos e fertilizantes, usinas de asfalto) e de uso de recursos hídricos subterrâneos (quantidade de habitantes) foram mostrados no mapa de ocupação (Figura 3).

Figura 3 – Mapas de ocupação dos solos da região

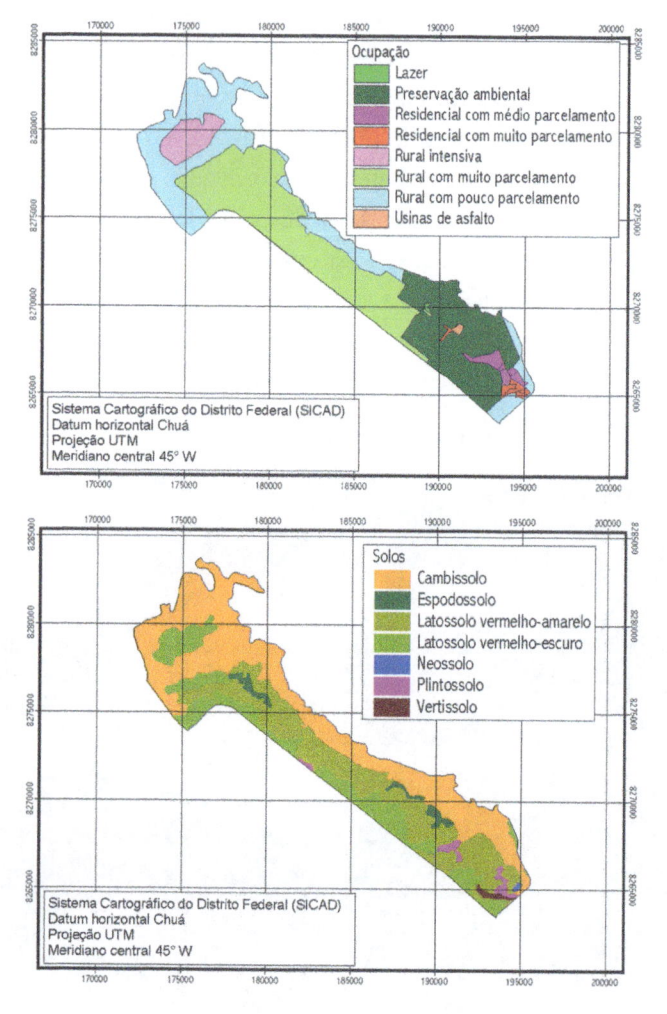

Fonte: Fortes et al., 2007, p. 2623.

Processamento de dados espaciais

Para a análise dos dados coletados, foram determinados os modelo digital de terreno (MDT) e os mapas de declividade (Figura 4), de densidade de poços profundos (Figura 5) e de fossas negras (Figura 6), de risco de rebaixamento de aquíferos no domínio fraturado (Figura 7) e de contaminação de aquíferos no domínio poroso (Figura 8), utilizando os programas computacionais Spring (versão 4.2) e ArcView (versão 3.2).

Figura 4 – Modelo digital de terreno e mapa de declividade da região, respectivamente

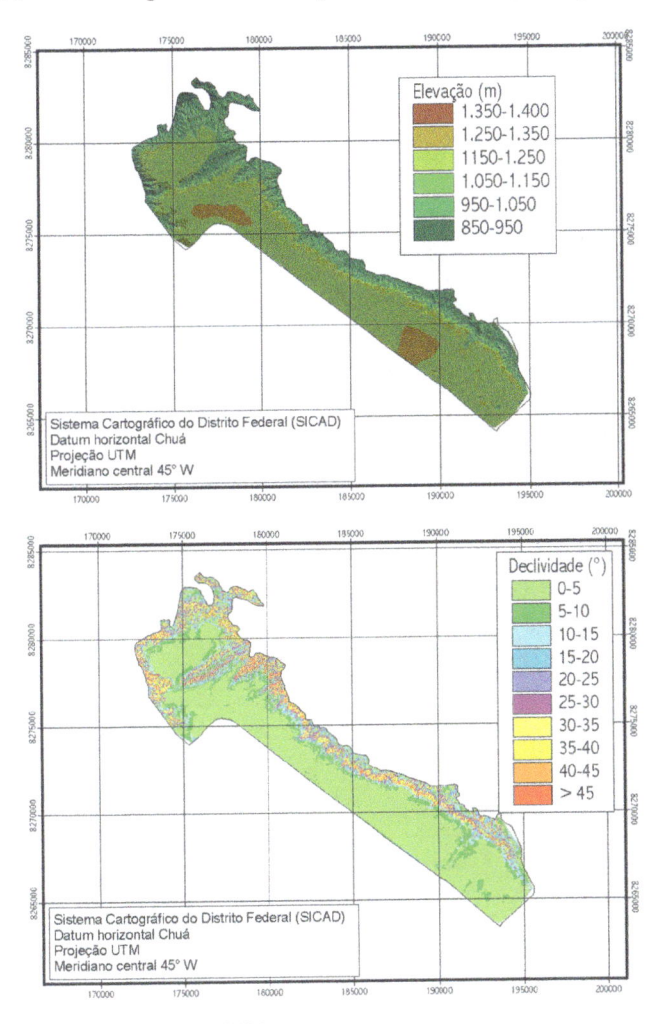

Fonte: Fortes et al., 2007, p. 2624.

Figura 5 – Mapa de densidade de poços profundos da região

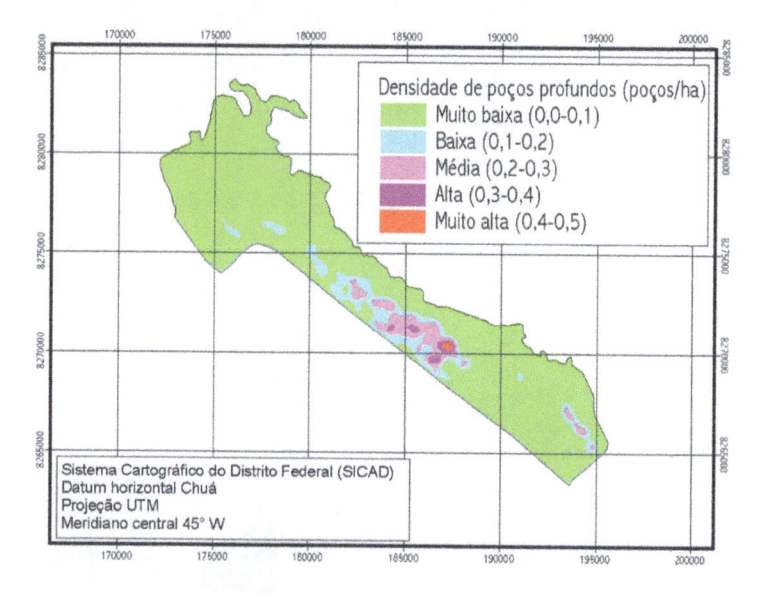

Fonte: Fortes et al., 2007, p. 2625.

Figura 6 – Mapa de densidade de fossas negras da região

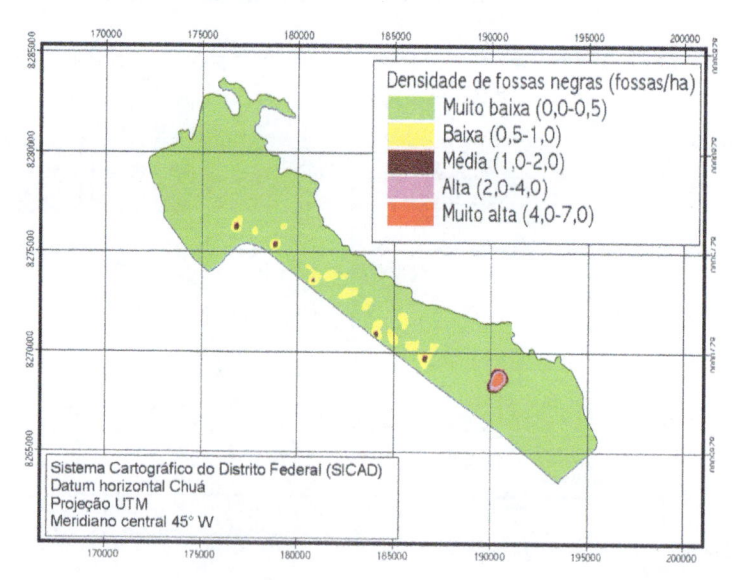

Fonte: Fortes et al., 2007, p. 2625.

Figura 7 – Mapa de risco de rebaixamento de aquíferos no domínio fraturado

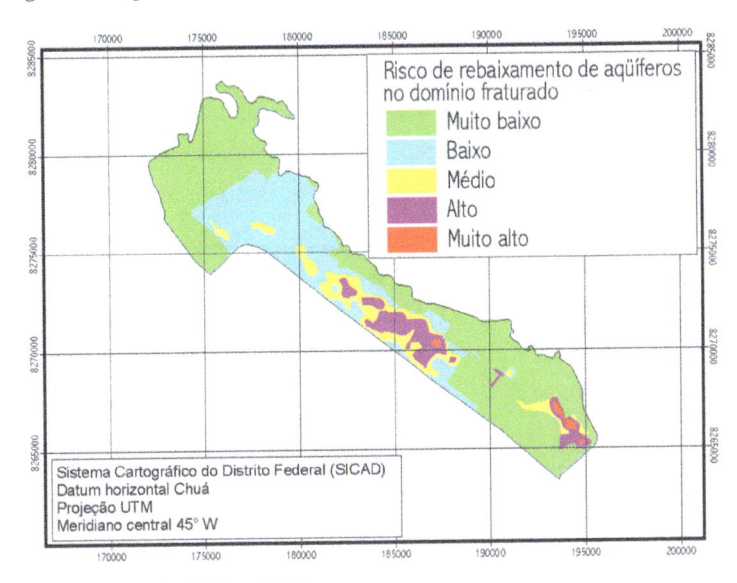

Fonte: Fortes et al., 2007, p. 2627.

Figura 8 – Mapa de risco de contaminação de aquíferos no domínio poroso

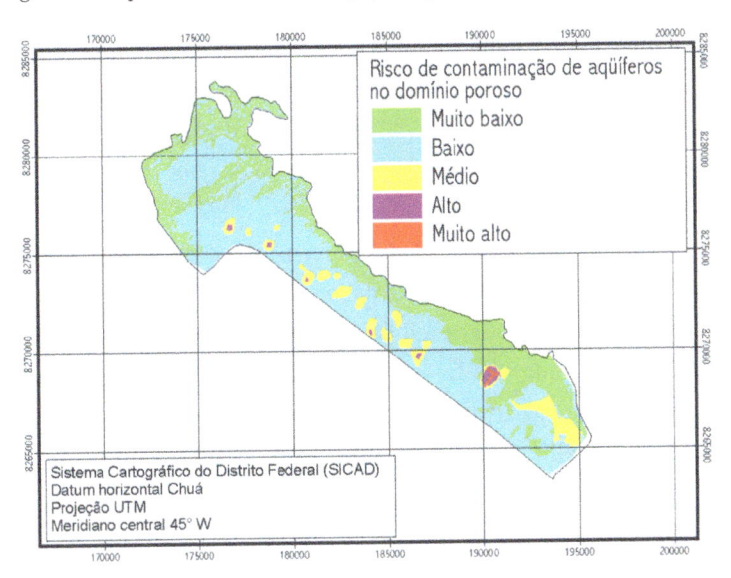

Fonte: Fortes et al., 2007, p. 2627.

Foram mapeados 421 poços profundos (tubulares) e 1.417 fossas negras, cadastrados por meio de trabalhos de campo com rastreadores de satélites (GPS) de navegação e também do estimador de densidade Kernel.

A definição dos mapas temáticos nas áreas de risco de rebaixamento de aquíferos considerou a ocupação de moradores e a densidade de poços profundos existentes nas regiões, enquanto foram considerados a ocupação e a densidade de fossas negras, a declividade e os tipos de solo para a definição de áreas de risco de contaminação de aquíferos.

Utilizou-se a técnica AHP (*Analytical Hierarchical Process*) para a determinação de áreas de risco de contaminação de aquíferos no domínio poroso.

Discussão e conclusões

Os autores do estudo, citando Fortes et al. (2003); Oliveira (2005); Fortes et al. (2005) e Fortes et al. (2006), afirmaram que:

> [A Chapada de Contagem] é região de alta sensibilidade ambiental, e, como resultado da urbanização e ocupação desordenadas, os recursos hídricos superficiais e subterrâneos podem ser diretamente afetados por contaminação via esgotamento sanitário e disposição de resíduos inadequados, além do rebaixamento do lençol freático pelo aumento da área impermeabilizada, quantidade de moradores e sobrexplotação por poços profundos.

As áreas dos CGC, a VB e a porção inicial do NRLO foram apontadas como regiões de alto e muito alto riscos, segundo o padrão definido no estudo e mostrado pelo mapa de risco de rebaixamento de aquíferos no domínio fraturado. Nessa área, os autores sugerem o incentivo de recarga artificial de aquíferos por meio da coleta de água da chuva por calhas em telhados de residências e sua infiltração por meio de sumidouros.

As regiões de alto e muito alto riscos apontadas pelo mapa de risco de contaminação de aquífero no domínio poroso foram a VB e áreas do NRLO com maior nível de fracionamento do solo. Essas localizações devem receber o serviço de esgoto sanitário que pode ser realizado mediante a construção de fossas sépticas ou ecológicas. Para que a melhoria da região seja eficaz, é imprescindível que os órgãos competentes a fiscalizem. Além disso, os autores do estudo sugerem um monitoramento da região utilizando algumas técnicas, tais como:

» **Para o monitoramento de rebaixamento** – A instalação de piezômetros, testes de bombeamento e definição dos níveis estático e dinâmico em épocas de chuva e de seca.

» **Para o monitoramento de contaminação de aquífero** – Análises físico-químicas e biológicas de amostras coletadas sistematicamente em poços rasos e profundos e testes de infiltração e traçador.

Para mais informações acerca do estudo e da leitura sobre as demais etapas do projeto, consulte o seguinte artigo científico:

FORTES, P. de. T. F. de O. et al. Geoprocessamento aplicado ao planejamento e gestão ambiental na área de proteção ambiental de Cafuringa, Distrito Federal. Parte 3 – risco de rebaixamento e contaminação de aquíferos na Chapada da Contagem. In: SIMPÓSIO BRASILEIRO DE SENSORIAMENTO REMOTO, 13., 2007, Florianópolis. **Anais...** Florianópolis: INPE, 2007. p. 2621-2628. Disponível em: <http://marte.sid.inpe.br/col/dpi.inpe.br/sbsr@80/2007/01.26.17.11/doc/2621-2628.pdf>. Acesso em: 3 ago. 2014.

FORTES, P. T. F. O, et al. Geoprocessamento aplicado ao planejamento e gestão ambiental na região do Núcleo Rural Lago Oeste, Sobradinho, Distrito Federal: resultados preliminares. In: SIMPÓSIO BRASILEIRO DE SENSORIAMENTO REMOTO, 11., 2003, Belo Horizonte. **Anais...** São José dos Campos: INPE, 2003. p. 1795-1802.

FORTES, P. T. F. O, et al. Indicação de áreas para monitoramento de rebaixamento e contaminação de aquíferos por meio de geoprocessamento no Núcleo Rural Lago Oeste, Sobradinho, DF: resultados preliminares. In: CONGRESSO BRASILEIRO DE GEOLOGIA (CBG), 9., 2006, Aracaju. **Anais**... Aracaju: SBG, 2006. p. 151.

_____. Monitoramento de rebaixamento e contaminação de aquíferos por meio de geoprocessamento no Núcleo Rural Lago Oeste, Sobradinho, DF: resultados preliminares. In: SIMPÓSIO DE GEOLOGIA DO CENTRO-OESTE (SGCO), 9., 2005, Goiânia. **Anais**... Goiânia: SBG/NCO, 2005. p. 95-96.

OLIVEIRA, G.I.M. **Geoprocessamento aplicado a estudos de proteção de aquíferos na Área de Proteção Ambiental de Cafuringa, Distrito Federal**. 87 f. Dissertação, Mestrado em Geociências. – Universidade de Brasília, Brasília 2005.

SOBRE A AUTORA

Alana Marielle Rodrigues Galdino Kluczkovski é doutora em Biologia Celular e Molecular pela Universidade Federal do Paraná (UFPR), com ênfase em Biologia do Desenvolvimento, e bacharel e licenciada em Ciências Biológicas pela mesma instituição. Realizou parte de sua formação acadêmica de doutorado no exterior, na Universidade de Portsmouth, na Inglaterra, onde teve contato com renomados cientistas da Europa, fato que a auxiliou em sua formação como cientista. Durante o mestrado e o doutorado, trabalhou com pesquisa científica na área de biologia celular e molecular, mais especificamente em biologia do desenvolvimento, realizando estudos sobre o efeito da temperatura no desenvolvimento muscular de peixes tropicais, especificamente a plasticidade do desenvolvimento muscular e da expressão temporal de fatores regulatórios miogênicos.

Atualmente leciona disciplinas relacionadas às áreas ambiental e biológica em cursos de graduação, nas modalidades presencial e a distância, além da educação para jovens do ensino médio. Também atua como consultora em pesquisa científica para as mais diversas técnicas laboratoriais.

Os papéis utilizados neste livro, certificados por instituições ambientais competentes, são recicláveis, provenientes de fontes renováveis e, portanto, um meio sustentável e natural de informação e conhecimento.

FSC
www.fsc.org
MISTO
Papel produzido a partir de fontes responsáveis
FSC® C057341

Impressão: Log&Print Gráfica e Logística S.A.
Junho/2022